edition suhrkamp 2686

Die Proteste der letzten Jahre haben die Unzufriedenheit der Bürger offenbart: Politiker scheinen weit weg vom Alltag und mit Großprojekten wie Bahnhöfen oder Flughäfen überfordert. Im Gegensatz dazu sind die Menschen eigensinnig wie nie. Nach Jahren der neoliberalen Predigten sind sie in Eigenverantwortung geübt: Gemeinsam erschaffen sie die Wikipedia, renovieren Klassenzimmer oder gründen gleich selbst Schulen. So werden sie im positiven Sinne zu Kollaborateuren. Anknüpfend an seine Überlegungen aus *Interkultur* (es 2589), entwirft Mark Terkessidis eine Philosophie der Kollaboration, die beim wütenden und suchenden Individuum ansetzt. Eine Gesellschaft der Vielfalt, so Terkessidis, kann nur funktionieren, wenn viele Stimmen gehört werden und unterschiedliche Menschen zusammenarbeiten.
Mark Terkessidis, geboren 1966, arbeitet als Publizist mit den Schwerpunkten Popkultur und Migration.

Mark Terkessidis

Kollaboration

Suhrkamp

2. Auflage 2018

Erste Auflage 2015
edition suhrkamp 2686
Originalausgabe

Satz: Satz-Offizin Hümmer GmbH, Waldbüttelbrunn
Druck: Druckhaus Nomos, Sinzheim
Umschlag gestaltet nach einem Konzept
von Willy Fleckhaus: Rolf Staudt
Printed in Germany
ISBN 978-3-518-12686-8

Inhalt

Einleitung

Kollaboration hat in Kontinentaleuropa keinen guten Ruf. Die meisten Menschen denken an die deutsche Besatzung im Zweiten Weltkrieg, an Personen, die sich aus Überzeugung oder Feigheit mit dem Dritten Reich eingelassen haben. In diesem Sinne möchte sicher niemand gern ein Kollaborateur sein. Im Englischen ist der Begriff *collaboration* hingegen neutral, wenn nicht gar positiv gemeint: Es geht um Zusammenarbeit. Und diese scheint in den letzten Jahren aus verschiedenen Gründen und in vielen Bereichen ein entscheidender Faktor geworden zu sein: In der Wirtschaft, wo Kreativität und Innovation zählen, kommen die Unternehmen mit starren Hierarchien nicht mehr weiter – sie sind auf die Kollaboration ihrer Mitarbeiter angewiesen. Umweltprobleme lassen sich nicht von Individuen, nicht einmal von Nationen lösen, sondern nur, wenn viele Akteure sich auf bestimmte Maßnahmen einigen können. In der Politik läuft mit autoritärer Planung überhaupt nichts mehr – die Bürger erweisen sich zunehmend als störrisch und wollen gehört werden, zumal dazu, was mit ihren Steuergeldern geschieht.

Nun ist der Staat heute keineswegs autoritär, vielmehr ist er häufig einfach nicht zu erreichen. Der neoliberale Rückzug macht sich überall bemerkbar, etwa bei der Infrastruktur. Immer mehr Bürger verlassen sich nicht mehr auf die Behörden, sondern springen selbst ein. An der Grundschule meines Sohnes haben die Eltern nicht gewartet, bis das Klassenzimmer renoviert wurde, sondern haben Geld bei Sozialprogrammen beantragt und den Raum in Abstimmung mit den Lehrkräften neu gestaltet. »Mehr Eigenverantwortung« war der große Slogan der neunziger Jahre, und tatsächlich haben sich die

Menschen dieses Prinzip angeeignet. Ihr Vertrauen in die »große« Politik ist ohnehin erschüttert. Politiker gelten als egoistisch und versagen in den Augen vieler vor allem dabei, sich um die grundlegenden »Lebensmittel« zu kümmern: Umwelt, Wasser, Wohnen, Energie, öffentlicher Verkehr etc. Ohne Kollaboration können diese Gemeingüter nicht zugänglich gemacht und erhalten werden, denn wo der Homo oeconomicus ungehemmt seinem wirtschaftlichen Eigeninteresse nachgeht, kann es keine Lösung für die Probleme geben, die unsere gemeinsamen Lebensgrundlagen betreffen.

Viele Menschen lassen eine »Kultur des Teilens« entstehen, für die es gleich eine ganze Reihe englischer Wortschöpfungen gibt: Share Economy (oder Shareconomy), Wikinomics, Collaborative Economy oder Mesh. Als Beispiel wird immer wieder das unkommerzielle Teilen von Quellcodes, Wissen, Musik etc. im Netz genannt. In der Tat ist es jedes Mal von Neuem beeindruckend, wie selbstverständlich wir heute auf Wikipedia zurückgreifen, auf ein Lexikon, zu dem Personen weltweit ihr Wissen beisteuern und dessen Fundus sich weitgehend selbst reguliert. Von Carsharing bis Crowdfunding: Die Beispiele werden immer zahlreicher. Viele Menschen wollen Dinge nicht mehr um jeden Preis besitzen, ihnen reicht ein gesicherter Zugang zu bestimmten Gütern. Seit den PISA-Studien ist Kollaboration auch im Bildungsbereich ein Thema: Finnische Schulen sind unter anderem deswegen so erfolgreich, weil sie das Top-down-Prinzip zugunsten von Zusammenarbeit aufgegeben haben. Konjunktur hatte der Begriff Kollaboration auch in der Kunst. Schon in den sechziger Jahren war die alte Vorstellung des genialischen Individuums, das aus sich selbst heraus schafft, ad acta gelegt worden. Statt Objekten sind Prozesse des Austauschs relevant geworden – zwischen Künstlern, zwischen Künstlern und Publikum, zwischen unterschiedlichen Personengruppen.

Auch weil wir in einer Gesellschaft mit Menschen verschiedener Herkunft, mit unterschiedlichen Religionsbekenntnissen etc. leben, wird ohne Kollaboration in der Zukunft nichts mehr gehen. Die globalisierte Welt ist urban, und die Städte sind von Migration, Mobilität und Vielheit geprägt. Anders als bei der klassischen Idee der griechischen Polis ist die Sesshaftigkeit der Bewohner nicht länger eine sinnvolle Voraussetzung für eine Definition des politischen Gemeinwesens. Die geographischen und kulturellen Positionen der Bürger sind flüchtig; niemand befindet sich mehr auf seinem angestammten Platz, die Stadt ist eine vielgliedrige Parapolis geworden.[1] Das Wort bezeichnet die uneindeutige, quasi illegitime »para«-Version der Polis. Zudem verbirgt sich darin das neugriechische Adjektiv *para poli*, das »sehr viel«, durchaus aber auch »zu viel« bedeutet: Man könnte also von einem Ort des »sehr viel«, der Fülle sprechen. Dieser Ort ist nicht leicht zu begreifen. Viele Probleme müssen auf einmal bearbeitet, viele Stimmen gleichzeitig gehört und viele Ansprüche zu jedem Zeitpunkt miteinander vermittelt werden.

Vor fünf Jahren habe ich in meinem Buch *Interkultur* versucht, die herkömmliche Perspektive auf Integration umzudrehen und einen institutionellen Rahmen für die Parapolis abzustecken. Wenn von Integration die Rede war, dann wurde die Sichtweise schnell normativ: »Wir«, die wir angeblich schon immer in einem Land gelebt haben, sind die Norm, und diejenigen, die »zurückgeblieben« (in sozialer Hinsicht) oder »hinzugekommen« (eingewandert) sind, haben »uns« gegenüber Defizite, die es zu beseitigen gilt. Doch die Vielheit lässt sich nicht mehr auflösen oder eindämmen, sie muss als unwiderrufliche Tatsache und Voraussetzung jeden Handelns betrachtet werden. Die Fragen, die ich mir stellte, lauteten also: Sind alle unsere Institutionen, sind Behörden, Schulen oder Gesundheitseinrichtungen »fit« für die Vielheit? Und wenn nicht: Was müssen sie unternehmen, um es zu werden? Es hat seitdem Veränderungen gegeben, aber die Fragen sind geblieben. Ich glaube, es ist wichtig, einen Schritt weiterzugehen: Was wäre eigentlich das ethische, also das praktisch-philosophisch handlungsbegründende Leitprinzip des Wandels in der Parapolis? Deshalb ein Buch über Kollaboration.

Die Entstehung der Demokratie im neuzeitlichen Europa brachte auch eine Furcht der Regierenden vor der Bevölkerung mit sich: Wenn das Volk der Souverän sein und jeder Bürger in Freiheit leben sollte, wie genau sollte dann die Zustimmung zur Regierung funktionieren und wie dafür gesorgt werden, dass nicht jeder einfach tat, was er wollte? Sicher, der Staat besaß das Gewaltmonopol, aber reiner Zwang hatte ja nichts mit Demokratie zu tun. Die Lösung bestand schließlich in einer Art gesellschaftlichem Training: Die Individuen sollten sich selbst steuern. Das Leitprinzip hieß Disziplin. Eine Technik, mit deren Hilfe die Personen durch andauernde körperliche Übung und individuelle Überwachung in sogenannten Einschließungsmilieus (Familie, Schule, Militär, Fabrik, Büro, Gefängnis etc.) quasi dressiert wurden. Dabei entwickelten sie ein Gewissen, ein »Über-Ich«, welches die Überwachung dann sozusagen von innen organisierte und Schuldgefühle entstehen ließ, wenn man die Disziplin nicht einhielt.[2]

Spätestens in der zweiten Hälfte des 20. Jahrhunderts regte sich Widerstand gegen den Apparat der Disziplin. Vor allem in den sechziger Jahren begann die Jugend, sich gegen die permanente körperliche Drangsalierung und die Verbote rund um die Sexualität aufzulehnen. Sie hatte das gesellschaftliche

Momentum auf ihrer Seite. Die Jahrzehnte nach dem Zweiten Weltkrieg waren noch geprägt von der Welt der Industrie. Das Leben der Menschen richtete sich im Großen und Ganzen nach den Imperativen der Produktion – Arbeit, Karriere, Konkurrenz, Leistung, Besitzindividualismus, Familie und intaktes Heim. Der Massenkonsum brachte jedoch ganz andere Werte ins Zentrum der Gesellschaft: Geldausgeben statt Sparsamkeit, Stil statt Genügsamkeit, Wegwerfprodukte statt Dauerhaftigkeit, schnelle Befriedigung statt ständigen Bedürfnisaufschub. Die Disziplin des 19. Jahrhunderts geriet in eine massive Krise angesichts einer Gesellschaft, die sich vom Mangel befreit hatte und in deren Zentrum Konsum stand. Sie entsprach auch nicht mehr den Wünschen und Bedürfnissen verschiedener Gruppen, insbesondere der Jugend, in deren Konsumansprüchen der Konflikt zum Ausdruck kam.

Seitdem hat sich der Griff der Disziplin gelockert, aber verschwunden ist sie nicht. An ihre Stelle ist bisher kein anderes Leitprinzip getreten. Zwar sprechen die Kritiker des Neoliberalismus und des Sicherheitsstaats von einer Kontrollgesellschaft, in der das Verhalten der Individuen nicht mehr zentral überwacht, sondern durch Peer-Begutachtung, Grenzwert-Ermittlung und penetrante Evaluation reguliert wird.[3] Doch das lässt die gesellschaftlichen Zustände zusammenhängender erscheinen, als sie tatsächlich sind. Zudem übersehen diese Kritiker konsequent die Freiheitsgewinne der letzten Jahrzehnte und die oben beschriebenen neuen Formen der Selbstorganisation. Fast erwecken sie den Eindruck, als würden sie ihre eigene Machtlosigkeit genießen, wenn sie einen neuen Apparat der Kontrolle beschwören – immer liegt gleich die Systemfrage auf dem Tisch und am Ende regiert die Ohnmacht. Der Ansatz der Kollaboration geht dagegen von der Widersprüchlichkeit der Verhältnisse und der Aktivität der Individuen aus und entwickelt daraus einen pragmatischen Rahmen für Veränderung.

Wir sind Kollaborateure, im positiven wie im negativen Sinne. In den letzten Jahren haben viele Evolutionsbiologen eine erstaunliche Wende vollzogen. Hatten viele von ihnen vor drei Jahrzehnten noch das »egoistische Gen« als Antrieb der menschlichen Entwicklung ausgemacht, so sprechen sie jüngst der menschlichen Fähigkeit zur »Super-Kooperation« diese Rolle zu.[4] Allerdings bleiben wir auch Kollaborateure im pejorativen Sinne. Wir leben in einer kapitalistischen Gesellschaft, deren Kapriolen viele Menschen ablehnen, zu der wir aber keine einfache Alternative zur Hand haben. Wir leben in einer Demokratie, von der wir oft das Gefühl haben, sie sei doch ziemlich auf den Hund gekommen und niemand würde uns ohne egoistische Hintergedanken noch vertreten. Dennoch arrangieren wir uns auf die eine oder andere Weise mit diesen Umständen. Die Frage dabei ist: Handelt es sich um eine fremdbestimmte oder eine autonome Form der Kollaboration? Kollaboration ist notwendig, aber sie könnte als Strategie mit mittlerer Reichweite einen durchaus utopischen Charakter entfalten. Selbst wenn wir das große Ganze nicht immer verändern können, wäre die Füllung der Zwischenräume mit kollaborativen Herangehensweisen ein wichtiger Schritt in Richtung einer vertieften Demokratie, eines besseren Zusammenlebens, gerechter verteilter Bildungschancen oder einer neuen Qualität der Arbeitsbedingungen.

Nun wird Zusammenarbeit unter dem Begriff »Partizipation« in jüngster Zeit häufig beschworen, aber nur selten eingelöst. Denn wenn die Leute nicht »partizipativ« genau das tun, was die jeweiligen Behörden von ihnen erwarten, wenn sie etwas kritisieren oder anders machen wollen, dann kommt der Prozess gewaltig ins Stocken. Oft genug sind die Angebote zur Zusammenarbeit auch eher symbolischer Natur. Beispielsweise erhielt ich von der Stadtverwaltung meiner Geburtsstadt Eschweiler im Rheinland vor Kurzem eine Einladung zu einem Planungsworkshop zum Thema »Innenstadtnahes Wohnen für ältere Menschen«. Zur Auswahl stand genau ein Termin – und zwar eine Woche später. Leider traf der Brief an meinem sechshundert Kilometer entfernten Hauptwohnsitz in Berlin ein. Entweder ging die Stadtverwaltung davon aus, ich sei arbeitslos (aber wovon sollte ich dann das Ticket in den Westen bezahlen?) oder ich sei so glücklich über die angebotene Partizipationsmöglichkeit, dass ich alles stehen und liegen lassen würde, um meine ansonsten gut bezahlte Expertise kostenlos zur Verfügung zu stellen. Es geht hier nicht darum, die Kommune im schlechten Licht dastehen zu lassen; immerhin unternimmt sie etwas in Sachen Beteiligung. Außerdem habe ich Anfragen mit ähnlich absurdem Charakter aus den unterschiedlichsten Richtungen bekommen. Doch angesichts dieser Art der Ansprache muss man sich nicht wundern, dass man bei den entsprechenden Workshops häufig auf wenig informierte Wichtigtuer trifft, die wiederum viele ernsthaft Interessierte von der Beteiligung abhalten.

Kollaboration sollte anders laufen, Kollaboration ist kein Feigenblatt. Wenn ich sie hier als Leitprinzip formuliere, dann plädiere ich für ebenjene Eigenverantwortung, die eine neoliberale Regierungsführung und eine konkurrenzorientierte Wirtschaft gebetsmühlenartig eingefordert haben. Die Individuen betrachten sich als emanzipiert, sie sind eine Vielheit, was bedeutet: Die Gesellschaft funktioniert nur, wenn durch Kollaboration möglichst viele Stimmen gehört werden. Zu diesem Thema ist für die Bereiche Wirtschaft und Arbeit schon viel geschrieben worden. In den Entwicklungsabteilungen der großen und kleinen Unternehmen gehört das schnelle Veröffentlichen bzw. Teilen von noch unfertigen Ergebnissen zum Alltag – die Kollaboration ermöglicht die Arbeit an verschiedenen Baustellen, die sich langsam zu einem Ganzen zusammensetzen. Ich will aber nicht längst bekannte Erkenntnisse wiederkäuen. Dieses Buch ist auch kein Ratgeber, wie Beteiligungsverfahren am besten zu bewerkstelligen wären, davon gibt es mehr als genug. Ich habe es eher auf den praktisch-philosophischen Rahmen der Kollaboration angelegt. Kollaboration ist etwas ungleich Schwierigeres als Kooperation. Bei Kooperation treffen verschiedene Akteure aufeinander, die zusammenarbeiten und die sich nach der gemeinsamen Tätigkeit wieder in intakte Einheiten auflösen. Kollaboration meint dagegen eine Zusammenarbeit, bei der die Akteure einsehen, dass sie selbst im Prozess verändert werden, und diesen Wandel sogar begrüßen.

Jedes Nachdenken über dieses Thema startet beim Individuum. Wie müssen die Personen eigentlich beschaffen sein, um zu Kollaborateuren werden zu können? Über die »Wutbürger« ist viel berichtet und diskutiert worden, und tatsächlich glaube ich, dass die Wut eine wichtige Voraussetzung ist. Das Suchen ist eine weitere. Wir stehen heute alle auf schwankendem Grund, wir sitzen im selben Boot auf schwieriger See, und zu akzeptieren, dass wir Wesen auf der Suche sind, macht uns bereit für Kollaboration.

Die ersten beiden Kapitel behandeln diese individuellen Dispositionen, danach soll darüber gesprochen werden, welche kollektiven Kräfte auf die Individuen einwirken, wie Subjektivität gebildet wird und wie diese Kräfte durch Kollaboration verändert werden können. Es geht um Erziehung, Bildung, Therapie, Kunst, Ästhetik und Kritik in der Parapolis. Dabei wird ein Rahmen für Kollaboration entworfen. Kollaboration ist kein unstrukturierter, irgendwie basisdemokratischer Diskussionszusammenhang, sondern durchaus praktisch und auf ein Ergebnis orientiert: Autorität wird daher nicht verleugnet, sondern sollte transparent im Sinne der Zusammenarbeit ausgestaltet werden (Kapitel 3). Das Ergebnis muss allerdings nicht immer ein Gegenstand sein: Manchmal ist der Prozess selbst entscheidend – Kollaboration ist nicht objektiv, sondern von Subjektivierung getragen. Zudem kommt sie nicht ohne Umwege aus: Fehler sind zugelassen, sie werden sogar als bedeutsam betrachtet (Kapitel 4). Kollaborative Kritik wiederum beinhaltet nicht nur ein Urteil über einen Gegenstand, sondern wird auf gemeinschaftliche, reparierende, vorbereitende, unterstützende Weise ein Bestandteil des Prozesses selbst (Kapitel 5).

Vor fünf Jahren habe ich in *Interkultur* eine interkulturelle Alphabetisierung gefordert. Auch dieses Buch handelt wieder vom Erlernen einer neuen Sprache – jener der Kollaboration. Spracherwerb ist niemals einfach, aber es gibt zahlreiche Belohnungen. Man lernt Neues kennen: neue Wörter, neue Ausdrucksmöglichkeiten, neue Beziehungen, neue Menschen, ja sogar neue Gefühle.

Im besten Fall sogar eine unbekannte Version von Glück.

Anmerkungen

1 Vgl. Tom Holert und Mark Terkessidis, *Fliehkraft. Gesellschaft in Bewegung – von Migranten und Touristen*, Köln: Kiepenheuer und Witsch 2006; Mark Terkessidis, *Interkultur*, Berlin: Suhrkamp 2010.

2 Vgl. Michel Foucault, *Überwachen und Strafen. Die Geburt des Gefängnisses*, Frankfurt a. M.: Suhrkamp 1992.

3 Vgl. Gilles Deleuze, »Postskriptum über die Kontrollgesellschaften«,

in: ders, *Unterhandlungen 1972-1990*, Frankfurt a.M.: Suhrkamp 1993; Giorgio Agamben, »Die Geburt des Sicherheitsstaates«, in: *Le Monde diplomatique*, 14. März 2014.

4 Vgl. Richard Dawkins, *Das egoistische Gen*, Heidelberg: Spektrum 2006; Martin A. Nowak, *Kooperative Intelligenz: Das Erfolgsgeheimnis der Evolution*, München: C.H. Beck 2013.

1. Sich entfremden

Vor meiner Haustür im Berliner Stadtteil Kreuzberg stapelte sich der Müll. Fast-Food-Verpackungen, Zigarettenschachteln, allerlei Plastik, Glasscherben, manchmal auch Reste von Wassermelonen oder Ölkanister aus Plastik. Müll zieht Ratten an, und die krochen dann auch an feuchten Tagen buchstäblich aus ihren Löchern. Nun war das Abfallaufkommen kein Wunder – der Gehweg wird täglich von unzähligen Schülern, Touristen oder anderen Passanten benutzt, und die werfen eben ein gerüttelt Maß an Zeug auf die Straße. Das Problem bestand darin, dass dieser Müll nicht entfernt wurde. Der Hauseigentümer stellte sich auf den zunächst seltsam anmutenden Standpunkt, der von einer winzigen Mauer eingerahmte Grünbereich vor seinem Haus gehöre gar nicht ihm; ebenso sah es die benachbarte Wohnungsbaugesellschaft. Die Berliner Stadtreinigung aber hielt diesen Bereich für Privatbesitz: Die Straßenkehrer pickten den Müll auf der Straße auf und ignorierten den zehn Zentimeter daneben liegenden Abfall.

Tatsächlich handelte es sich hier um ein rechtliches Problem. Kurz nach der Wende hatte das Land Berlin im Rahmen eines Programms zur Begrünung der Quartiere viele Vorgärten in öffentliche Hand überführt. Das war zu einer Zeit, in der man in Berlin größenwahnsinnig von einer neuen Hauptstadt träumte. Allerdings besaß der Bezirk nie die Mittel, um die Begrünungsfantasien zu realisieren, und über die Jahre wurde dann schlicht und einfach vergessen, wessen Eigentum diese Bereiche eigentlich sind. Ich weiß, dass ich in einer mehr als belebten Gegend wohne, die Leute und der Lärm haben mich auch nie gestört. Aber Müll konnte ich nicht ertragen. Nachdem ich mir eine Greifzange besorgt und diverse Male selbst aufgeräumt hatte, wandte ich mich ans Ordnungsamt. Dort antwortete man zunächst gar nicht. Als ich dann meinen Presseausweis ins Spiel brachte, reagierte man postwendend. Eine geschlechtslose Person namens Schubert gab mir eine Vorgangsnummer.

Etliche freundliche, bittende, aggressive Mails und einige Monate später hatte sich kaum etwas getan. Nun ist Friedrichshain-Kreuzberg ein schlecht verwalteter Bezirk. Das geht mit der Parkpflege los und reicht bis zur Schneeräumung. Dennoch ist das Ordnungsamt seit Jahren im Kiez präsent, gerade im Sommer. Dann messen die Mitarbeiter zum Beispiel zentimetergenau nach, wie viel Raum die vielen Außengastronomien einnehmen, und erheben bei Verstößen die entsprechenden Bußgelder. Die Restaurant- und Ladenbesitzer wurden auch schon scharf kontrolliert, als es im Viertel nur wenige Läden und Restaurants gab (Teile von Kreuzberg lagen lange Zeit direkt an der Berliner Mauer und stellten quasi das unterentwickelte »Ende der Welt« dar).

Wenn ich mit jemandem über diese Geschichte spreche, dann heißt es gleich: »Jaja, die Verwaltung, die sind eh nur noch hinter unserem Geld her.« Schnell sind weitere Angelegenheiten auf dem Tisch: »Knöllchen«, Geschwindigkeitskontrollen, Gebühren für sämtliche Leistungen von der Abfallbeseitigung bis zur Erneuerung des Führerscheins, allerlei Sondersteuern und auch zunehmend Steuern im Allgemeinen empfinden viele als fortschreitende Ausplünderung. Und dann die Verschwendung von Geldern für sinnlose Großprojekte oder Ähnliches, die den Bürgern keinen Nutzen bringen! Kaum jemand hat noch den Eindruck, die Verwaltung handle gemeinwohlorientiert.

Ich will hier nicht den Müll vor der Haustür zur gesellschaftlichen Katastrophe aufblasen. Es geht mir um das mangelnde Vertrauen in die Verwaltung, das meiner Meinung nach für die demokratische Gesellschaft problematisch ist. Individuelle Beschwerden über den alltäglichen Behördenwahnsinn gibt es reichlich, doch eine aktuelle Kritik der Bürokratie fehlt. Das war in den fünfziger und sechziger Jahren anders. Der real existierende Sozialismus galt als Paradebeispiel einer pervertierten Herrschaft der Administratoren. Der damals in Europa und Deutschland viel gelesene jugoslawische Autor Milovan Đilas entlarvte die sozialistischen Bürokraten als »neue Klasse«.[1] Sie hätten sich die Verfügungsgewalt über das kollektive Eigentum und den Produktionsprozess gesichert und damit enorme Privilegien. Anders als die Kapitalisten im Westen seien sie allerdings nach wie vor davon überzeugt, sich für das Volk aufzuopfern – eine furchteinflößende Mischung.

Auch im Westen wurde Kritik an einer neuen Besitzerschicht laut. Hier kursierte das Stichwort von der »Herrschaft der Manager«.[2] Gemeint war die technokratische Arroganz der Nomenklatura in Wirtschaft und Staat, der autoritäre Gestus der »Fachmänner«. Die Bürokraten wussten alles besser: Hier muss ein Hochhaus hin, dort eine Autobahn, hier ein Atomkraftwerk, dort ein NATO-Stützpunkt. Die Neuen Sozialen Bewegungen der siebziger und achtziger Jahre waren auch ein Kampf gegen diese Art der Verwaltung. In der Friedens- und Umweltbewegung ging es um die direkten Auswirkungen der Entscheidungen auf die Einzelnen: Die Individuen fühlten sich »betroffen« von den zumeist nicht kalkulierten Folgen einer autoritären Modernisierung und protestierten.

Nach dem Fall der Berliner Mauer war dann allerorten die Rede von Bürokratieabbau. Allerdings hat der angebliche Abbau die Macht der Verwaltung nicht eingedämmt, vielmehr wirkt sie sich anders aus. Früher zeigte sie sich autoritär und wollte durch ihre Präsenz den Individuen ein regelrechtes Korsett anlegen und Normverhalten erzwingen: Die Verwaltung organisierte gesellschaftliche Disziplin. Weil sich der Wohlfahrtsstaat seit Mitte der siebziger Jahre zurückgezogen hat, verfügt sie inzwischen jedoch über weniger finanzielle Mittel, und ihre Einflussmöglichkeiten sind geringer geworden. Darüber hinaus stellten die Neuen Sozialen Bewegungen die technokratische Basis des Verwaltungshandelns nachhaltig infrage. Die Individuen haben sich also größere Spielräume erobert und wurden gleichzeitig »freigesetzt«, denn der Abbau des Wohlfahrtsstaats führte zu Problemen. Es erwies sich als immer schwieriger, die notwendigen »Lebensmittel« (Wohnraum, Strom, Wasser, Gesundheit, Bildung, öffentlicher Verkehr etc.) im bezahlbaren Rahmen und gemeinwohlorientiert zu organisieren.

In all diesen Bereichen müssen die Einzelnen heute sehr viel mehr Aufwand betreiben: Sie müssen deutlich mehr recherchieren, mitarbeiten, bezahlen. Prekäre Lebensumstände sind ja nicht nur für jene ein Thema, die kaum genug verdienen, um ihren Unterhalt zu bestreiten. Prekär ist auch die Situation der Angehörigen des sogenannten Mittelstands. Ihnen fällt es schwer, für dauerhafte Stabilität in ihrem Leben zu sorgen – ständig muss man sich um etwas kümmern, »privat vorsorgen« und nachsorgen, nie hat man genug Zeit, man ist überfordert. Für die Individuen gibt es zweifellos einen Freiheitszuwachs, doch damit geht eine hohe Belastung einher. Zudem übt eine »abgebaute« Bürokratie ihre Macht nun indirekter aus, durch Prüfung, Evaluation, Kontrolle, aber auch durch Abwesenheit und Unberechenbarkeit. Früher sollte durch Disziplin ein Alltag ohne Abweichungen hergestellt werden, gegenwärtig behindert die Bürokratie hingegen teilweise die Wünsche der Individuen nach »Normalität«.

Erstaunlicherweise ist das Beamtentum im Rahmen des Bürokratieabbaus selten zum Gegenstand kritischer Diskussionen geworden. Die Behörden funktionieren weiterhin wie Klöster: weltabgewandt und den eigenen Regeln folgend. Die Welt der Beamten ist von der Ausbildung bis zur Unkündbarkeit ein nahezu geschlossenes System. Das Feedback erfolgt primär intern: Gute Bewertungen ihrer Vorgesetzten sind den Mitarbeitern wichtiger als zufriedene Bürger. Der Betrieb fördert Ängstlichkeit und vermeidet strukturell jedes Risiko. Einmal etablierte Routinen werden aufrechterhalten, obwohl die äußeren Bedingungen sich längst verändert haben. Das bedeutet aber nicht, dass es in der Verwaltung keine reformorientierten Kräfte gibt. Doch sie können sich oft kaum gegen die Trägheit der alltäglichen Routinen durchsetzen.

Tatsächlich weist der Betrieb unterdessen enorme innere Widersprüche auf, was angesichts seiner Größe auch nicht verwunderlich ist: Fortschrittliche und konservative Fraktionen bekämpfen sich, die einen unterstützen Projekte, die anderen werfen ihnen Steine in den Weg etc. In Kreuzberg gab es in den letzten Jahren eine Reihe von Konflikten, bei denen sich das deutlich gezeigt hat. Seien es die Flüchtlingsproteste mit dem Camp am Oranienplatz und der Besetzung des Gebäudes der ehemaligen Gerhart-Hauptmann-Schule, die wilde Ansiedlung von Alternativen, Obdachlosen und Roma-Familien auf der »Cuvry-Brache« (»Deutschlands erste Favela«, hieß es dramatisch im *Stern*[3]) oder der Drogenhandel im Görlitzer Park, stets gab es eine Auseinandersetzung zwischen unterschiedlichen Behörden: Bezirk, Land, Bund, Polizei verfolgten unverhohlen unterschiedliche, häufig gegenläufige Interessen, und teilweise existierten intern zusätzliche Fraktionen. Solche Spannungen sind sicher unausweichlich, aber die Effekte für die Bürger sind verheerend. Die Entscheidungen werden unberechenbar. Und ungreifbar, weil unklar ist, wer eigentlich im Gewirr der Kompetenzen und Gegnerschaften verantwortlich ist.

Diese Weltabgewandtheit sorgt für eine strukturelle Unwilligkeit zu ernsthaften Reformen und führt zu erheblichen Kollisionen mit den Initiativen der Individuen. Teile der Bürokratie pflegen fortgesetzt Fantasien von der technokratischen Allmacht, was sich etwa in der angeblich im Dienste des Gemeinwohls stehenden *Standortpolitik* zeigt. Doch die Errichtung von architektonischen *Leuchttürmen* und die Jagd nach Investitionen scheitern zunehmend an der komplizierten Wirklichkeit der Parapolis. Ich möchte dafür einige Beispiele aus Berlin nennen, einer Stadt, die kein Modell darstellt, aber als Brennglas dienen kann, weil sie sich in den letzten Jahrzehnten rapider verändert hat als jede andere Metropole in Europa. Noch in den neunziger Jahren wurde eine neue Bebauung des Spreeufers im Bezirk Friedrichshain-Kreuzberg geplant, und 2001 gründete sich die zuständige Mediaspree GmbH. Schon der Name konnte einen stutzig werden lassen: Warum wurde die Entwicklungsagentur nach einer Branche in der Krise benannt? Man hätte nach Nordrhein-Westfalen schauen können. Das Land hatte in den neunziger Jahren im Rahmen des Strukturwandels auf den Ausbau als Medienstandort gesetzt. Die Erwartungen im bevölkerungsreichsten Bundesland erwiesen sich jedoch als übertrieben. Der Medienbereich spielte wirtschaftlich eine Rolle, aber die Umsätze waren zu gering, um den Industrieabbau auch nur annähernd auszugleichen. Die Gesamtrechnung wurde wie in vielen anderen Fällen nie aufgemacht, aber es darf bezweifelt werden, dass sich die enorme Subventionierung ausgezahlt hat. Davon zeugen die entstandenen Überkapazitäten – zu sehen in leer stehenden Fernsehstudios.

Als die Bebauungspläne der Mediaspree GmbH schließlich in der zweiten Hälfte des Jahrzehnts im Bewusstsein der größeren Öffentlichkeit ankamen, regte sich Protest. Auf der einen Seite bestanden sie wie so häufig in Berlin aus einer recht planlosen Addition von architektonisch anspruchslosen Gebäuden. Man braucht heute nur einen Blick auf die Gegend um die sogenannte O_2-Arena in Friedrichshain zu werfen, um sich die Einfallslosigkeit der Planer vor Augen zu führen. Nun war das Spreeufer zuvor kein Brachland, sondern wurde kleinteilig von Clubs mit Außengastronomie wie etwa der Bar 25 genutzt. Auch wenn man die Techno-Utopien des Betreiberkollektivs mit Fug und Recht skeptisch betrachten konnte, hatte der selbstverwaltete Club ein fantasievolles Konzept und genoss eine internationale Reputation. Das ganze Ufer war ein Knotenpunkt des touristischen Geschehens in Berlin. 2010 lief der Pachtvertrag für das Gelände der Bar 25 aus. Der Berliner Senat weigerte sich, ihn zu verlängern, und ließ das Areal räumen. Angesichts der europäischen Finanzkrise war jedoch schon zu jenem Zeitpunkt klar, dass große Teile der äußerst ehrgeizigen Mediaspree-Pläne gar nicht zu realisieren sein würden. Am Ende wurde das Grundstück schließlich versteigert – und ausgerechnet vom Betreiberkollektiv der zwischenzeitlich umgesiedelten Bar 25 zurückgekauft.

Die Geschichte der Mediaspree-Planung lässt sich im Großen und Ganzen als ziemliches Debakel erzählen, zumal sich auch die Anwohner von Beginn an gegen die Bebauung wandten. Interessanterweise interpretiert die Berliner Senatsver-

SAS

waltung für Stadtentwicklung und Umwelt gerade die Probleme in einen Erfolg um. Im *Handbuch zur Partizipation* wird Mediaspree als Fallbeispiel für Beteiligungsprozesse aufgeführt.[4] Die fortwährenden Proteste insbesondere der Initiative »Mediaspree versenken!« hatten den Senat zu einem Bürgerentscheid gezwungen: 2008 sprachen sich siebenundachtzig Prozent für eine Eindämmung der Bebauung aus. Fünfzig Meter Abstand zum Spreeufer war eine zentrale Forderung, außerdem sollten die neuen Gebäude nicht höher als sechsundzwanzig Meter sein. Ein solcher Bürgerentscheid hat in Berlin aber keine bindende, sondern lediglich eine empfehlende Funktion. Daher wurden die Beschlüsse trotz langwieriger Gespräche teilweise ignoriert. So entspricht die aktuelle Bebauungsweise nicht den im Entscheid festgesetzten Grenzwerten. Immerhin: Alternative Angebote wie der Open-Air-Sport- und Konzertort Yaam wurden nicht einfach vertrieben, sondern bloß umgesiedelt.[5]

Der Berliner Senat hat die Vorteile einer kleinteiligen Nutzung und deren ungeheure Anziehungskraft nicht verstanden oder will sie nicht verstehen. Das gesamte infrage stehende Gebiet, zu dem ja auch das längste erhaltene Mauerstück – die East Side Gallery – gehört, ist gerade wegen seines mythischen alternativen und multikulturellen Charakters ein Magnet für die Besucher aus dem Ausland. Berlin ist bei Touristen nicht nur wegen des Brandenburger Tors so beliebt, sondern auch wegen seiner kulturellen Vielheit und Unvollkommenheit. Insofern berücksichtigen die Planungen selbst in einem rein ökonomischen Sinne nicht die Grundlagen für die entstehenden Hotels. Je homogener die Stadt in Zukunft wird, desto weniger wird sie für Besucher noch von Interesse sein. Ein ähnliches Unverständnis zeigt sich im Umgang mit den Prinzessinnengärten am Moritzplatz in Kreuzberg. Hier wird seit

2009 mit großem Erfolg sogenanntes Urban Gardening betrieben. Die Gärten ziehen Personen aus aller Welt an, die sich über die Arbeitsweise der Macher informieren möchten. Dennoch wollte der Senat das Gelände 2012 verkaufen. Diese Entscheidung wurde nach einer diesmal weltweiten Protestwelle revidiert, aber der endgültige Ausgang bleibt ungewiss.

Weltweit zur Kenntnis genommen wurde etwa zur selben Zeit auch die Verschiebung der Eröffnung des neuen Berliner Flughafens. Im Mai 2012 mussten die Bauherren, unter ihnen die Länder Berlin und Brandenburg, eingestehen, dass der Flughafen nicht zum anvisierten Termin fertig werden könne. Nachdem die Eröffnung immer wieder verschoben worden war, musste man schließlich wenig später einräumen: Ein Termin für die Inbetriebnahme ließe sich gar nicht mehr seriös voraussehen. Zudem erwiesen sich die Berechnungen für die Größe des Flughafens als falsch: Bereits jetzt übersteigt das Passagieraufkommen in der Hauptstadt dessen Kapazitäten. Mittlerweile haben sich die Gründe für den Fehlschlag ein wenig aufgeklärt. Offenbar wurden die ursprünglichen Pläne jahrelang mit jeweils neuen Ideen »überplant«. Am Ende hatte niemand mehr einen Überblick.[6] Wird ein Problem angegangen, tun sich mannigfache weitere Lücken auf.

Das Misstrauen gegenüber solcher Überplanung hat sich in Berlin inzwischen zu einem Grundgefühl ausgeweitet. 2008 hatte der Senat beschlossen, das Gelände des ehemaligen Flughafens Tempelhof der Öffentlichkeit als Park zu übergeben, ohne wesentliche bauliche Veränderungen. Diesmal reagierte er positiv auf bestimmte Entwicklungen: Berlin hat in den letzten Jahren seinen Reiz genau aus dieser Art von Plattformen bezogen, Freiflächen, antirepräsentative Räume, die von den Bewohnern und den Besuchern gleichermaßen zur Nutzung erschlossen wurden. Diese Orte funktionieren, durchaus nicht ohne Probleme, als »kosmopolitaner Baldachin« im Sinne Elijah Andersons. Es handelt sich um pluralistische Treffpunkte, in denen sich die unterschiedlichsten Personen in einem Geist der Zivilität, wenn nicht gar mit Höflichkeit und Wohlwollen begegnen.[7] Da Berlin besonders für Immobilieninvestoren immer attraktiver wird, sollte das Tempelhofer Feld aber doch bald bebaut werden. Zum einen war angeblich preiswerter Wohnraum geplant, um die Wohnungsnot in der Stadt zu lindern. Ein unglaubwürdiges Manöver, schließlich hatte der Senat bislang wenig gegen die teilweise absurd steigenden Mieten unternommen. Zum anderen sollte dort eine zentrale Landesbibliothek entstehen, bei der sowohl Standort als auch Konzeption umstritten waren. Durch das Fiasko um den Flughafen BER unter Druck geraten, stellte der Senat die Bebauung zur Abstimmung. Die Wahlbeteiligung war hoch, das Ergebnis eindeutig: Fünfundsechzig Prozent der Bürger sprachen sich dagegen aus. Eine relevante Entscheidung, denn die Bevölkerung wählte quasi die Leere. Die Berliner optierten für einen Ort, der ihnen möglichst viel individuellen Gestaltungsraum lässt, und stimmten gegen eine undurchsichtige und realitätsferne Planung, die den komplizierten Verhältnissen in der Parapolis nicht gerecht wird. Und sie wandten sich gegen eine Form der Partizipation, die darin besteht, die Leute die längst beschlossenen Masterpläne abnicken zu lassen.

Verwaltung, Korruption und Dauerkrise

»Überplanung« scheint so etwas wie die unausgesprochene Maxime einer Gesellschaft geworden zu sein, die sich substantiellen Reformen verweigert. Das betrifft nicht nur Stadtplanung und -entwicklung, sondern auch Bildung, Gesundheit, Rechtsprechung und Rechtsstaatlichkeit. Überall wird mit neuen Ideen und kurzsichtigen Maßnahmen ständig das Bestehende »überplant«, anstatt Reformen sinnvoll zu implementieren. Letzteres würde detaillierte Erklärungen erfordern, Auseinandersetzungen mit der Bevölkerung und auch Risiko bedeuten – und nichts fürchten Politik und Verwaltung mehr als Transparenz und Wagnis. Offenbar schwankt die Bürokratie hilflos hin und her zwischen dem Pol der Ängstlichkeit und jenem der autoritären Fantasien. Dabei kann der Anspruch, mit dem aus der furchtsamen Abgeschiedenheit des Klosters von Größerem geträumt wird, auch angesichts der Ressourcen kaum noch eingelöst werden. Insofern bekämpft die Administration die anhaltende Krise auch nicht; Letztere ist ein Bestandteil von deren Organisation.

Überhaupt, die Krise, sie dauert ja bereits seit Jahrzehnten an. Ich bin im Rheinland aufgewachsen. Kurz nachdem ich auf die Welt gekommen war, endete in meinem Geburtsort der Steinkohleabbau, der die Stadt in der Nachkriegszeit geprägt hatte, und der endlose Strukturwandel begann. Ich habe fast fünfzig Jahre mit der Krise als Hintergrundgeräusch gelebt. Die Krise oder vielmehr das Geräusch der Krise hat sich mit einigem Auf und Ab tief in den Alltag gefressen. Wenn gerade keine Notlage herrscht, dann lauert die nächste scheinbar gleich um die Ecke. Die Krise ist wirtschaftlich, institutionell, mental, und obwohl die apokalyptischen Ereignisse fehlen, droht vermutlich der Untergang – zumindest in Verschwörungstheorien, Fiktionen aller Art und den zahlreichen Alltagsgesprächen darüber, dass alles »den Bach runtergeht«.[8] Dabei legitimiert die Krise »alternativlose« Entscheidungen und sorgt gleichzeitig für den Fortbestand der Probleme, weil keine grundsätzlichen Reformen stattfinden. Zudem wird der

Unterschied zwischen der Bürokratie und der Politik weiter eingeebnet, denn je weniger die Politik noch Visionen folgt, desto mehr wird sie Bestandteil einer Verwaltung der Dauerkrise.

In den neunziger Jahren wurde der Begriff der »politischen Klasse« allgegenwärtig – ein Ausdruck, der an Đjilas' Idee der sozialistischen Bürokraten als »neuer Klasse« erinnert. Zweifellos sind Politiker keine eigene Klasse in der Gesellschaft, doch lässt sich eine gewisse Abgehobenheit der Berufspolitiker kaum verleugnen. Es handelt sich um eine Personengruppe, die sich hauptsächlich in bestimmten Zirkeln aufhält und eine bestimmte Sprache spricht, angesiedelt zwischen dem Expertentum der Gesetzgebung, dem Jargon des Aushandelns und der Darstellung gegenüber der Öffentlichkeit. Politiker sind Teil einer exekutiv-bürokratischen »Postdemokratie«, wie Colin Crouch den Status quo nennt.[9]

Die Loslösung vom gesellschaftlichen Alltag macht die Postdemokratie anfällig für Korruption. Viele Skandale haben die Politik in Europa erschüttert, im Süden wie im Norden des Kontinents. Zahlreiche ehemalige und derzeit amtierende Staatsoberhäupter, Minister oder Abgeordnete waren auf die eine oder andere Weise in Skandale verwickelt, bei denen Korruption im weitesten Sinn eine Rolle spielte. Dabei geht es auch um Geld, aber mehr noch darum, sich wichtige Positionen in Parteien und im Staatsapparat zu sichern und sie zu verteilen. Wenn Politiker aufsteigen, dann hat das oftmals weniger mit Leistung zu tun und mehr mit dem, was man in Bezug auf das südliche Europa als System der »Patronage« bezeichnet. Eine parteiinterne »Ochsentour« zu absolvieren und Seilschaften zu knüpfen scheint häufig wichtiger zu sein als inhaltliche Fragen oder sogar Erfolg. So hat die SPD bei der Bundestagswahl 2013 mit Peer Steinbrück einen Kanzlerkandidaten aufgestellt, der ihr acht Jahre zuvor in Nordrhein-Westfalen das schlechteste Ergebnis seit fünfzig Jahren bescherte.

Wenn die Skandale aufgedeckt werden, dann zeigen sich darüber hinaus Formen von erheblicher moralischer Korrumpierung. Entweder streiten die Betreffenden alles ab oder sie geben an, sich schlicht keiner Schuld bewusst zu sein. Der ehemalige deutsche Verteidigungsminister Karl-Theodor zu Guttenberg und die Ex-Bildungsministerin Annette Schavan hatten nachweislich ihre Doktorarbeiten gefälscht, hielten das aber für lässliche Sünden, die keinerlei Auswirkung auf ihre Kompetenz und Tätigkeit als Politiker haben müssten. Einige machen sogar andere verantwortlich: Der ehemalige italienische Ministerpräsident Silvio Berlusconi etwa hat sich jahrelang als Opfer von allerlei Verschwörungen inszeniert. Selbstverständlich gilt das nicht für alle Politiker. Ich habe in den letzten Jahren gerade auf kommunaler Ebene Menschen getroffen, die mit großer Ernsthaftigkeit und unter schwierigen Bedingungen versuchten, das Beste für ihr Gemeinwesen zu erreichen.

In der scheinbar alternativlos gewordenen kapitalistisch-liberalen Demokratie ist auch die Korruption zu einer Art impliziter Maxime geworden. Sie ist die Schattenseite der neoliberalen Vorstellung, dass alle Austauschbeziehungen auf Käuflichkeit beruhen. Zudem gilt sie seit dem Fall der Berliner Mauer als eine Art menschlich-allzumenschliches Antidot für radikale Bestrebungen. Die vergangenen und aktuellen Utopien werden mit dem »Terror« identifiziert, dessen Gewaltexzesse von Stalin bis hin zu Al Kaida oder dem Islamischen Staat zu reichen scheinen. Der Markt dagegen, so heißt es, habe die direkten Formen von Gewalt zurückgedrängt und Krieg durch Wettbewerb ersetzt. Das ist zum Teil richtig. Es war höchst erstaunlich, wie viel Kooperation auf internationaler Ebene während der Finanzkrise zu beobachten war – einige Jahrzehnte zuvor wäre die dramatische Lage vermutlich weltkriegstauglich gewesen. Doch das Ziel bestand in der »Rettung« des (Finanz-)Markts, und die Frage stellt sich: Wer zahlt den Preis dieser antiutopischen Form der bürokratisch-politischen Überplanung?

Allerdings sind die Bevölkerungen zahlreicher Länder mit dem »Geschäft« nicht mehr zufrieden. Die jüngsten Protestbewegungen in vielen Ländern von Spanien und Griechenland über Brasilien und Indien bis zur Türkei, Bulgarien und Mexiko richteten sich auch gegen Korruption im weitesten Sinne, etwa gegen den Ausverkauf des Gemeinwohls an private Interessen. Dabei sind viele der Leute auf den Straßen Kinder des Neoliberalismus, also gar keine Gegner von Leistung und Wettbewerb. In seinem Buch *Why it's Kicking off Everywhere* hat der Journalist Paul Mason zwei Gruppen als dominante Träger der weltweiten Proteste ausgemacht. Zum einen junge, gut ausgebildete Personen, global vernetzt, denen der Aufstieg jedoch verwehrt bleibt, weil die Etablierten ihre Herrschaft durch Seilschaften und Senioritätsprivilegien abgesichert haben. Zum anderen eher schlecht ausgebildete Personen, die angesichts von prekären Jobs und Preissteigerungen Probleme haben, über die Runden zu kommen.[10] Beiden Gruppen fehlt die Perspektive. Sie haben kein gemeinsames Ziel und oft genug auch keine genaue Vorstellung, wie die durchaus komplizierten aktuellen Probleme zu lösen sind. Sie wollen und sie benötigen eine »gute Regierung«, eine ernsthaft am Gemeinwohl orientierte Regierung, die in der Lage ist, sowohl soziale Durchlässigkeit als auch die rudimentären Mittel zum Leben zu garantieren. Und offenbar ist die bürokratisch-politische »neue Klasse« des real existierenden Kapitalismus dazu nicht imstande – die Leute fühlen sich nicht länger repräsentiert.

In den letzten Jahren ist häufig von einer Krise der Repräsentation die Rede gewesen. Repräsentation hat aber mindestens zwei, eigentlich sogar drei Elemente. Zunächst meint der Begriff nichts anderes, als dass etwas durch etwas anderes ersetzt wird. Der erste Bestandteil, die politische Bedeutung von Repräsentation, ist daher Vertretung. In der Moderne wurde dieser Aspekt immer wichtiger. Im Absolutismus vertrat der Herrscher die gesamte Bevölkerung in seiner Person. Ab dem Ende des 18. Jahrhunderts repräsentierte sich das Volk dann durch gewählte Abgeordnete im Parlament selbst.

Diese Art der Vertretung brachte die zweite Komponente von Repräsentation mit sich: die Darstellung. In der zweiten Hälfte des 19. Jahrhunderts kam eine staatlich betriebene, kulturelle Disziplinierung und Homogenisierung in Gang. Die Vereinheitlichung der Bevölkerung sollte angesichts der neuen Freiheit die Garantie für einen wenn auch brüchigen Konsens bieten. In diesem Prozess ging es um die umfassende Verkörperung des Volkes in einer Schriftsprache, geteilten Traditionen, Medien, Bauten, Fahnen, Münzen usw. Gemeinschaften wurden geschaffen, die zuvor in dieser Form nicht existierten. Der Politikwissenschaftler Benedict Anderson hat dafür die Bezeichnung »imagined community« geprägt.[11] In zahlreichen Fällen funktionierte die Vereinheitlichung nicht. Das belegen die vielen entlang ethnischen Bruchstellen verlaufenden Konflikte, die manchmal sogar die Auflösung von Staaten zur Folge hatten.

Im Begriff der »vorgestellten Gemeinschaft« versteckt sich das dritte Element von Repräsentation, welches Vertretung und Darstellung umschließt: Die Vorstellung oder, um mit dem Psychoanalytiker Jacques Lacan zu sprechen, das Ima-

ginäre. Lacan verdeutlichte den Begriff vor allem mit dem »Spiegelstadium« des Kleinkindes, jenem triumphalen Moment, in dem sich das Kind erstmals im Spiegel selbst erkennt. In diesem Augenblick schweißt es seinen heterogenen »zerstückelten Körper« durch die imaginäre Wahrnehmung der eigenen Einheit zu einem Ich im Sinne Sigmund Freuds zusammen.[12] Dieser Vorgang lässt sich als Metapher für die Repräsentation der nationalen Gemeinschaft lesen: In Wirklichkeit funktioniert die Vertretung des Volkes nämlich niemals vollkommen; die Bevölkerung bleibt sozial, sexuell und kulturell ein »zerstückelter Körper«.

Die Mitglieder des Volkes müssen daher immer wieder aufs Neue dazu bewogen werden, sich als Einheit wahrzunehmen. Dies geschieht durch die Produktion eines imaginären Überschusses. Dazu wird ein Spiegel benötigt, der auf der Ebene der Darstellung entsteht. Zum einen intern und positiv: Die

»Erfindung« von Traditionen etwa schafft einen reflektierenden Grund zur Wahrnehmung von Einheit. Zum anderen extern und negativ: In der Geschichte Europas haben die Anderen – die »Wilden«, die Sklaven, die Kolonisierten, die Bewohner der »Dritten Welt« und auch die Migranten – als Spiegel gedient, in dem sich die Subjekte des Westens spiegelverkehrt erkennen konnten: Weil »sie« wild, grausam, faul, fanatisch, verschlossen, intolerant waren oder sind, können »wir« uns als zivilisiert, friedliebend, arbeitsam, demokratisch, offen und tolerant betrachten. In Bezug auf die außerwestlichen Anderen war Repräsentation in erster Linie eine Machttechnik.

Bereits Kolumbus legte den Mechanismus für diese Technik fest. Er nahm die karibischen Inseln für die spanische Krone in Besitz, indem er den sogenannten Eingeborenen einen Text auf Spanisch vorlas. Kolumbus suchte also kein Gespräch. Er bezog die Anderen in die westliche Ordnung ein, doch gleichzeitig schloss er sie aus: Er vertrat sie in einem Text. Dieser war Zeugnis dafür, dass die Eroberung rechtmäßig war. Der damals begonnene Monolog hat sich seitdem in ein wiederholtes Konvolut von Stereotypen verwandelt: Die Darstellung der Anderen als »primitiv« legitimiert deren Ausschluss – wobei die Bedeutung von »primitiv« und Ausschluss je nach Situation und Zeit unterschiedlich sein kann.

Alle genannten Formen der Repräsentation befinden sich in der Krise. Nun kann man mit Fug und Recht sagen: Die parlamentarische Demokratie war nie mehr als eine fehlerhafte Annäherung an ein Ideal, man muss eben damit leben, dass sie nicht vollkommen ist. Die Frage ist allerdings: Wird die Kluft zwischen der Bevölkerung und ihrer Vertretung durch die gegenwärtigen Entwicklungen eher verringert oder vertieft? Bereits in den sechziger Jahren war die Kritik an der

Repräsentation allgegenwärtig. Damals wurde insbesondere der Wandel von »Klassenparteien« zu »Volksparteien« diskutiert. Jürgen Habermas etwa kritisierte, dass der Schwerpunkt der demokratischen Entscheidungsfindung von Parlament und öffentlicher Diskussion hin zu Verwaltung und Expertentum verlagert würde.[13] Radikalere Stimmen wie Johannes Agnoli warnten vor einer »Transformation der Demokratie«. Agnoli warf den Volksparteien eine zunehmende »Verstaatlichung« vor; im Grunde seien sie eine Art Einheitspartei im Interesse der Herrschaft des Kapitals geworden: »Dem demos gegenüber ist das Parlament ein Transmissionsriemen der Entscheidungen politischer Oligarchien«.[14] Zwar ist das Parteienspektrum heute deutlich differenzierter als zu den Zeiten jener Diagnosen, doch scheinen die einhelligen Bemühungen der bürgerlichen Parteien, mit denen sie in der Finanzkrise 2007/08 das System »retten« wollten, die These von der »Einheitspartei« zu untermauern.

Wenn man die Sache so sieht, hat sich eigentlich nichts Grundsätzliches getan. Das widerspricht aber anderen gesellschaftlichen Erfahrungen, denn zumindest die Lebensgestaltung ist enorm liberalisiert worden. Dagegen hat sich im institutionellen Bereich und im Hinblick auf eine Neuordnung der ungelösten Repräsentationsfrage auch aufgrund der konservativen Gegenbewegung wenig verändert. Die aktuellen Symptome sind die Folgen der ungelösten Probleme von damals. Statt von Postdemokratie könnte man mit Pierre Rosanvallon eher von einer neuen Bedeutung der »Gegendemokratie« sprechen.[15] Der französische Historiker meint damit nicht das Gegenteil von Demokratie, sondern die Mechanismen, mit denen sich die Bevölkerung eine informelle Kompensation für die Erosion von Vertrauen organisiert. Die wachsame oder auch denunziatorische und evaluierende Öffentlichkeit besitzt, so Rosanvallon, eine gelebte »Vetomacht«, im Protest gar eine »negative Souveränität«. Zudem kann die Bevölkerung politische Konflikte an die Gerichte delegieren, was auch zunehmend geschieht. So hat etwa in Deutschland sowohl zum Euro-Rettungsschirm als auch zu Gleichstellungsaspekten der »Homo-Ehe« das Bundesverfassungsgericht und nicht der Gesetzgeber letztinstanzlich entschieden. Die Prozesse der »Gegendemokratie« gewinnen an Gewicht, wenn das Vertrauen gegenüber den repräsentativen Akten nachlässt.

Auch die Darstellung der Gemeinschaft ist problematisch geworden. Der Nationalstaat steht als Instrument einer kulturellen Vereinheitlichung unter Druck: von »oben«, weil er mehr und mehr in größere Verbände eingebunden ist und Kompetenzen an diese abtritt. Wirtschaftlich wird dieser Prozess etwa durch Freihandelsabkommen vorangetrieben, politisch durch Staatenverbünde wie die Europäische Union. Der Nationalstaat gerät aber ebenso von »unten« unter Druck. Einwanderung und Individualisierung lassen die Bevölkerung zunehmend heterogener werden. Lebensstile und Traditionen haben sich ebenfalls verändert. Diese Vielheit lässt sich kaum noch durch Homogenisierung verringern und muss als Tatsache anerkannt werden. Die Repräsentation des Volkes in der Darstellung wird löchriger, wobei der Nationalstaat gleichzeitig der Hauptbezugspunkt für diese Repräsentation bleibt.

Dadurch wird auch die Repräsentation als Vorstellung, also der Überschuss im Imaginären, ausgehöhlt. Die eigene Tradition ist hochgradig fragwürdig geworden – das haben in Deutschland beispielsweise die grandios gescheiterten Versuche gezeigt, eine sogenannte Leitkultur zu definieren, oder in Frankreich die staatlich angezettelten Diskussionen um die *identité nationale*. Zudem ist offensichtlich, dass die »Anderen« längst nicht mehr homogen sind. Die Dritte Welt ist keineswegs nur noch arm, die Einwanderer sind zumal in den Tagen der weltweiten Suche nach Hochqualifizierten nicht mehr bloß eine Gruppe, die im unteren Segment des Arbeitsmarkts zu finden ist. Die populistischen Bewegungen in Europa – in Frankreich der Front National, in Italien die Lega Nord, die Freiheitliche Partei Österreichs, in den Niederlanden die Partei für die Freiheit um Geert Wilders, die Schweizerische Volkspartei, Fidesz in Ungarn oder die Wahren Finnen – versuchen die Vorstellung der Nation als exklusive Solidargemeinschaft zu reaktivieren. Doch hat sich gezeigt, dass die Grenze des nationalistischen Wählerpotentials bei etwa dreißig Prozent liegt. Paradoxerweise forciert der Populismus zugleich die Spaltung der Bevölkerung, die er doch eigentlich vorgibt überwinden zu wollen, weil viele Bürger strikt gegen solche Parteien und ihre politische Agenda eingestellt sind. Das lässt die Umsetzung des Wunschs nach einer neuen Homogenisierung der Nation faktisch in noch weitere Ferne rücken.

Empörung, Groll und die Politik der Affekte

In den Protestformen im Gefolge der Finanzkrise sind nun neue Ansprüche an Vertretung aufgetaucht. Die Occupy-Bewegung trat mit dem Slogan »Wir sind die 99 Prozent« an. Sie grenzte sich damit von dem superreichen einen Prozent ab, das offenbar den Gang der Regierung mehr beeinflusst als das Gros der Bevölkerung. In Spanien firmierten die Protestler unter der Bezeichnung *indignados*, also »Empörte«, auch in Anlehnung an Stéphane Hessels Bestseller *Empört Euch!*.[16] In diesen neuen Ansprüchen auf Repräsentation wird letztlich behauptet, die Mehrheit der Bevölkerung sei empört, wütend – in Deutschland hat sich dafür der Begriff »Wutbürger« etabliert. Was ist das für eine Wut? Tatsächlich scheint der Affekt selbst eine größere Mobilisierungskraft zu haben als die nicht immer klaren und vor allem nicht immer einheitlichen Inhalte der Proteste. Die politische Kraft von kollektiven Affekten für die Moderne ist unbestritten. Die Französische Revolution etwa wurde im Sommer des Jahres 1789 auf dem Land maßgeblich durch die sogenannte Große Furcht vorangetrieben.[17] Die Landbevölkerung war – ohne über genaue Informationen zu verfügen – beunruhigt ob der Vorgänge in Paris. Bald machten Gerüchte die Runde, der Adel würde Banden aussenden, um sich für den in der Hauptstadt erlittenen Machtverlust zu rächen. Als das Eintreffen jener Banden jedoch ausblieb, richtete sich die Aggression gegen den Adel selbst. Grundlage dieser Bewegung war die schiere Angst, eine affektive Mischung aus Reflex, Wissen und gleichzeitiger Handlung.

Neu an den Empörten ist, dass die politische Organisation selbst den Namen eines Affekts trägt. Die Bedeutung von Affekten für die Politik ist zuletzt in der englischsprachigen Welt stark debattiert worden. Es war sogar von einem affective turn in der Theoriebildung die Rede.[18] In einem nicht unbeträchtlichen Teil der politischen Diskussion, vornehmlich in Deutschland, spielt demgegenüber das Modell der Deliberation nach Jürgen Habermas weiterhin die dominante Rolle. Die Grundlage des konsensorientierten, öffentlichen Gesprächs, welches diese Version der Demokratietheorie präferiert, ist das Argument. Nun wird aber die Öffentlichkeit derzeit kaum über Argumente, sondern über Gefühle gesteuert. Als Beispiel kann die Art und Weise dienen, wie Geschichte vermittelt wird. Längst beruht sie nicht mehr darauf, möglichst akkurate Daten bereitzustellen, sondern auf Formen von Reenactment. Die Wiederaufführungen von historischen Ereignissen im Fernsehen, im Theater oder im Museum bieten Identifikationsangebote zum Nacherleben an. So arbeiten die Zeitzeugen-Videos von Steven Spielbergs Shoah-Foundation. In Deutschland macht man dagegen allerlei Scherze darüber, wie viel wir durch die jahrelang immer neue Aspekte präsentierenden Fernsehsendungen von Guido Knopp über das Privatleben von Adolf Hitler wissen.

Die Marktforschung hat festgestellt, wie wenig die klassische Berichterstattung über Politik in den Medien beim Publikum noch funktioniert. Daher haben sich einige Boulevardmedien darauf verlegt, weniger journalistisch »abzubilden«, als vielmehr eigene »Geschichten« zu erzählen. In einer Studie der Otto Brenner Stiftung konnte ein Forscherteam zeigen, wie die *Bild*-Zeitung zu Beginn der Eurokrise Geschichten von faulen und betrügerischen Griechen abdruckte, die an das Geld des deutschen Steuerzahlers wollten, und diese ausschließlich mit passenden »Fakten« anreicherte.[19] Dazu kommt, dass zu bestimmten Themen provozierende »Debatten« angezettelt werden. Diese sollen die Rezipienten gar nicht mit Argumenten ausstatten oder zum Argumentieren bringen, sondern primär Gefühle hervorrufen, eine andauernde Aufregung über »Ehrenmorde«, die falschen Freunde des Bundespräsidenten oder Prostitution.

Gefühle werden auch angesprochen, wenn Regierungen ihre Handlungen zu legitimieren versuchen. Der erste Kampfeinsatz der Bundeswehr nach dem Zweiten Weltkrieg, das Engagement im Kosovo ab 1999, wurde beispielsweise vor allem damit begründet, dass Deutschland wegen seiner nationalsozialistischen Vergangenheit eine besondere Verantwortung trage: *Wir* müssen etwas unternehmen, um dort zu verhindern, was *wir* in der Vergangenheit einmal selbst getan haben.

Während des Wahlkampfs 2013 wiederum signalisierte ein Plakat mit den zu einem Dreieck geformten Fingern von Angela Merkel, es dürfe nicht überstürzt gehandelt werden, den Deutschen gehe es ja wirtschaftlich gut. Die politische Kritik der Linken hat hingegen lange weiter auf Argumente gebaut – in bewusster Opposition zu dieser flächendeckenden Emotionalisierung. Die jüngste Politik der Empörung funktioniert nun anders, primär über Affekte.

Es ist notwendig, den Begriff »Affekt« aus der alltagssprachlichen Bedeutung zu lösen. Dort meint er in erster Linie Gefühl. Aber er umfasst mehr. Wie bereits angedeutet, verweist »Affekt« auf einen komplizierten Zustand, in dem Wahrnehmung, Wissen, Urteilskraft und Handlung zusammenkommen. Um das Beispiel Angst aufzugreifen: Wenn ich bei einem Spaziergang einem großen knurrenden Hund begegne, dann setzt aufgrund der wahrgenommenen Details (welcher Typ Hund, welches Verhalten genau, Besitzer in der Nähe etc.) eine wissensbasierte und doch unmittelbare Beurteilung der Lage ein, die möglicherweise augenblicklich mit einer Handlung verknüpft ist: weitergehen, Krach machen, Weglaufen usw. In Affekten verbergen sich also Formen der Intellektualität und der Urteilskraft.

Zudem haben Affekte eine Qualität, die über das Individuum hinausreicht. Sie haben quasi eine eigene Subjektivität, die den Einzelnen schlicht mitreißt. Daher pflanzen sich Affekte im Reich des Politischen anders fort als Argumente, denen für gewöhnlich eine Abstammung zugeschrieben wird. Wenn wir zum Beispiel über die Ursprünge der Demokratie sprechen, dann geht es zumeist um Ideen. Diese scheinen einen Stammbaum zu besitzen – das Zeitalter der Aufklärung, das Werk Jean-Jacques Rousseaus etc. Wir können die Ahnen immer weiter zurückverfolgen: »Stand schon bei Platon ...«. Affekte

breiten sich dagegen durch die Infektion mit »Erregern« aus, wie eine Epidemie. Wie bei der Großen Furcht kann niemand ihren genauen Beginn ausmachen. Ebenso wenig ist berechenbar, wann die Wellen der politischen Affekte abebben oder versiegen. Das Problem an den Affekt-Gemeinschaften ist folgerichtig ihre Flüchtigkeit: Sie bleiben zusammen, solange die gemeinsame Affizierung anhält, und dann zerfallen sie wieder in Individuen oder Milieus. Das zeigt sich unter anderem an den Protestgemeinschaften der Empörten, die schnell aufflammen, aber aufgrund ihres epidemischen Charakters oftmals nicht in der Lage sind, langfristig zusammenzuhalten und Veränderungsstrategien zu entwickeln.

Was für eine Art Affekt ist die Empörung? Ich will auf das eingangs genannte Beispiel des Mülls zurückkommen. Als ich bei einem Freund über Müll und Drogen in meiner Nachbarschaft lamentierte, warf er mir vor, ich sei auch so ein Wutbürger geworden, der den Dreck vor allen Dingen nicht im eigenen Nahbereich dulden wolle. Nun tendieren Affekte auch dazu, durch weitere »Übertragung« assoziativ auf andere Themen zu springen. Es geht also nicht nur um Müll. Die tägliche Sichtbarkeit des Abfalls verdichtete eine Menge anderer Dinge, auf die sich mein Groll bezog. Im Müll spiegelten sich die Versäumnisse einer Regierung, die Milliarden und Abermilliarden von Steuergeldern, zu denen auch ich beigetragen hatte, aufwenden konnte, um Kreditinstitute zu retten, aber die alltägliche Instandhaltung der Infrastruktur vernachlässigte. Dabei handelte es sich um Banken, die zuvor das Vertrauen älterer Personen missbraucht und sie zu Investitionen gedrängt hatten, die sich als abenteuerlich und verlustreich erwiesen. Im Müll sah ich den Berliner Großflughafen, den die Einwohner nie wollten und der urplötzlich keinen Eröffnungstermin hatte. Und ich erblickte die Gesichter von Leuten, die aus all dem überhaupt keine Konsequenzen zogen, die trotz ihrer dubiosen Entscheidungen weiterhin den Platz von Entscheidungsträgern einnahmen.

Wut kann sich entladen oder schwelend zu einem andauernden Grollen werden. Bei einem solchen Groll handelt es sich um einen politischen Affekt, der schon in den frühen Erzählungen der westlichen Zivilisation ausführlich beschrieben wurde. Im Altgriechischen gab es ein Wort, das in seiner Bedeutung weit über die einfache Wut hinausging, *menis*. Über diesen Begriff bei Homer sind ganze Werke verfasst worden. Der Altphilologe Joachim Latacz definiert ihn wie folgt: »eine anhaltende, schwelende, verbitterte Ergrimmtheit wegen erlittener Kränkung: die Nachwirkung eines ›heruntergeschluckten Zorns‹«.[20] Dieser Groll ist das Thema der *Ilias*, und ihr Träger im Epos ist Achill. Warum grollt Achill? Folgendes war geschehen: Die Achaier, also die Griechen, belagerten unter Führung des Agamemnon Troja, Achill war einer seiner verbündeten Kommandeure. Für die »Helden« jener Tage waren Frauen eine mögliche Kriegsbeute, und so hatte Agamemnon die Chryseis und Achill die Briseis »erobert«. Aus verschiedenen Gründen war Agamemnon bald gezwungen, seine Beute zurückzugeben, was ihn maßlos erzürnte. Eine Auseinandersetzung mit Achill führte schließlich dazu, dass er von diesem Briseis als Ersatz verlangte. Darüber war wiederum Achill außer sich und drohte damit, sich vom Schlachtfeld zurückzuziehen, sollte Agamemnon seine Forderung durchsetzen. Der aber zeigte sich unbeirrt und ließ Briseis aus Achills Lager holen. Daraufhin machte Achill seine Drohung wahr.

Der Groll des Achill bestrafte nicht nur Agamemnon, sondern alle Achaier – durch Passivität. Nachdem sich der brillante Kämpfer vom Kriegsschauplatz entfernt hatte, wendete sich das Schlachtenglück zugunsten der Trojaner. Der Groll des Achill ist das eigentliche Thema der *Ilias*, das Epos beginnt mit den Worten: »Singe den Zorn, o Göttin, des Peleiaden Achilleus«. Die *menis* ist kein Gefühl im Innern des Individuums, wie wir heute vermuten könnten, sondern vielmehr ein überpersonaler, subjektivierter Affekt, der sich im sozialen Raum ausbreitet. Sie wirft eine ganze Reihe von Fragen auf, vor allem was die Rolle von Führerschaft und die Ordnung der Austauschverhältnisse betrifft.

Das Beispiel des Agamemnon demonstriert, welche Effekte eine Art der Führung hat, die sich ausschließlich auf Macht stützt und dabei erratisch wirkt. Zudem kann Agamemnon das eigene Vermögen schlecht einschätzen, denn der eher mittelmäßige Heerführer ist sich nicht bewusst, wie sehr er Achill benötigt, um das kollektive Ziel zu erreichen. Achill sieht sich aber nicht nur von einem mediokren Amtsinhaber auf dem Weg zu seinem geweissagten Ruhm behindert; sein ganzer Wert als Individuum steht auf dem Spiel, weil Agamemnon die Regeln des gerechten Tauschs nicht mehr einhält. Darin zeigt sich nicht bloß das Problem einer verqueren, individuellen Moral, sondern die Kontinuität der Solidaritätsverhältnisse allgemein ist gefährdet. Wenn Agamemnon so handeln darf und dabei die Regeln willkürlich außer Kraft setzt, dann bedeutet das letztlich eine Bedrohung für die Integrität der »kosmischen Ordnung«, wie der Altphilologe Leonard Muellner es formuliert hat.[21]

Achill straft nicht nur den Agamemnon, sondern die gesamte Gruppe der Achaier, die er als solidarisch mit ihrem Führer wahrnimmt. Der Groll etabliert einen Raum der Nicht-Beziehung, genauer gesagt, einer doppelten Null-Beziehung. Zum einen hört Achill einfach auf, mit der Gemeinschaft zu interagieren. Damit schadet er ihr nicht nur, er spaltet sie auch. Die Frage der Gerechtigkeit sorgt für Kampf, nicht Krieg; für Auseinandersetzungen innerhalb des »Volkes«, nicht für Krieg zwischen den »Nationen«. Doch Achill kündigt nicht nur die Beziehung zur Gemeinschaft auf, sondern auch zu sich selbst. Die *menis* dessen, der sich selbst aus allen Solidarbeziehungen entlassen hat, nagt an seinem Herzen, an seiner Fähigkeit zur Freundschaft. Achill ist niemandes Freund mehr, nicht einmal sein eigener. Die *menis* macht ihn für sich selbst zu einer fremden Person, wenn nicht zu einer Art gefühllosem Gegenstand. Sie wirkt also nicht nur zerstörerisch auf die Gemeinschaft, sondern auch auf das Individuum, welches von ihr durchkreuzt wird.

Die hier unkommentiert im politischen Sinne universalisierte Geschichte von Männern, die sich über Frauen als Kriegsbeute streiten, mag ein wenig befremdlich erscheinen. Homer hat aber in seinen *Hymnen* auch die *menis* einer Frau geschildert, jene der Fruchtbarkeitsgöttin Demeter. Er erzählt die Geschichte vom Raub der Persephone, der Tochter von Demeter, und von deren Bruder Zeus. Der Totengott Hades hatte sich in sie verliebt und entführte sie mit der zumindest schweigenden Zustimmung Zeus' in seine Unterwelt. Demeter reagierte ebenso wie Achill, indem sie sich passiv verhielt, also ein Feld mit negativer Energie schaffte, eine Null-Beziehung zur Gemeinschaft (in dem Fall die Götter) und zu sich selbst etablierte. Weil sie ein Jahr lang nichts unternahm, wuchsen die Pflanzen nicht mehr. Den Menschen drohte in der Folge der elende Hungertod. Da die Götter von den Spenden und Opfern der Menschen abhängig waren, gefährdete Demeters Untätigkeit faktisch die gesamte kosmische Ordnung. Zeus gab schließlich nach und vermittelte einen für Demeter akzeptablen Kompromiss in Bezug auf das weitere Leben der Persephone: Sie konnte einen Teil des Jahres wieder bei ihrer Mutter auf der Erde verbringen.

Die *menis* ist ein universeller Affekt, in dem die körperliche Wahrnehmung einer Situation, das Wissen um die Regeln des redlichen Tauschs und die Voraussetzungen der Integrität des Individuums, aber auch Handlungen zusammenfallen. Achills Handeln setzt dabei nicht mit seinem Rückzug ein, sondern bereits mit der Diskussion, die er mit Agamemnon führt und in der er sich zu unbedachten und zweifellos beleidigenden Äußerungen hinreißen lässt. Die politisch wirksame Wut, die auf Gerechtigkeit zielt, tritt zunächst als spontane Empörung auf, die sich entlädt, und entwickelt sich zum Groll, der nagend fortwirkt. Die *menis* ist allerdings schwer kontrollierbar, und während sie einen politischen Aktionsraum eröffnet, muss sie keineswegs eine produktive Rolle spielen. Es geht hier nicht darum, Wut als romantisches Gefühl zu verklären. Die Empörung und der Groll sind in erster Linie zerstörerisch. Formen der Kollaboration, dazu später mehr, können beiden einen konstitutiven und damit konstruktiven Charakter verleihen.

Entfremdung und Kollaboration

Betrachtet man das destruktive Werk der *menis* genauer, also das Verhältnis, das die von ihr affizierten Subjekte zu sich selbst und ihrer Gemeinschaft herstellen, dann kann man auch von Entfremdung sprechen. Dieser Begriff spielte in den Diskussionen in den sechziger und siebziger Jahren eine wichtige Rolle. Entfremdung glaubte man zu jener Zeit überall zu erkennen – im Erziehungswesen, in der Universität, in der Fabrik- und Büroarbeit, im politischen System usw. Zumeist bezog sich der Begriff auf die Ideen des jungen Karl Marx. Im Zentrum seines Denkens stand das menschliche Tätigsein als Gattungswesen. In der kapitalistisch organisierten Arbeit sah Marx den Menschen seiner Tätigkeit entfremdet. Zum einen, weil die Arbeit durch die moderne Arbeitsteilung in sinnlos erscheinende Einzelaktionen zergliedert wurde, die das Ergebnis der Arbeit fern und abstrakt werden ließen – das Paradebeispiel war natürlich die Arbeit am Fließband. Zum anderen, weil ebendieses Ergebnis, also das Produkt, nicht den Arbeitern gehörte, sondern dem Eigentümer der Produktionsmittel, der es wiederum für den eigenen Gewinn veräußerte. Die Käuflichkeit schließlich war ein weiteres Element der Entfremdung – sowohl jene der Ware Arbeitskraft als auch die des Produkts –, denn im Verhältnis zum Geld verloren die Arbeit und die hergestellten Dinge ihren spezifischen Gebrauchswert. Im Kapitalismus kam die höhere Relevanz dem alles gleichmachenden Tauschwert der Waren zu.[22]

Nun ist diese Idee der Entfremdung nicht einfach auf gegenwärtige Verhältnisse zu übertragen. Das Modell des jungen Marx orientierte sich stark an der Fabrikarbeit. Diese war im 19. Jahrhundert noch die dominante Form von Arbeit – das ist heute anders. Darüber hinaus bleibt unklar, wie nichtentfremdete Arbeit wohl beschaffen sein müsste. Marx erwähnte beiläufig das Handwerk, was später häufig zu einer Verklärung präkapitalistischer Verhältnisse führte. Darüber hinaus nahm die Entfremdungsdiskussion eine zunehmend alltagspolitische Wende. Die Studentenrevolte berief sich auf Denker wie Wilhelm Reich, Erich Fromm oder Herbert Marcuse, die dem Begriff eine libidinöse Note verliehen: Die Sozialisation unterdrücke die Lüste, welche von ihren Fesseln befreit werden müssten. Solche Ideen hatten mit den Vorstellungen von Marx kaum noch etwas gemein, sondern gingen eher auf Jean-Jacques Rousseau zurück. In *Émile*, seinem pädagogischen Hauptwerk, hatte er behauptet, die Erziehung entferne den Menschen von seiner »Natur«, seinem wahren und gleichzeitig guten Wesen.[23] Wann sich die echte »Natur« des Menschen, der Arbeit oder der Lüste zeigen soll, ist aber alles andere als ausgemacht. Am Ende erweist sich die jeweilige Natur als interessengeleitete Definitionssache. Auch die faschistischen Denker wollten die Menschen »zurück« zu ihrer Eigentlichkeit führen.[24]

Viele Voraussetzungen für die damalige Entfremdungsdebatte fehlen heute. Unterdrückung im buchstäblichen Sinne oder eine psychoanalytisch verstandene Zensur findet in den meisten westlichen Ländern nicht mehr statt. Auch glaubt niemand mehr an ein erlösendes Vordringen zu komplett unentfremdeten Formen von Arbeit, Leben oder Lust. Der politische Philosoph Cornelius Castoriadis löste die Entfremdungsdebatte von der Arbeit und dehnte sie auf die Gesamt-

heit der gesellschaftlichen Institutionen aus: »Entfremdung ist die Verselbständigung und Vorherrschaft des imaginären Moments der Institution, deren Folge wiederum die Verselbständigung und Vormachtstellung der Institution gegenüber der Gesellschaft ist.«[25] Da Castoriadis mit dem Imaginären die schöpferische Einbildungskraft beschrieb, bedeutet diese Aussage extrem vereinfacht paraphrasiert: Wir sind entfremdet, weil wir in den Träumen der Bürokratie leben und nicht in unseren eigenen – und die Einbildungskraft der Bürokratie reicht nicht weit. Der Gegenbegriff zur Entfremdung war bei Marx jener der Aneignung. Marx ging davon aus, die Menschen könnten die Entfremdung beenden, wenn sie sich die Geschichte, die sie selbst machen, aneignen. Doch allein schon deswegen, weil die Menschen ihr Zusammenleben auf äußerst komplizierte Art und Weise organisieren, können sich niemals alle Personen zugleich die volle Bandbreite der Verhältnisse aneignen. Menschen erschaffen ihre Welt, aber sie leben in ihren eigenen Produkten, die ihnen wieder fremd werden, um dann durch Veränderung wieder angeeignet zu werden.

Entfremdung gehört also zum Leben. Politisch wird sie dann, wenn die Möglichkeiten der Aneignung fehlen oder unterlaufen werden. Im Zustand der *menis* ist eine Null-Beziehung etabliert, ein fundamentaler Verlust von Vertrauen in die Führung und die Mitglieder der Gemeinschaft. Wenn wir in diesen Tagen alle notgedrungen Kollaborateure eines Regimes sind, das für uns in seinem Funktionieren teilweise opak bleibt und das wir als Individuen nur schwer beeinflussen können, dann ist die Entfremdung ein Dauerzustand. Doch wie Rosanvallon in seiner Beschreibung der »Gegendemokratie« verdeutlicht hat, ist dieser Vertrauensverlust nicht einfach unpolitisch. Auf dem gesellschaftlichen Terrain wirken Affekte, die eine Handlung beinhalten: das Sich-Entfremden. Diese Handlung öffnet einen weiteren Raum für Repräsentationslücken. Mein Zugehörigkeitsgefühl geht verloren; ich kann die Gemeinschaft, in der ich lebe, nicht mehr in einem Bild fassen; die Anderen, welche früher ex negativo die Grenze der Gemeinschaft markierten, haben unvermeidlich eine Stimme im Pluriversum des Alltags. Niemand vertritt mich. Nichts ist selbstverständlich, ich bin konfrontiert mit einer Fragilität, die mich auch darauf zurückwirft, dass ich selbst etwas zur Konstitution meiner Lebensbedingungen beitragen muss.

Im schlimmsten Fall gibt es keine Handlung des Sich-Entfremdens, sondern bloß einen dauerhaften Zustand der Entfremdung, der sich zu einer fatalistischen Abstinenz verstetigt. In den Ländern am Rande Europas, am Mittelmeer, also in jenen Ländern, von denen aus sich die europäische Krise ab 2009 ausbreitete, gehört dieser Zustand seit je zur affektiven Grundhaltung. Der Sozialphilosoph Christian Giordano hat diese »Mentalität« einmal mit den Worten beschrieben, die Betroffenen hätten den Eindruck, die »Betrogenen der Geschichte« zu sein.[26] Diese Grundhaltung besteht, grob gesagt, aus folgenden Annahmen: Die wichtigen Entscheidungen werden nicht im eigenen Land gefällt, sondern von den Mächtigen im Ausland; mit ehrlicher Arbeit kommt man nicht weit, dafür sind die richtige Patronage oder Vermögen nötig; Politiker sind per se korrupt, Personen, die bloß für sich und die Ihrigen sorgen; realer Wandel ist unmöglich. Dennoch hat sich in den letzten Jahren eine Protestwelle durch den gesamten Mittelmeerraum gezogen. In vielen Ländern hat die »politische Klasse« nach einer kurzen Störung ihre Machtstellungen wieder eingenommen, doch der Schritt zur Handlung des Sich-Entfremdens ist getan und nicht einfach rückgängig zu machen. Die Demonstranten und Aktivisten konnten erfahren, was zu erreichen ist, wenn man mit anderen zusammen wütend ist, sucht, sich bildet, etwas schafft.

Die neunziger Jahre wurden oft als Jahrzehnt der Identität beschrieben (ich werde darauf im nächsten Kapitel noch zurückkommen). Religiöse oder ethnische Gruppen erhoben Anspruch, die legitime Lebensführung zu definieren, andere Parteien bekämpften sie in blutigen Bürgerkriegen. Die Opfer waren zumeist Zivilisten, die von den jeweiligen Extremisten zu identitären Entscheidungen gezwungen wurden. Das Jahrzehnt begann mit dem Wahlsieg der Islamischen Heilsfront in Algerien 1991 und endete mit dem letzten Akt im jugoslawischen Zerfall, herbeigeführt durch die Intervention der NATO im Kosovo 1999. In den Jahren dazwischen debattierte man im Westen über die »multikulturelle« Gesellschaft. Das neue Jahrtausend begann hingegen mit einem Konflikt, der einen gänzlichen anderen Charakter offenbarte. »Que se vayan todos«, schallte es zum Klang von Holz auf Töpfen durch die Straßen von Buenos Aires. Argentinien erlebte eine verheerende Wirtschaftskrise, die »politische Klasse« zeigte sich hilflos und wurde von der Bevölkerung aufgefordert zu verschwinden. Doch die Menschen in Argentinien, einem Land mit einer autoritären Tradition und passiv-fatalistischen Bürgern, reagierten auf den ökonomischen Niedergang nicht einfach mit Parolen, sondern auch mit Kollaboration. Weil der Staat abwesend war, übernahmen Nachbarschaftsversammlungen die kollektiven Aufgaben der Versorgung und Verwaltung; von der Schließung bedrohte Unternehmen wurden in Selbstverwaltung weitergeführt.

Als Prinzip der Zusammenarbeit galt *la horizontalidad*, die Horizontalität von Prozessen, in denen jeder Teilnehmende Verantwortung übernahm.[27] Diese Horizontalität ist ein Mittel und auch ein gesellschaftliches Ziel, aber noch keine Form der Organisation. Sie muss im jeweils konkreten Zusammenhang mit Leben gefüllt werden. Nicht alle Versammlungen in Argentinien waren gleich organisiert, und nicht alle haben gleich gut funktioniert. Nachdem die Krise beruhigt, wenn auch nicht gelöst war, schliefen die Tätigkeiten der Versammlungen mehr und mehr ein. Dafür zog die Finanzkrise gewissermaßen weiter in den Westen. Und mit ihr die zahlreichen Formen des Protests, der Selbstorganisation und der *horizontalidad*.[28] Nun wäre es unsinnig, diese Formen der Kollaboration zu einem ganz neuen Phänomen zu erklären. Überall findet man historische Vorbilder, zumal in der jüngsten Geschichte. Selbstorganisation und Selbstverwaltung wurden nach 1968 tausendfach in kleineren und größeren Kollektiven und im Rahmen der Neuen Sozialen Bewegungen rund um die Themen Frieden und Umwelt realisiert.

Ohnehin fühlt man heute eine gewisse Nähe zu den siebziger Jahren – zumindest auf mich wirkten Aktivismus, Theorie und Kunst aus diesem Jahrzehnt in den letzten Jahren oft besonders anregend. Die Ähnlichkeiten lassen sich auch analysieren. Zunächst handelt es sich um einen Zeitraum, der postoptimistisch war: Die grenzenlose Zuversicht der sechziger Jahre war verflogen, die Utopien entweder ad acta gelegt oder in lange Märsche verschoben, was die Notwendigkeit mit sich brachte, im Alltag etwas zu unternehmen, um die Ansprüche an das Leben wenigstens im kleinen Rahmen zu verwirklichen. Die siebziger Jahre waren das Jahrzehnt der »kleinen Kämpfe«, Minderheiten forderten die Verhältnisse heraus und waren nicht länger gewillt, sich dem Klassenkampf unterzuordnen. Um die kleinteilige, praktische Vielstimmigkeit zu artikulieren und zu organisieren, brauchte es Prozesse des Ausprobierens. An allen Ecken und Enden wurde experimentiert und improvisiert.

Tatsächlich hat die beschriebene Dauerkrise ihren Ursprung Mitte der siebziger Jahre – mit der Wendung zum Neoliberalismus. Im Grunde leben wir seitdem in einer Zeit, die sich zu keinem stabilen Zustand geformt hat. Es gibt kein »System«. Das heißt aber nicht, dass die Entwicklungen einfach zufällig wären. Wir verharren im Dazwischen. Die Herausforderungen aus den siebziger Jahren sind geblieben. Die relative Formlosigkeit des Ganzen macht den Widerstand gegen die Verhältnisse so schwierig. Die Experimente aus jenen Jahren können jedoch als Inspiration dienen. Dass Kollaboration eine Art pragmatische, also nichtrevolutionäre politische »Kur« für das Problem der Entfremdung sein kann, wurde schon damals häufig diskutiert. In ihrem Buch *Taking Part: A Workshop Approach to Collective Creativity* haben der Landschaftsarchitekt Lawrence Halprin und der Architekturkritiker Jim Burns 1974 die Diagnose »Entfremdung« an den Beginn ihrer Betrachtungen gestellt. Diese rühre von dem Gefühl vieler Individuen her, die Vertreter des politischen Systems hörten ihnen nicht zu und die relevanten politischen Entscheidungen könne man nicht beeinflussen.[29]

Halprin hatte von seiner Frau, der Tänzerin Anna Halprin, zuvor gelernt, wie im Feld der Kunst ein Workshop funktioniert und dieses Prinzip auf Prozesse der Stadtplanung in den USA übertragen. In den sechziger und siebziger Jahren hatte der Begriff »Workshop« schon eine nahezu mythisch-utopische Bedeutung als Ort der gleichberechtigten Kollaboration gewonnen, viele Aufnahmen im Free Jazz etwa entstanden im Rahmen von Workshops. Halprins und Burns' Vorstellungen waren sachlicher. Ihnen ging es um konkrete Probleme wie etwa solche der Stadtentwicklung. Der Workshop galt ihnen als probates Mittel, um die Bürger besser in demokratische Entscheidungen einbeziehen zu können. Er sollte die Unterschiedlichkeit der Einzelnen nicht im Kollektiv auflösen, sondern vielmehr im positiven Sinne in einem Prozess hervortreten lassen, als Potential nutzen – das erinnert an die heutigen Ansätze zur Gestaltung von Diversity. Mit dem Wie der Workshops war also eine Ethik der Zusammenarbeit verbunden, und sie sollten die Legitimation der Entscheidungen der durch Zusammenarbeit erzielten Ergebnisse im demokratischen Sinne stärken.

Legitimation schön und gut, würden Konservative einwenden, aber wie viele Workshops würde man brauchen, um eine Gesellschaft zu regieren, die so kompliziert ist wie die, in der wir leben, und wie lange würden solche Debattierclübchen benötigen, um zu Entscheidungen zu kommen? Bei solchen Argumenten sollte man sich daran erinnern, wie viele Beobachter in den siebziger Jahren die Gesellschaft angesichts ihrer Komplexität und Vielstimmigkeit für zunehmend »unregierbar« hielten.[30] Damals wurde gar der baldige Untergang der Demokratie prophezeit. Doch geht es bei der Stärkung von Kollaboration nicht darum, die repräsentative Demokratie vollständig zu ersetzen, also um romantische Ideen von direkter Demokratie; es geht darum, den Raum zwischen dem Gesetzgeber und der Bevölkerung zu füllen. Anstatt zuzulassen, dass der Souverän mit einer bürokratischen Exekutive verschmilzt, so wie es in den letzten Jahren vor allem im Hinblick auf Gefahren wie den Terrorismus oder wirtschaftliche Notwendigkeiten geschehen ist, müssen die tatsächlichen, vielheitlichen, komplizierten Anliegen der heterogenen Bevölkerung in den Vordergrund rücken. Und das funktioniert eben nur, wenn diese einbezogen wird. Im Moment reagiert die Politik auf diese Herausforderung mit zwei Strategien. Zum einen schließt sie sich förmlich ein in einem Teufelskreis von Expertokratie, Machterhalt, Korruption und nichtssagender Selbstdarstellung, was dazu beiträgt, dass viele den Eindruck gewinnen, die Vertreter des politischen Systems würden zunehmend dekadent. Zum anderen möchte sie mit allerlei Volksabstimmungen, Mitgliederbefragungen, Bürgerkongressen, Zukunftswerkstätten, Partizipationsverfahren etc. den Anschein erwecken, als komme sie den Menschen entgegen. Die Ausdrucksmöglichkeiten und die Entscheidungskompetenzen in diesen Maßnahmen sind aber häufig eingeschränkt.

Unentwegt wird auch hervorgehoben, wie wichtig bürgerschaftliches Engagement sei, doch gibt es kaum Anstrengungen, die »soziale Rendite« solcher Arbeitsformen genau zu definieren und entsprechend zu ermöglichen oder abzusichern. In diesem Sinne hat der Architekt Markus Miessen vom »Albtraum der Partizipation« gesprochen.[31] Nichtsdestotrotz gibt es keinen Grund, das Kind mit dem Bade auszuschütten. Das oben gescholtene Berlin hat erstaunlich positive Erfahrungen mit Beteiligungsverfahren vorzuweisen. Als 2007 ein ganzer Abschnitt des Maybachufers in Kreuzberg abrutschte, begann das Berliner Wasser- und Schifffahrtsamt damit, zweihundert Bäume entlang dem Landwehrkanal zu roden. Durch Proteste konnte dies gestoppt werden. Das Amt setzte sich mit verschiedenen Bürgerinitiativen an einen Tisch und entwickelte einen neuen Plan. Kein weiterer Baum musste gefällt werden, und die veranschlagten Kosten sanken um zwei Drittel (zuletzt haben die Behörden offenbar jedoch wieder begonnen, den Prozess zu verschleppen).[32] Ähnlich gute Erfahrungen wurden weltweit mit den sogenannten Bürgerhaushalten gemacht, bei denen die Bewohner selbst entscheiden können, für was Teile des Budgets verwendet werden.[33]

Über kollaborative Demokratie ist schon viel geschrieben worden, insbesondere über repräsentative Verfahren jenseits von Wahlen. Nach 1989 ist die Demokratie vor allem mit der Abgabe von Stimmen identifiziert worden, doch diese Form, den allgemeinen Willen auszudrücken, erscheint mittlerweile vielen Menschen als unzureichend. Das bedeutet nicht, freie Wahlen infrage zu stellen, doch sie können ergänzt werden, etwa durch Losverfahren. Das mag zunächst vielleicht seltsam klingen. Doch in einem interessanten Aufsatz hat der Politikwissenschaftler Terrill G. Bouricius kürzlich eine an die antike Demokratie in Athen angelehnte Neuordnung des Gesetzgebungsverfahrens durch Körperschaften vorgeschlagen, deren Mitglieder teilweise durch das Los bestimmt werden. Eine so konstituierte Versammlung soll die Agenda der wichtigen Themen bestimmen, zu der dann verschiedene Interessenausschüsse ihre Gesetzesvorschläge einbringen können, die daraufhin wiederum von Prüfausschüssen diskutiert werden. Der Agenda-Rat und die Prüfausschüsse setzen sich aus Personen zusammen, die zuvor Interesse signalisiert haben und dann per Los ausgewählt werden. Ihre Zeit wird selbstverständlich vergütet. Die letzte Entscheidung treffen Jurys nach dem Vorbild der englischsprachigen Gerichtsbarkeit, deren Mitglieder aus der Bevölkerung berufen werden und die dort ihre Bürgerpflicht erfüllen müssen.[34]

Vorschläge wie diese werden in Europa derzeit intensiv diskutiert, und es gibt keinen Grund, nicht über vielfältige Ergänzungen und Vertiefungen nachzudenken – mit dem Ziel, eine kollaborative Demokratie zu schaffen, welche die Wut und das Sich-Entfremden mildert.[35] Allerdings haben die Bürger auch das Recht, in Ruhe gelassen zu werden. Eine Ethik der Kollaboration entbindet die Gesellschaft nicht von einer guten Verwaltung und Regierung, die vor allem die Grundbedürfnisse (intakte Umwelt, ausreichende Ernährung, bezahlbares Wohnen, Energieversorgung, Gesundheit etc.) sicherstellt. Die Bürger sollen nicht einfach selbst einspringen, um Probleme zu lösen, deren Lösung zu groß für sie ist. Eine »gute Regierung« kann sich aber von einer Ethik der Kollaboration leiten lassen, anstatt von autoritären Planungsvorstellungen und der Suche nach Investoren.

Anmerkungen

1 Vgl. Milovan Đjilas, *Die neue Klasse. Eine Analyse des kommunistischen Systems*, München: Kindler 1963.

2 Vgl. Richard J. Barber, *Die Herrschaft der Manager. Amerikas Business in der Welt von morgen*, München: Axel Junker 1970.

3 »Deutschands erste Favela«, in: *Stern*, 09. August 2014, online verfügbar unter: {http://www.stern.de/panorama/berlin-kreuzberg-deutschlands-erste-favela-2129371.html} (Stand Januar 2015).

4 Vgl. Senatsverwaltung für Stadtentwicklung Berlin, *Handbuch für Partizipation*, Berlin: Kulturbuch 2011, S. 258ff.

5 Siehe die Yaam-Website: {http://www.yaam.de/} (Stand Januar 2015).

6 »Scheitern war nicht eingeplant«, in: *Frankfurter Allgemeine Zeitung*, 08. März 2014.

7 Vgl. Elijah Anderson, *The Cosmopolitan Canopy. Race and Civility in Everyday Life*, New York: W.W. Norton 2011.

8 Vgl. Jan Distelmeyer, *Katastrophe und Kapitalismus. Phantasien des Untergangs*, Berlin: Bertz und Fischer 2013; Eva Horn, *Zukunft als Katastrophe. Warum wir unsere Zukunft schwarz malen*, Frankfurt a.M.: Fischer 2014.

9 Vgl. Colin Crouch, *Postdemokratie*, Frankfurt a.M.: Suhrkamp 2008.

10 Paul Mason, *Why it's Kicking off Everywhere. The New Global Revolutions*, London: Verso 2012.

11 Vgl. Benedict Anderson, *Imagined Communities: Reflections on the Origin and Spread of Nationalism*, London: Verso 2006.

12 Vgl. Jacques Lacan, »Das Spiegelstadium als Bildner der Ichfunktion«, in: ders.: *Schriften I*, Weinheim: Quadriga 1996.

13 Jürgen Habermas, »Zum Begriff der politischen Beteiligung«, in: ders.: *Kultur und Kritik*, Frankfurt a.M.: Suhrkamp 1973, S. 20ff.

14 Johannes Agnoli, »Die Transformation der Demokratie«, in: ders. und

Peter Brückner, *Die Transformation der Demokratie*, Frankfurt a. M.: EVA 1968, S. 68.

15 Vgl. Pierre Rosanvallon, *La contre-démocratie. La politique à l'âge de la défiance*, Paris: Seuil 2006.

16 Vgl. Stéphane Hessel, *Empört Euch!*, Berlin: Ullstein 2011.

17 Vgl. Albert Soboul, *Die Große Französische Revolution. Ein Abriß ihrer Geschichte (1789-1799)*, Darmstadt: Wissenschaftliche Buchgesellschaft 1983, S. 118ff.

18 Vgl. etwa Patricia Ticineto Clough und Jean Halley (Hg.), *The Affective Turn: Theorizing the Social*, Durham und London: Duke University Press 2007; Melissa Gregg und Gregory J. Seigworth (Hg.), *The Affect Theory Reader*, Durham and London: Duke University Press 2010.

19 Vgl. Hans-Jürgen Arlt und Wolfgang Storz, *Drucksache »Bild« – Eine Marke und ihre Mägde. Die »Bild«-Darstellung der Griechenland- und Eurokrise 2010*, Frankfurt a. M.: Otto Brenner Stiftung 2011.

20 Joachim Latacz, *Homer. Eine Einführung*, München und Zürich: Artemis 1985, S. 92.

21 Leonard Muellner, *The Anger of Achill. Menis in Greek Epic*, Ithaca und London: Cornell University Press 1996, S. 17ff.

22 Vgl. zum Begriff der Entfremdung bei Marx: Karl Marx, *Ökonomisch-philosophische Manuskripte*, Frankfurt a. M.: Suhrkamp 2009; Adam Schaff, *Marxismus und das menschliche Individuum*, Reinbek bei Hamburg: Rowohlt 1970; Istvan Meszaros, *Marx's Theory of Alienation*, London: Merlin 1970; Gajo Petrovic, *Philosophie und Revolution*, Reinbek bei Hamburg: Rowohlt 1971, S. 117ff.; Miladin Zivotic, *Proletarischer Humanismus*, München: Hanser 1972.

23 Jean-Jacques Rousseau, *Émile oder über die Erziehung*, Paderborn: Schöningh 1971.

24 Vgl. zum Begriff der Entfremdung allgemein: Joachim Israel, *Der Begriff Entfremdung*, Reinbek bei Hamburg: Rowohlt 1972; Rahel Jaeggi, *Entfremdung: Zur Aktualität eines sozialphilosophischen Problems*, Frankfurt a. M. und New York: Campus 2005.

25 Vgl. Cornelius Castoriadis, *Gesellschaft als imaginäre Institution. Entwurf einer politischen Philosophie*, Frankfurt a. M.: Suhrkamp 1990, S. 226.

26 Vgl. Christian Giordano, *Die Betrogenen der Geschichte. Überlagerungsmentalität und Überlagerungsrationalität in mediterranen Gesellschaften*, Frankfurt a. M. und New York: Campus 1992.

27 Vgl. Martina Sitrin (Hg.), *Horizontalism. Voices of Popular Power in Argentina*, Oakland: AK Press 2006.

28 Vgl. für Deutschland: Florian Keßler, *Mut Bürger. Die neue Kunst des Demonstrierens*, München: Hanser 2013; Stine Marg et al. (Hg.), *Die neue Macht der Bürger. Was motiviert die Protestbewegungen?*, BP-Gesellschaftsstudie, Reinbek bei Hamburg: Rowohlt 2013.

29 Lawrence Halprin und Jim Burns, *Taking Part. A Workshop Approach to Collective Creativity*, Cambridge und London: MIT Press 1974, S. 10.

30 Vgl. Armin Schäfer, »Krisentheorien der Demokratie: Unregierbarkeit, Spätkapitalismus und Postdemokratie«, MPIfG Discussion Paper 08/10, Köln: Max-Planck-Institut für Gesellschaftsforschung, online verfügbar unter: {http://www.mpifg.de/pu/mpifg_dp/dp08-10.pdf} (Stand Januar 2015).

31 Vgl. Markus Miessen, *The Nightmare of Participation*, Berlin: Sternberg Press 2010.

32 Konrad Litschko, »Billiges Gequatsche«, in: *die tageszeitung*, 29. Januar 2013; Carolyn Braun, »Die Kanalarbeiter«, in: *brandeins*, Heft 09, 2013; Andrea Barthélémy, »Nichts ist im Fluss am Landwehrkanal«, in: *die tageszeitung*, 22. Juli 2014.

33 Carsten Herzberg et al. (Hg.), *Hoffnung auf eine neue Demokratie. Bürgerhaushalte in Lateinamerika und Europa*, Frankfurt a. M. und New York: Campus 2012.

34 Vgl. Terrill G. Bouricius, »Democracy through multi-body-sortition: Athenian lessons for the modern day«, in: *Journal of Public Deliberation*, Bd. 9, Nr. 1, online verfügbar unter: {http://www.publicdeliberation.net/cgi/viewcontent.cgi?article=1220&context=jpd} (Stand Januar 2015).

35 Vgl. David van Reybrouck, *Contre les élections*, Arles cedex: Actes Sud 2014.

2. Suchen

Als mein Sohn im Vorschulalter war und sich Geschichten anhörte oder im Fernsehen anschaute, informierte er seine Umgebung zwischenzeitlich lautstark darüber, welche der Figuren er jetzt gerade verkörpere. Das konnte während der Geschichte wechseln, und wenn die Entscheidung zwischen mehreren interessanten Personen schwerfiel, dann besetzte er eben mehrere Positionen zugleich: »Ich bin der *und* der …«. Kamen ganze Schwärme vor wie in manchen Tiergeschichten, dann schlüpfte er auch problemlos in die Rolle einer ganzen Horde: »Also ich bin alle Kakerlaken.« Ein Mangel oder ein Überangebot an Identifikationsmöglichkeiten konnte ihn manchmal verzweifeln lassen: »Wer soll ich sein?« Die fortlaufenden Benachrichtigungen über den Stand der Identifikation wurden begleitet von der abschließenden Frage: »Und wer willst du sein?«

Identifikation gehört zum Menschsein. Menschen entwickeln eine Idee von sich selbst und ihrem »Innenleben«, indem sie sich in andere Lebewesen hineinversetzen. Für Kinder ist diese Identifikation völlig selbstverständlich mit Wahlmöglichkeiten und Mehrfachbesetzungen verbunden. Für Erwachsene verengt sich die Welt in dieser Hinsicht, denn von ihnen wird oft genug eine eindeutige Antwort erwartet: Sie sollen sich auf eine »Identität« festlegen. Der Begriff »Identität« ist heute nicht mehr so allgegenwärtig wie in den neunziger Jahren, dennoch gehen die meisten Menschen davon aus, dass sie eine Identität haben oder eine haben sollten. Das merkt man vor allem dann, wenn man Kritik an der theoretischen Aussagekraft des Begriffs formuliert oder schlicht bemerkt: »Ich habe weder eine Identität noch benötige ich eine.« Das stößt auf Unverständnis, es wird erwidert: »Aber ich bin doch ich ...« Dabei kann man schon ernsthaft ins Zweifeln geraten, wenn man alte Fotos von sich selbst betrachtet. Wenn ich mir Bilder anschaue, auf denen ich Anfang zwanzig bin, frage ich mich immer, ob ich mich wohl mit der Person gut verstehen würde, die dort zu sehen ist. Oder ob sie mir vielleicht mit ihren Problemen und ihrer Art zu sprechen einfach auf die Nerven gehen würde. Dass mein jetziges Ich etwas mit dieser vergangenen Person zu tun hat, darüber kann ja kein Zweifel bestehen, aber wir teilen keine Identität. Schon wenn ich über mich nachdenke, kann ich definitionsgemäß nicht mehr mit mir übereinstimmen. Was das Gewesene betrifft, so bin ich eher so etwas wie mein eigener Doppelgänger.

Unverständnis zeigt sich auch, wenn es um die angebliche Identität von kollektiven »Personen« geht, also wenn das kulturelle, ethnische oder nationale Wesen auf der Agenda steht. Kopfschütteln löst die Kritik dabei keineswegs nur auf Versammlungen populistischer Parteien aus, sondern ebenso auf avancierten wissenschaftlichen Konferenzen. Sicher, kaum jemand würde dort behaupten, Identität habe etwas mit einer Art »völkischer« Verbundenheit zu tun, aber viele stimmen zu, wenn es beispielsweise um »gemeinsame Wurzeln« geht. Auf den besagten Konferenzen oder bei Kunstevents sind sich für gewöhnlich alle Beteiligten einig, so etwas wie abgeschlossene Kulturen könne es nicht geben. Vom Begriff der Identität möchte dennoch niemand lassen.

In den dann oft folgenden, häufig recht simplen Ausführungen über Einflüsse und Vermischungen zeigt sich, dass die zuvor noch kritisierten Vorstellungen von abgegrenzten Kulturen schnell wieder auftauchen. Allen Beschwörungen multipler und »hybrider« Identitäten zum Trotz: Allein die

Verwendung des Begriffs »Identität« führt unwillkürlich zu einer Vergegenständlichung. Und wenn schließlich in zwangloser Atmosphäre Getränke gereicht werden und die Gespräche auf Alltagsniveau stattfinden, dann hört man immer wieder auch schlichte Klischees über »uns« und »die anderen«. Die Repräsentation als Darstellung mag unter Druck geraten sein, die Versatzstücke der hegemonialen Wissensbestände spuken weiterhin ganz unmittelbar durch die Gespräche. Die Arroganz der Franzosen, die Oberflächlichkeit der US-Amerikaner, die »orientalische« Schlampigkeit der Griechen. Oder es heißt, die Einwanderer bzw. die *Anderen*, ja »sie« haben »uns« kulturell »bereichert«, machen und haben aber auch viele Probleme, worüber man offen reden muss, weil sie sich der Integration verweigern.

Bei Themen wie Globalisierung, Einwanderung und Diversität, könnte man für die Kulturtheorie ähnlich argumentieren, wie Michel Foucault es einmal für die politische Theorie getan hat – der Kopf des Königs, meinte er, sei noch nicht gefallen.[1] Bezogen auf die Kultur ist jener Kopf das Konzept der kulturellen Identität. Schon vor fünfzehn Jahren stellte der Theoretiker des Postkolonialismus Homi Bhabha die polemische Frage: »Post-dieses, post-jenes, aber warum eigentlich nie post-das-Andere?«[2] Sie ist auch heute noch angebracht. Seit Jahrzehnten wird in der Gesellschaft über Multikulturalismus, Diversity und Interkultur diskutiert. Die Kulturkritik befasst sich ebenso lange mit »französischer Theorie«, mit der *différance* und dem *différend*, mit dem Rhizom und dem Werden. Und in der globalisierten Kunst ist über postkoloniale Räume, »Poetiken der Beziehung« und »radikante Ästhetik« debattiert worden.[3] Bereits zu Beginn der neunziger Jahre machte sich Jean-François Lyotard über »Marie in Japan« lustig: »Die Differenz, die Alterität, das Multikulturelle. Das ist ihr Dada.«[4] In diesem Sinne mögen manche Kritiker das alles schon gar nicht mehr hören und glauben, die Sache mit der Globalisierung und der Diversität habe sich doch längst erledigt. Was tatsächlich überholt zu sein scheint, sind schlichte Verweigerungsgesten gegenüber dem Homogenen und eine Romantik der Überschreitung, des Diasporischen und des Nomadischen. Doch die Fragen nach dem Umgang mit unserem Selbst, unserer Position in der Welt, dem Zuhause-Sein und der Vielheit stehen in der Parapolis des 21. Jahrhunderts ganz oben auf der Agenda. Das fortgesetzte Gespräch über ein Thema, das »Dada«, sorgt keineswegs dafür, dass wir die besprochene Welt auch bewohnen.

Penetrant suchen uns die Gespenster der nationalen Klischees heim sowie jene des Kulturkreisdenkens und der Ausgrenzung der *Anderen*. Zweifellos stehen diese Konzepte nicht mehr im Zentrum, aber auch als Gespenster können sie höchst schmerzhafte Wirkungen entfalten. Damit sind nicht nur populistische Bewegungen gemeint, die sich in einer Art »utopisch-nostalgischen« Wendung nach einer Vergangenheit sehnen, in der die nationale Zugehörigkeit angeblich noch etwas zählte. In einer qualitativen Studie fand der Ethnologe Jens Schneider für Deutschland heraus, dass bei den »Eliten« (Politiker, Kultur- und Medienschaffende etc.) ein traditioneller, äußerst oberflächlicher Begriff von »Deutsch-Sein« aufrechterhalten wird, der sich über Sekundärtugenden wie Pünktlichkeit und Ordnungsliebe einerseits und über quasiromantische Ideen von »deutscher Tiefe« andererseits definiert. Allerdings erweisen sich diese Selbstzuschreibungen als nicht kompatibel mit den eigenen, zunehmend globalisierten Alltagserfahrungen: Alle Beteiligten meinten, ja, so ist »Deutsch-Sein«, aber ich als Deutscher bin gar nicht so.[5]

Das ist offenbar ein höchst paradoxer, »ver-rückter« Zustand, der sich derzeit in allen westlichen Nationen beobachten lässt. Der nationalstaatliche Zusammenhang ist, wie im ersten Kapitel beschrieben, unter Druck geraten – nicht nur von oben und von unten, sondern auch von innen, durch die Ratlosigkeit der Bürger. Als in Frankreich der konservative Minister für Immigration und nationale Identität Eric Besson Ende 2009 in einer partizipativen Debatte von der Bevölkerung wissen wollte, was der Zusatz »nationale Identität« im Namen seines Ministeriums eigentlich bedeuten solle, da zeigten die Angesprochenen wenig Interesse und blieben eine Antwort schuldig. Hier offenbart sich eine aktuelle Art von Heimatlosigkeit in der Parapolis. Neu ist sie nicht, aber sie ist nicht mehr nur am »Rand« zu finden. 1979 berichtete die Kulturwissenschaftlerin und Schriftstellerin Hazel Rosenstrauch in einem Aufsatz mit dem Titel »Verwurzelt im Nirgendwo« über die Erfahrungen mit ihrem Jüdisch-Sein in Deutschland. Sie beschrieb all die unerträglich wohlwollenden Ausgrenzungen, die sie erlebt hatte, ihre eigene, stetig wachsende »Überempfindlichkeit« und die penetrant wiederkehrenden Wünsche nach Auswanderung, nach einem alles verändernden Ortswechsel. Am Ende aber kam sie zu dem Ergebnis:

> »Ich muß suchen. Und ich kann mit der Heimatlosigkeit, die auf viele noch zukommt, schon besser umgehen. [...] Ich kann nicht aus vorgegebenen Heimaten schöpfen, ich muß sie aus dem, was ich bin, bewußt bauen. Häufig bin ich neidisch auf andere, aber wenn es mir gelingt, sehr glücklich darüber, daß ich meine Bindungen selbst bauen kann. Aus dieser Not fing ich an, sie mit besonderer Behutsamkeit zu pflegen, und habe, so wird mir glaubwürdig versichert, ein in diesem Land unübliches Talent herausgebildet, mit den Bauklötzchen – und auch mit ihrem gelegentlichen Umfallen – umzugehen. Manches Mal habe ich meine Heimat schon mit den Fingerspitzen am Rockzipfel berührt«.[6]

Das Konzept der »Person«, sei es individuell oder kollektiv, ist eine entscheidende Voraussetzung für Kollaboration. Wenn man von Identität ausgeht, dem Prinzip der am Ende stets gegenständlichen Selbstgleichheit, dann wäre jene Identität immer schon vorhanden. Bildung hilft ihr dabei, sich zu entwickeln, die jeweilige Arbeit muss ihr entsprechen, und sie kann verloren gehen und wiederhergestellt werden. Konservative Interpreten haben fortwährend davon gesprochen, dass »Selbstverwirklichung« darin besteht, das zu werden, was man bereits ist. Allerdings ist das Ich, die Person, immer nur eine Repräsentation eines »zerstückelten Körpers«, eine für die Berechenbarkeit des eigenen Lebens notwendige Stütze. Die repräsentative Funktion des Ich darf aber nicht mit Identität verwechselt werden. Gemäß einer identitären Auffassung der Person kann Kollaboration immer nur aus Formen von bi- oder multilateraler Zusammenarbeit zwischen voneinander geschiedenen, letztlich »a-sozialen« Ichs bestehen.

Nun war im vorigen Kapitel von Affekten die Rede, von der Empörung und dem Groll, die eben nicht aus dem Zentrum der Person kommen, sondern als soziale Ereignisse durch die Personen hindurchgehen. Daran möchte ich anknüpfen und für die weiteren Überlegungen von folgender keineswegs neuer Erkenntnis ausgehen: Subjekte sind auf fundamentale Weise nicht mit sich eins, sondern widersprüchlich, sogar in sich selbst nicht »integrierbar«. Der Biologe Adolf Portmann hat vom Menschen als einer »physiologischen Frühgeburt« gesprochen. Im Grunde ist der Mensch ein »Nestflüchter«, doch seine Fähigkeiten sind dafür nicht genügend entwickelt. Das bedeutet, seine »Triebe« und »Instinkte« sind zwar biologisch vorgebildet, können sich aber erst im Sozialen voll entfalten.[7] Der Mensch ist also von Beginn an auf einer Flucht aus dem Nest, ohne als Individuum dafür die nötigen Instrumente zu besitzen. Kinder agieren diesen Konflikt unentwegt aus, was Eltern regelmäßig an den Rand des Nervenzusammenbruchs treibt. Auch wenn das Erwachsensein die Widersprüche mindert, bleibt im »Mängelwesen« Mensch die Spannung zwischen dem Verlangen nach Flucht aus dem »Nest« und der gleichzeitigen Abhängigkeit von anderen erhalten.

Damit die notwendige Flucht überhaupt gelingen kann, müssen wir zusammenarbeiten. Wir Menschen sind anthropologisch gesehen Kollaborateure. Diese grundsätzliche Vergesellschaftung macht das Subjekt zu einem Wesen, dessen Form niemals festgelegt werden kann. Zu keinem Zeitpunkt ist es ganz es selbst, es geht aber auch nicht im Kollektiv auf. Sein Erleben ist nie bloß »innen«, sondern immer sozial vermittelt. Daher muss das Subjekt als gesellschaftliches Wesen auch zwangsläufig ein Sensorium für Gerechtigkeit entwickeln, eine Ethik des Austauschs, die wiederum selbst im Austausch entsteht. Diese Ethik wird subjektiv erlebt, etwa als Wut, zieht aber als sozialer Affekt durch das Subjekt hindurch, weil bei Verletzungen »objektiv« die Art der Austauschverhältnisse, also des Zusammenlebens überhaupt, auf dem Spiel steht. So entfremdet das Subjekt sich unentwegt. Der intersubjektive Zwischenzustand des Menschen macht aber auch Identität als Selbstgleichheit unmöglich. Zweifellos existiert der Wunsch, mit sich und der Gemeinschaft kongruent zu sein. Oder um es anders auszudrücken: Der verfrühte Nestflüchter sehnt sich wahlweise nach dem integralen Gelingen der Flucht oder nach einem kollektiven Zuhause, in dem die Entfremdung und die Suche beendet sind. Nun ist es nur einigen wenigen autarken Eremiten gelungen, vollständig zu ent-

kommen – Einsamkeit und Schweigen waren ihr Lohn. In der Identität eines Kollektivs aufzugehen hat sich historisch, besonders in Deutschland, als Katastrophe erwiesen. Es bleibt nichts anderes übrig, als den Zustand des Suchens zu akzeptieren. Die Entfremdung, die Suche, die Kollaboration gehören zusammen und sind nie abgeschlossen.

Allerdings ist das Suchen ein Zustand, der bislang nicht als »normal« galt. Die Marginalisierten, die Diaspora, die »Minderheiten«, die »Anderen«, sie schienen diejenigen auf der Suche zu sein, schließlich hatten sie ja angeblich Probleme mit ihrer »Identität«. In der Parapolis ist die Suche ins Zentrum der gesellschaftlichen Erfahrung gerückt. Wie erwähnt hat das Individuum heute deutlich größere Freiräume, die Bindekraft von Milieus hat nachgelassen, der disziplinierende Griff der Gesellschaft hat sich gelockert. Niemand besitzt mehr das Definitionsmonopol, um zu bestimmen, wie die Einzelnen sich zu verhalten haben oder das kollektive Zuhause beschaffen sein soll – all das ist Gegenstand von Aushandlungen geworden. Selbst jene Personen, die auf »Identität« pochen, haben oft wenig Substantielles zu bieten, nur Abgrenzungen gegenüber den zugeschriebenen (negativen) Eigenschaften der Anderen. Die Versuche, in Deutschland so etwas wie eine Leitkultur festzulegen, sind mangels positiven Gehalts ziemlich kläglich gescheitert.

Es lohnt sich also, auf den sogenannten Rand zu schauen, um etwas über die allgemeine Beschaffenheit des Subjekts auf der Suche zu erfahren. Als Beispiel dienen mir hier bestimmte »griechische Erfahrungen«. Ursprünglich haben sie meine Neugier geweckt, weil ich auch aufgrund meiner eigenen Herkunft ein Interesse an der griechischen Diaspora entwickelt hatte. Doch je mehr ich sammelte, desto mehr gewann ich den Eindruck, dass diese Erfahrungen in der heutigen Lage universalisierbar sind. Während ich noch nachdachte, breitete sich die jüngste Krise im Euroraum vom Rand her aus, von den Ländern des Südens, insbesondere Griechenland. Im Rahmen dessen ist deutlich geworden, dass es in der interdependenten Eurozone und der globalisierten Wirtschaft keine marginalen Regionen mehr gibt – die Schwierigkeiten Griechenlands beschäftigten die gesamte Union und die globale Ökonomie. Deswegen ist der Blick auf die »griechischen Erfahrungen« gewinnbringend, wenn man etwas über eine Welt wissen möchte, in der das Suchen einen neuen Stellenwert erhalten hat.

Vor ein paar Jahren stand ich bei einem Besuch in der Nationalgalerie in Athen ganz unvermittelt vor Bildern des Künstlers Fotis Kontoglou, der außerhalb von Griechenland kaum bekannt ist. Bis dahin sagte auch mir der Name nichts. Die gezeigten Arbeiten lehnten sich mit einer enormen spirituellen Ernsthaftigkeit an die byzantinische Tradition an. In ihnen kamen nicht nur die Darstellungsprinzipien von Ikonen zum Tragen, es handelte sich um eine moderne Art von Ikonen. In einem Museum, dessen Ausstellungsstücke doch weitgehend westliche Sehgewohnheiten bedienen, fielen die Bilder augenblicklich auf. Gemäß den Regeln der byzantinischen Ästhetik waren sie keine »Fenster« zum Hineinschauen, sie hatten keine Tiefe, sondern sie breiteten ihren Raum vor dem Bild aus und bezogen mich als Betrachter mit ein.[8] Ich war beeindruckt von der Strenge der Entscheidung, die Kontoglou getroffen hatte.

Kontoglou wurde 1895 in Ayvalık geboren, einem Ort an der ägäischen Küste in der heutigen Türkei gegenüber der Insel Lesbos. Nach der Schule ging er den Weg, den ein Bewohner Griechenlands mit künstlerischen Ambitionen zu jener Zeit fast zwangsläufig gehen musste: zunächst nach Athen, dann nach Paris. In der französischen Hauptstadt kam er in Berührung mit den zeitgenössischen Avantgarden, die im damaligen Zentrum der bildenden Kunst die Universalität ganz für sich beanspruchten. Kontoglou kehrte nach Ayvalık zurück, wo ihn die »kleinasiatische Katastrophe« ereilte, jener »Bevölkerungsaustausch« zwischen der Türkei und Griechenland in der Folge des Vertrags von Lausanne von 1923, der für eineinhalb Millionen Griechen auf dem Gebiet des ehemaligen Osmanischen Reiches die Vertreibung bedeutete, unter ihnen auch meine Großeltern. Kontoglou floh zunächst nach Lesbos. Noch 1923 trat er eine Reise zu den Klöstern am Berg Athos an, wo ihn die byzantinische Kunst in ihren Bann zog. Er war begeistert von der antinaturalistischen Haltung, in der die Proportionen nicht von der wahrgenommenen Wirklichkeit bestimmt wurden, sondern von der spirituellen Bedeutung der jeweiligen Gegenstände. Die byzantinisch inspirierte, moderne Malerei, die Kontoglou nach seinem Besuch auf dem Athos einige Jahre praktizierte, steht am Beginn einer eigenständigen Entwicklung in der griechischen Kunst, die sich mit Nikos Engonopoulos oder Yannis Tsarouchis fortsetzte. Zuvor hatte in der Malerei ein Naturalismus regiert, der sich stark an der sogenannten Münchner Schule orientierte, ein Malstil, der sich im 19. Jahrhundert im Umfeld der Königlichen Akademie der Bildenden Künste entwickelt hatte. Die Anlehnung an Vorbilder aus München war eine Folge der Regentschaft eines Bayern nach der Unabhängigkeit: Erster König Griechenlands wurde Prinz Otto. Die blauweißen Nationalfarben Griechenlands, das ist heute weitgehend vergessen, sind jene Bayerns.

Tatsächlich markiert im überwiegenden Teil der Welt gar kein revolutionärer Bruch mit allen Traditionen den Beginn der Moderne, wie immer noch oft gedacht wird, sondern eine Mischung aus Verunsicherung, Sehnsucht, Ortswechsel und einer Neubewertung der Kontexte, aus denen die Menschen stammten. Diese Bewegungen münden auch nicht zwangsläufig in Ergebnisse, die der gesunde Menschenverstand als »modern« betrachten würde. Kontoglou etwa entschied sich in seinem späteren Leben dafür, die byzantinische Tradition fortzuführen, er entschied sich für das »geheimnisvolle, gedämpfte Licht des Ostens«.[9] Er kritisierte die angebliche Zeitgenossenschaft, die Beliebigkeit des Konsums, den Egoismus des künstlerischen Schaffens und wurde Ikonenmaler. Doch Kontoglou konnte nie wieder einfach Bestandteil der Tradition werden; seine Entscheidungen machten ihn unwiederbringlich modern, eben weil es Entscheidungen waren, weil er als Suchender eine Wahl hatte.

Das Beispiel Kontoglou zeigt: Traditionelle Vorstellungen von Identität, Zuhause, Wurzeln, »eigener« Geschichte lassen sich bei näherem Hinsehen selbst in nationalen Kontexten nicht anwenden. Der Schriftsteller Aris Fioretos hat über das nie fassbare »Griechische« einen kunstvoll verschlungenen Roman geschrieben. Gleich auf den ersten Seiten von *Der letzte Grieche* heißt es über den Protagonisten: »Ein Fremder daheim, ein Fremder fernab/Ein Fremder noch hier im Paradies.«[10] Wäre das eine »griechische Erfahrung«, vergleichbar mit Rosenstrauchs Umgang mit den »Bauklötzchen«? Tatsächlich gestaltete sich das Zuhause-Sein im modernen Griechenland im Sinne einer nationalen Idee von Kultur stets schwierig. Das antike Griechenland, das Byzantinische und das Osmanische Reich waren Großräume, gekennzeichnet durch enorme Mobilität, die griechischsprachige Bevölkerung lebte daher über viele Orte verteilt. Nach der Unabhängigkeit hatte sich der griechische Staat bis in die frühen zwanziger Jahre dem Traum von einer Art Expansion nach innen verschrieben: der Vereinigung aller in der Diaspora lebenden Griechen. Doch nach 1922, nach der Niederlage der griechischen Armee auf dem Gebiet der späteren Türkei, und der darauf folgenden Vertreibung verwandelten sich diese Bestrebungen in einen Albtraum. Außerdem war Griechenland schon damals ein Auswanderungsland.

In den dreißiger Jahren, im Rahmen der »dritten hellenischen Zivilisation« des Diktators Ioannis Metaxas und später unter den Obristen nahmen die nationalen Ordnungsvorstellungen geradezu karikaturhafte Züge an. Von Nikos Engonopoulos stammt ein 1939 entstandenes Bild mit dem Titel *Details des Mechanismus der nationalen Erweckung*, in dem er in seinem typischen Stil zu den damaligen Bemühungen um »Identitätsbildung« Stellung bezieht. Eine antike Statue, eine homerisch anmutende Kämpfergestalt, eine Uniform der europäischen Großmächte und eine Tracht aus der Zeit des Unabhängigkeitskampfs gruppieren sich um den nackten Körper einer gesichtslosen Frau, die eine Kopfbedeckung trägt, die man mit arabischen Beduinen assoziieren würde. Die als weiblich konnotierte Nation ist offenbar umgeben von den Kulissen einer identitären Ausstattung, doch an ihrem Haupt lauert das »Orientalische« – als reales, aber ungeliebtes Erbe und auch als wiederkehrender Vorwurf der Westeuropäer an die marginalisierten Neugriechen.

Engonopoulos, der auch Dichter war, gehörte zusammen mit den beiden späteren Literaturnobelpreisträgern Odysseas Elytis und Giorgos Seferis und anderen zur sogenannten Generation der dreißiger Jahre. Diese Künstler und Schriftsteller unternahmen den Versuch, dem Griechischen eine neue Bedeutung zu geben – jenseits der Antike und des Einflusses der dominanten Westeuropäer, mit dem Gefühl, vergangene Größe verloren zu haben, und im Angesicht des oftmals schäbigen griechischen Alltags. In manchen Fällen verfestigte sich dabei eine Art folkloristisch-moderner Nationalismus. Nicolas Calas, Zeitgenosse der Dreißiger und später Kunstkritiker in New York, hat das in seinen Gedichten scharf kritisiert.[11] Allerdings pflegte auch er eine Art Hellenismus des Suchens:

> »Ein Insulaner angefüllt mit dem Mondlicht der Sonnenbäume, ein Revolutionär, ein Einwanderer. Ich bekenne mich, ein Traumbuch zu sein. Ich studiere die Magie bei van Eyck und Bosch, Breton und

Duchamp. Ich grüße die atheistischen Buddhisten aus Colorado, Anarchisten und Häretiker. Ich feiere die Sonnenwende und die Jahrestage jeder Kommune. Ich respektiere den Schatten des Athos, die Pyramiden, Aphrodite.«[12]

Vom Suchen handeln auch viele Gedichte Seferis', vom Suchen nach einem »anderen Leben«, einem »Leben jenseits der Statuen«. In einem zweifelnden Gedicht über die Argonautensage lässt Seferis offen, ob diese Suche jemals erfolgreich sein kann: »Doch die Fahrten nahmen kein Ende. Ihre Seelen wurden eins mit den Riemen und Laschen / mit dem ernsten Antlitz des Bugs / mit der Furche hinter dem Ruder / mit dem Wasser das ihr Abbild in Stücke brach.« Die Metaphern zeigen, dass der beschriebene Zustand für Seferis alles andere als erstrebenswert war. Wie viele andere aus der Generation der dreißiger Jahre wurde er nahe dem ehemaligen Smyrna, dem heutigen Izmir, geboren. 1914 kam er mit seiner Familie nach Athen, vier Jahre später ging er zum Studium nach Paris. Als er 1925 nach Athen zurückkehrte, wollte er im »Griechischen« ankommen. Doch die »griechische Erfahrung« holte ihn ein, es gab keinen festen Grund. Möglicherweise lässt sich das Verbleiben im Zustand der Suche auch anders bewerten. Die Frage lautet: Könnte es eine positive Erfahrung sein, wenn die Seele eins wird mit den Riemen und Laschen?

Unterwegs auf Schiffen

Für die griechischen Kulturschaffenden spielt das Schiff eine wichtige Rolle, insbesondere eines mit dem Namen Mataroa. In Athen sitze ich im zentral gelegenen Stadtteil Kolonaki in der Wohnung von Nelly Andrikopoulou,[13] die mich streng anschaut und fragt: »Warum interessieren Sie sich eigentlich für die Geschichte der Mataroa?« Es ist ein heißer Tag im September, und ich habe keine Lust auf allzu ausführliche Darstellungen. »Mich beschäftigt, ob Bewegung, Migration, Suche nicht universelle Bedingungen für das Kulturschaffen sind und ob sich daraus ein positives Modell für das heutige Individuum allgemein ableiten lassen könnte.« Ich murmele noch etwas Halbgares von Grenzüberschreitung, unterschiedlichen Einflüssen und der Beengtheit der herkömmlichen, weiterhin stark national orientierten Kulturvorstellungen. Nun ist Nelly Andrikopoulou eine äußerst selbstbewusste Dame Mitte achtzig und keineswegs beeindruckt. »Was soll denn daran neu sein? Das war doch schon in der Antike so – so ist doch griechische Kultur überhaupt entstanden.«

Leicht würde sie es mir also nicht machen. Das war auch nicht zu erwarten bei einer Frau, die mit einundachtzig ihr erstes Buch geschrieben hat – eine Erinnerung an ihre Ehejahre mit dem erwähnten Künstler Nikos Engonopoulos. 2007 hat sie dann ein weiteres Buch herausgegeben, *Die Reise der Mataroa.*[14] Erneut ging es um Erinnerung, dieses Mal an ihre Fahrt mit jenem Schiff namens Mataroa, im Dezember des Jahres 1945. Zu jener Zeit wurde in Athen zwar nicht gekämpft, aber der blutige Bürgerkrieg deutete sich in zahlreichen Scharmützeln bereits an. Nach der deutschen Besatzung, dem Hunger, der Intervention der Briten gegen die siegreichen Partisanen hielten viele Kulturschaffende die Lage für hoffnungslos. In diesem Moment verbreitete sich in ihren Kreisen die Nachricht, es gebe eine Möglichkeit, das Land vorübergehend zu verlassen. Das Institut français habe Stipendien für Frankreich ausgeschrieben.

Die Athener Zweigstelle des Institut wurde in jenen Tagen von Octave Merlier und Roger Milliex geleitet. Beide waren

mit intellektuellen und zugleich unermüdlich aktiven Griechinnen verheiratet. Melpo Logotheti-Merlier war Musikwissenschaftlerin und Pionierin der Oral History und des Field Recording. 1930 gründete sie das Zentrum für Kleinasienstudien in Athen. Tatiana Gritsi-Milliex wiederum erlangte Bekanntheit als Schriftstellerin, einige ihrer Werke wurden auch ins Deutsche übersetzt. Tatsächlich war es Merlier und Milliex gelungen, der französischen Verwaltung zwanzig Stipendien abzuringen. Zweifellos wollten die beiden Funktionäre helfen, doch gleichzeitig sahen sie auch eine Gelegenheit, im Dienste der Frankophonie zu handeln, indem sie Mitglieder der griechischen Geisteselite nachhaltig an Frankreich banden. Jedenfalls teilten sie die zwanzig Stipendien so geschickt auf, dass etwa hundertfünfzig Personen ausreisen konnten. Und so charterte man schließlich den neuseeländischen Truppentransporter Mataroa. Das Schiff hatte sowohl US-

Soldaten nach Nordirland gebracht, die später an der Invasion in der Normandie teilnahmen, als auch jüdische Holocaustüberlebende nach Palästina.

Ich stieß auf die Mataroa wegen ihrer »Ladung«. Zunächst habe ich, wie viele andere Personen mit Migrationshintergrund, eine Art routinemäßigen Scanner für die eigene Herkunft. Griechische Namen außerhalb von Griechenland sorgen bei mir für eine gewisse Aufmerksamkeit. Wie erwähnt gibt es zahlreiche Menschen mit solchen Namen, und sie sind auf so gut wie alle Länder der Erde verteilt. Im Laufe der Jahre habe ich zufällig über so unterschiedliche Intellektuelle und Kulturschaffende wie etwa Cornelius Castoriadis, Kostas Axelos, Kostas Papaioannou, Mimika Cranaki oder Georges Candilis gelesen. Dann stellte ich fest, dass all diese Personen, wie auch Nelly Andrikopoulou, auf einem Schiff namens Mataroa nach Frankreich gekommen waren.

Dass die Mobilität von Schiffen etwas mit der Formung von Individuen und Kultur zu tun hat, ist vor allem anhand der sogenannten Middle Passage diskutiert worden, also dem transatlantischen Sklavenhandel und seinen Folgen. Der Kunsthistoriker Robert Farris Thompson hat in dem schönen Buch *Flash of the Spirit* beschrieben, wie die kulturellen Praktiken und Erzeugnisse der zumeist im heutigen Nigeria lebenden Yoruba durch den Sklavenhandel über den gesamten »schwarzen Atlantik« transportiert wurden und dann in Ländern wie den USA ansiedelten: Religiöse Tätigkeiten, Verfahren zur Kunstherstellung, architektonische Formen und Textilmuster der Yoruba verbreiteten sich in zahlreichen Abwandlungen auch in Teilen des amerikanischen Kontinents.[15] Paul Gilroy bezeichnete diesen Black Atlantic später als »Gegenkultur der Moderne«. Ihn interessierte ein Modell, das nicht essentialistisch war, aber dennoch gewisse Gemeinsamkeiten von »schwarzer Kultur« erklären konnte. Gilroy schlug eine neue kulturelle Raumzeit vor, die sich im Rahmen der Middle Passage auf den Schiffen entwickelte, die über den Atlantik kreuzten: »Das Symbol des Schiffs war der Ausgangspunkt meiner Untersuchung, das Schiff, unterwegs zwischen Europa, Amerika, Afrika und der Karibik. Als lebendes mikrokulturelles, mikropolitisches System in Bewegung ist es besonders wichtig.«[16]

Gilroys Buch handelt vom Kolonialismus und seinen Folgen. In den neunziger Jahren entstand eine postkoloniale Theorie, in der eine Reihe von höchst fruchtbaren Gedanken zu der Frage geäußert wurde, wie Bewegung, Migration, Subjektivität und Kulturproduktion miteinander verflochten sind. Die Bezeichnung »Postkolonialismus« signalisierte allerdings, dass in diesem Paradigma all jene Erfahrungen eine untergeordnete oder gar keine Rolle spielen konnten, die nicht ins historische Schema des Kolonialismus passten. Das betrifft einen bedeutenden Teil der kontinentaleuropäischen Erfahrungen, etwa auf dem Balkan, die wenig mit direkter Kolonisierung, sondern vielmehr mit Instabilität, Flucht, Besatzung, Einflusssphären und Halbabhängigkeit zusammenhängen. Die jüngste Krise in der Europäischen Union hat gezeigt, wie wirksam die geschichtlichen Verwicklungen etwa im Verhältnis zwischen Deutschland und Griechenland weiterhin sind und wie lohnenswert es ist, die Fragen von Subjektivität und Kultur in einem anderen Schema als dem des Postkolonialismus zu besprechen. In diesem Sinne könnte auch die Mataroa ein vielschichtiges, durchaus ambivalentes Symbol für die kontinentaleuropäische Spezifik sein.

Wofür steht das Schiff im Allgemeinen? In der Geschichte der westlichen Welt ist es der Inbegriff des Abenteuers, des Wagens, Suchens und Entdeckens. Deutlich wird das zum

Beispiel, wenn der Architekt Georges Candilis – auch er Passagier auf der Mataroa – aus seiner Kindheit erzählt: »Ich war wie besessen von den Schiffen, die zur Wolga, nach Turkestan und Persien ausliefen. Sie kamen mir riesengroß vor – in Wirklichkeit waren sie ziemlich klein. Diese Bilder riefen in mir eine besondere Vorstellung von der unbekannten Welt hervor, die ich einmal sehen wollte.«[17] Zugleich aber hatte eine solche Rhetorik des Unentdeckten eine Schattenseite: Als expansives Symbol des »Entdeckens« stand das Schiff auch für die Geschichte der »Entdeckung« als Besitzergreifung und Unterwerfung. Im 20. Jahrhundert, vor allem in der zweiten Hälfte, änderte sich die Bedeutung der Schiffsmetapher. Sie wurde defensiv. Der Architekt R. Buckminster Fuller prägte den Begriff des »Raumschiffs Erde«, ein Gefährt, das von innen durch Verschmutzung und Vernutzung gefährdet ist und daher eine Bedienungsanleitung benötigt.[18] In der populären Kultur wurde diese Wende im Verlauf der weltbekannten Serie *Star Trek* abgebildet. Sie beginnt mit dem grenzenlosen Optimismus auf dem Raumschiff Enterprise, das zu neuen Galaxien aufbricht, und endet mit der latenten Verzweiflung der Besatzung der Voyager, die am Ende der Galaxie gestrandet ist und nach dem Heimweg sucht.

In den neunziger Jahren wurde in Deutschland häufig gesagt, das »Boot sei voll«. Gemeint war, es gebe zu viele Einwanderer. Die Bootmetapher diente nun dazu, einen Raum mit begrenzten Plätzen darzustellen, in den dennoch immer mehr Menschen strömen und dadurch das Gleichgewicht gefährden. Interessanterweise wurde in diesem weiterhin allgegenwärtigen Bild die Gesellschaft vom Land auf das Meer verlegt. Zwar gab es zuvor in stark auf Handel und Seefahrt bauenden Ländern wie Großbritannien maritime Vorstellungen von der Nation – die Idee vom »Staatsschiff« oder Thomas Hobbes' Metapher vom Staat als mythisch-allmächtiges Seeungeheuer Leviathan. Doch für Landmächte wie Deutschland war das ein neues Bild. Die Nation schien nicht länger in der berüchtigten Scholle zu wurzeln, sondern schwamm nun auf dem bewegten Ozean, der bereits in der Antike die Sphäre der Unbestimmtheit, der Unberechenbarkeit, aber auch der Unentschiedenheit verkörperte.

Insofern sind wir sogar in solchen dominanten, medialen Narrativen alle zu Suchenden geworden. Wir befinden uns auf einer schwierigen Reise, deren Ankunftsort wir uns manchmal vorstellen, ohne letztlich viel über ihn zu wissen. Wir haben nicht einmal die Hoffnung, das Leben dort sei besser. Die ganze Bevölkerung ist eins mit den Riemen und Laschen, denn die Reise hört eigentlich nie auf. Wenn wir über Gesellschaft nachdenken, ist es also sinnvoller, nicht mehr von den terrestrischen Stützpunkten, sondern von den Linien der stetig kreuzenden Schiffe auszugehen. Allerdings liefert die Schiffsmetapher Ausgrenzungen und Hierarchisierungen gleich mit. Das Schiff ist eben ein begrenzter Kosmos, und als Symbol kann es dazu dienen, Beengtheit und Überfüllung zu skandalisieren. Zudem werden den Passagieren auf dem Schiff unterschiedliche Positionen zugeteilt – einige sitzen auf der Brücke und haben Einfluss auf den Kurs, andere im Bauch, sehen wenig und haben bloß dunkle Auffassungen vom Fortgang der Reise.

La galère, die Galeere, war eine Metapher, mit der die Jugendlichen in den französischen Vorstädten eine Zeit lang ihre eigenen Lebensumstände beschrieben haben. In diesem Bild ist keine Spur von Aufbruch; die Jugendlichen betrachteten sich eben nicht als Bewohner des Schiffsdecks, stets Ausschau haltend nach dem Neuen, sondern als das unsichtbare Personal im Innern des Schiffs. Im Gegensatz zu verbreiteten Annahmen waren auf den antiken Galeeren keine Häftlinge oder Sklaven im Einsatz, sondern bezahlte Arbeitskräfte, die aus den niederen Klassen der eigenen Gesellschaft, aber vor allem aus dem Ausland stammten. Das Bild ist also durchaus treffend. Allerdings meinten die Jugendlichen mit der Galeere nicht die Härten eines Arbeitseinsatzes – viele von ihnen waren und sind arbeitslos –, sondern die Mühen eines Lebens, das in Bewegung ist, aber nicht vom Fleck kommt. Man weiß, das Schiff ist unterwegs, aber man befindet sich im Dämmerlicht des Schiffsinnern und kann dem Verlauf der Reise höchstens schemenhaft folgen.

Nun existieren unterschiedliche Arten von Schiffen: große Schiffe, stabile Schiffe, die unbeirrt das Wasser durchpflügen, und allerlei Schiffchen, die fortwährend vom Wellengang des Ozeans bedroht sind. Jedes Jahr ertrinken im Mittelmeer Tausende von Flüchtlingen, die auf ebensolchen Schiffchen nach Europa zu gelangen versuchen. Dreihundertsechsundsechzig Menschen kamen allein bei einem Vorfall im Oktober 2013 ums Leben, als ein Schiff mit Flüchtlingen aufgrund eines Motorschadens vor der Insel Lampedusa in Brand geriet und kenterte. Für 2014 spricht Amnesty International von über zweitausendfünfhundert Todesfällen.[19] Über diese Flüchtlinge auf dem Weg nach Europa heißt es sehr oft, sie seien die »Ärmsten der Armen«. Tatsächlich fliehen die »Ärmsten« aber, zumeist vor akuten Krisen, in Nachbarländer.

Um sich trotz der lebensgefährlichen Fahrt auf den Weg nach Europa zu machen, muss man aus einem besonderen Holz geschnitzt sein. Als ich mit meinem Freund, dem Kunsthistoriker Tom Holert, für unser gemeinsames Buch *Fliehkraft: Gesellschaft in Bewegung* recherchierte, sprachen wir in der marokkanischen Stadt Oujda, die nur etwa hundertfünfzig Kilometer von der spanischen Exklave Melilla entfernt liegt, mit Flüchtlingen aus dem Süden Afrikas, die dort sozusagen gestrandet waren, also weder weiter nach Europa noch zurück in ihr jeweiliges Heimatland konnten. Diese Personen waren in ihrem vorherigen Leben ganz und gar nicht bitterarm, sondern hatten zumeist eine bezahlte Beschäftigung. Primär litten sie an einem Mangel an Perspektiven: Der Job brachte nicht genug ein, um eine Familie zu gründen oder zu ernähren, es gab keine Aussichten auf Verbesserung, und die politischen Umstände stellten wegen der endemischen Korruption eine düstere Zukunft in Aussicht. Diese Menschen hatten eine globale Perspektive, und der Ortswechsel erschien ihnen als eine Strategie, um sich eine bessere Zukunft zu ermöglichen.

Diese Flüchtlinge sind also keineswegs ganz anders, keine Fremden, sondern eine Art ungeliebtes Schattenego der Westler: global orientiert, mobil, flexibel, opferbereit. Jene Ertrunkenen, die in Europa ein Heim suchten, bleiben für »uns« eine Heimsuchung. Obwohl ein direkter Vergleich unsinnig wäre, erinnert die schockierend hohe Opferzahl unter den Flüchtlingen unwillkürlich an die Zeit des transatlantischen Sklavenhandels. Die »Ware« im Bauch der Schiffe wurde ständig auf ihren Wert hin examiniert, und zu Tausenden gingen »unverkäufliche« Kranke oder auch schwangere Frauen über Bord. In den neunziger Jahren haben die Musiker der Detroiter Elektro-Band Drexciya eine Reihe von Alben herausgebracht, die von einer Zivilisation unter Wasser erzählen. In einem Text zu der Compilation *The Quest* von 1997 schreiben sie, die auf den Sklavenschiffen damals über Bord geworfenen Afrikaner hätten überlebt, weil sie gelernt hätten, im Wasser zu atmen. Im Meer entstand eine neue Gesellschaft in der »Bubble Metropolis«. Drexciyas Kompositionen sollten der Frage nachgehen: »What is their quest?« – *quest* bedeutet zugleich Suche und Abenteuer. Zweifellos haben Sklavenhandel und »illegale« Migration neue kulturelle Verbindungslinien geschaffen. Auf eine perverse Weise existiert also tatsächlich eine untergründige Zivilisation, die nicht einmal mehr auf dem Schiff, sondern quasi im Meer selbst aufbewahrt wird. Diese Zivilisation hält das Erbe der Verschwundenen am Leben.

Das unklassifizierbare Individuum

Zurück zu den Passagieren auf der Mataroa. Sie wirken gerade wegen ihrer Unklassifizierbarkeit so aktuell und repräsentativ. Diese Individuen waren weder Exilanten noch »Gastarbeiter«. Motiviert wurde ihre Reise primär durch Perspektivlosigkeit, manchmal auch durch die schiere Not. Nelly Andrikopoulou schaudert es jetzt noch, wenn sie etwa an die Armut von Georges Candilis denkt. Er war von den kommunistischen Partisanen auf das Schiff beordert worden. Eine vernünftige Ausbildung als Architekt sollte er bekommen, um nach seiner Rückkehr die klassenlose Gesellschaft mit aufbauen zu helfen. Doch er kehrte nicht zurück, sondern wurde in Paris als Teil des Architektenbüros Candilis – Josic – Woods und des sogenannten Team 10 weltweit erfolgreich. Sein Büro hat zum Beispiel in den sechziger und siebziger Jahren die Räumlichkeiten für die geisteswissenschaftlichen Institute der Freien Universität in Berlin geplant, die liebevoll als »Rostlaube« und »Silberlaube« bezeichnet werden. Candilis entstammte einer griechischen Familie im aserbaidschanischen Baku. Von dort aus emigrierte die Familie nach Athen. In Baku, so berichtet Candilis, wurden die Kinder griechischer Herkunft nie als »vollwertige Russen« anerkannt. In Griechenland wiederum blieb er der Flüchtling, der zudem nie akzentfreies Griechisch lernte.[20] Sein ursprüngliches Russisch jedoch war auch nicht ausgereift, und im Französischen brachte er es später ebenfalls nicht zur Perfektion. Der Architekt Le Corbusier, für den Candilis in Paris arbeitete, meinte einmal zu ihm: »Wenn man es genau nimmt, Candilis, sprechen Sie überhaupt keine Sprache. Sie drücken sich in Ihrem eigenen Kauderwelsch aus«.[21]

Das »eigene Kauderwelsch« – der Ausdruck bekommt eine fast romantische Note, wenn man den Erfolg von Candilis bedenkt. Würde er heute im deutschsprachigen Europa leben, würden sich vermutlich allerlei Gutmeinende über ihn beugen, sein Schicksal »zwischen den Kulturen« beklagen und sein Kauderwelsch als Integrationshindernis betrachten. In Wirklichkeit hat die angebliche Zerrissenheit, die eher eine Vielheit von Kontexten war, gepaart mit dem Optimismus der Nachkriegszeit, für Candilis einen Raum der Individualität geschaffen. Und was gibt es Schöneres, als in seinem eigenen Kauderwelsch erfolgreich zu sein und schließlich eine Art Zuhause zu finden? Heute zweifelt niemand mehr an, dass wir kein Zuhause mehr haben, sondern es aktiv suchen und gestalten müssen. Diejenigen, die behaupten, zuhause zu sein, werden jene »Betrogenen der Geschichte« sein, von denen im letzten Kapitel die Rede war.

Ich schildere Candilis' Erfahrungen hier, weil sich in ihnen eine ungemein aktuelle Form der Unklassifizierbarkeit erkennen lässt. Der Mitte der fünfziger Jahre nach Paris ausgewanderte Künstler Panagiotis Vasilakis, der sich selbst nach der Kurzversion seines Namens Takis nennt, berichtet in seiner Autobiographie: »Mit acht Jahren habe ich aufgehört, von einer bestimmten Klasse abzustammen. Von jenem Zeitpunkt an war ich weder bürgerlich noch bäuerlich oder aristokratisch. Das war mein Schicksal, meines und das der Meinen.«[22] Bis Takis dieses Alter erreichte, hatte sein Vater vom Staat gepachtetes Land bewirtschaftet, was der großen Familie einen gewissen Wohlstand einbrachte. Doch nach der kleinasiatischen Katastrophe ging er pleite, die Familie war plötzlich arm. Das bescherte Takis den beschriebenen Zwischenzustand, der durch die Folgen der Migration nach Frankreich noch weiter verschärft wurde.

Genau dieser Zwischenzustand ist für die heutige Gesellschaft durchaus charakteristisch geworden. Der Boden unser aller Herkunft ist ins Schwanken geraten. Ohne Zweifel ist die Herkunft ein Erbe. Sie legt gewisse Voraussetzungen fest (Sprache, Traditionen, Bildung, Aspirationen, Horizonte) und bestimmte soziale Zugänge. Zum Beispiel entscheidet in Deutschland das Elternhaus sehr stark über Bildungserfolg und Jobaussichten. Doch die meisten Personen befinden sich in ziemlich paradoxen Situationen. 2007 kam der Film *Prinzessinnenbad* von Bettina Blümner in die deutschen Kinos, der von drei Freundinnen handelt, die in Berlin-Kreuzberg bei ihren alleinerziehenden Müttern aufwachsen. Meine erste Kritik an dem Film lautete, es sei nicht klar, in welchem Milieu sich die jungen Frauen bewegen. Seitdem ich selbst in Kreuzberg wohne, habe ich dieses außerordentlich verschwommene Mikromilieu aus erster Hand kennengelernt. Es ist überhaupt nicht mehr zu sagen, welche determinierende Kraft die Herkunft dieser Personen haben wird.

Ein paar hundert Meter entfernt von meiner Wohnung wiederum liegen Kieze, die auf dem »Sozialatlas« von Berlin ganz unten landen. Das Bildungs- und Einkommensniveau ist hier sehr gering. Was die jungen Leute dort betrifft, so empfinden sie ihr Leben vermutlich auch als »Galeere«. Wir wissen aus zahlreichen Untersuchungen, dass Menschen, die

in »Problemvierteln« leben, ihren Stadtteil selten verlassen. Wenn aber Jugendliche den berühmten Migrationshintergrund besitzen, dann stellt sich diese geringere Mobilität durchaus anders dar, zumindest dann, wenn ihre Familie mit Angehörigen, sei es im Herkunftsland oder in anderen Teilen der Welt, in Kontakt steht. Menschen, die ausgewandert sind, haben zumeist Verwandte, die ebenfalls ausgewandert sind, was die Familie zu einer Art globalem Netzwerk macht. So können die jungen Leute bei Besuchen verschiedene Kontexte erfahren und in diesen jeweils unterschiedliche Rollen spielen. Zudem wachsen die meisten von ihnen polyglott auf. Auch wenn sie die Sprachen nicht perfekt beherrschen mögen, ist das Code-Switching (oft mitten im Satz) eine gängige und kreative Übung und schafft zugleich ganz neue Räume.

Es geht nicht darum, Ungleichheit, Benachteiligung und Diskriminierung beiseitezuschieben, sondern den Blick auf komplizierte Lageschemata zu richten. Ein soziologischer Begriff wie Pierre Bourdieus »Habitus« etwa, der bestimmte Verhaltensweisen an die Klassenzugehörigkeit knüpft, kann diese Lebensumstände nicht mehr einfangen. Das Individuum als suchendes Wesen bringt Hintergründe, Voraussetzungen und Referenzrahmen mit, das Individuum hat mit strukturellen Belastungen und Barrieren zu kämpfen, aber sein Verhalten lässt sich nicht aus Schicht- oder Klassenzugehörigkeit ableiten.

Das ist natürlich keine neue Erkenntnis. Im Hinblick auf kollektive Zugehörigkeitsformen hat der Kulturkritiker Stuart Hall bereits 1991 in einem Aufsatz von »neuen Ethnizitäten« gesprochen. Hall stammte aus einer jamaikanischen Mittelklassefamilie, in der sich afrikanische, englische und indische Herkünfte vermischten. Hall betonte, die Kategorie »schwarz« sei für die Kämpfe der Einwanderer in Großbritannien sehr wichtig gewesen, doch seine eigene Geschichte führe diese Kategorie letztlich ad absurdum. In seinem Herkunftsland Jamaika habe es alle möglichen Ausdrücke für die Schattierungen von Hautfarben gegeben, aber niemand habe jemand anders schlicht als »schwarz« bezeichnet. »Schwarz« zu sein habe er in Großbritannien durchaus schmerzhaft »lernen« müssen, sowohl im Rahmen von rassistischer Ausgrenzung als auch von antirassistischen Kämpfen.

Als er in den fünfziger Jahren eingewandert sei, so Hall, habe er als Person aus den Kolonien auch das Gefühl gehabt heimzukehren, weil es eine symbolische Anwesenheit vor seiner tatsächlichen gegeben habe: »Ich bin der Zucker auf dem Boden der englischen Teetasse [...], die Zuckerplantage, die Generationen von englischen Kindern die Zähne ruiniert hat« (die karibischen Kolonien waren jahrzehntelang die wichtigsten Orte für die Zuckerproduktion im Empire).[23]

In diesem Sinne, meinte Hall, existiere in jeder »Identität« ein verschwiegener anderer Schauplatz. Nicht einmal der Tee, klassisches Symbol für die englische Lebensweise, komme aus England, sondern aus den Kolonien. Zwar hielt Hall am Begriff der Identität fest, unterminierte dessen Gehalt aber radikal. Angesichts der komplizierten Gemengelage in modernen Gesellschaften stellte er sogar die Frage, ob so etwas wie eine positive Identifikation möglich sei. Seine Zweifel veranschaulichte er exemplarisch anhand des Filmes *Mein wunderbarer Waschsalon* von Hanif Kureishi und Stephen Frears aus dem Jahr 1985: »Jeder hasst ihn. Du gehst ihn durch, und du suchst nach ›positiven Bildern‹, und du findest keine. Da sind keine positiven Bilder, mit denen du dich einfach identifizieren kannst. [...] Es gibt darin eine Politik, die auf der Komplexität der tatsächlich wirkenden Identifikationen basiert.«[24]

Fast fünfzehn Jahre nach Halls Aufsatz hat die Schriftstellerin Taiye Selasi den Begriff »Afropolitan« geprägt, um eine aktuelle Version der neuen Ethnizitäten zu beschreiben. In einem Artikel erzählte Selasi von einem Abend in einem Londoner Club, an dem keiner der Besucher auf die Frage »Woher kommst du?« eine eindeutige Antwort hätte geben können.

> »Für diese Gruppe hat ›zuhause‹ viele Bedeutungen; wo ihre Eltern herkommen, wohin sie in den Urlaub fahren, wo sie zur Schule gegangen sind, wo sie alte Freunde treffen, wo sie leben (oder zumindest dieses Jahr leben). Sie arbeiten und wohnen wie so viele junge Afrikaner in Städten rund um den Globus, aber sie gehören zu keinem genauen Ort und fühlen sich in vielen zuhause.«[25]

Die gern an Personen mit Migrationshintergrund gerichtete Frage »Woher kommst du?«, gestellt mit der Erwartung, den Namen eines fremden Landes zu hören, ist angesichts dieser Verhältnisse nicht mehr nur ärgerlich, sondern nachgerade lächerlich. Und die in Deutschland zuletzt ausgegebenen Parolen von der »Anerkennungskultur« lassen einen seltsamen Nachgeschmack zurück, denn was soll anerkannt werden? Die Gefahr ist groß, dass es hier erneut um »Identitäten« geht und eben nicht um jene komplizierten »neuen Ethnizitäten«, die niemand mag. Vor allem müssen wir anerkennen, dass wir uns auf schwankendem Grund befinden.

Imaginäre Territorien

Die Diagnose Halls trifft aber auch schon auf die sogenannten Einwanderer der ersten Generation zu. Für diese Personen stellt die Migration eine besondere Konstellation dar. Der Politologe Nicos Poulantzas, der in den späten fünfziger Jahren von Griechenland nach Frankreich emigrierte, hat den Chronotopos des industriellen Kapitalismus einmal unter anderem mit den Begriffen der Serialität und der Irreversibilität beschrieben.[26] Genau diese Charakteristika werden durch die Migration durcheinandergewirbelt. Auf die vertraute Umgebung folgt quasi die Einschiffung auf die hohe See. Dieser Bruch wird häufig als Verlust von historisch-zeitlicher Kontinuität erfahren. Um es mit den Worten der Schriftstellerin Mimika Cranaki zu sagen: »Ich bin nicht mehr, du bist nicht mehr das Glied einer Kette mit Tradition, Geschichte und Zukunft […]. Ich habe keine Dauer mehr, keinen Ertrag, ich bin, du bist ein Tupfen, ein Moment, etwas Vergängliches, ein Zeichen, ein Punkt.«[27]

Dieser Bruch muss bearbeitet werden. Angesichts der herrschenden Ansprüche an eine bestimmte raumzeitliche Organisation erfolgen die unterschiedlichsten Formen von Reparaturbemühungen. Sie sollen den Bruch kitten und die

Kontinuität wiederherstellen, sorgen aber erstaunlicherweise für eine weitere Aufhebung der zeitlichen Abfolge und Irreversibilität. Indem ein Anschluss an die Erinnerung in einem anderen Raum konstruiert wird, entsteht bei vielen Migranten der sogenannten ersten Generation durch die Einbildungskraft ein neues »Heimatland«. Dieser imaginäre Ort wird auch in einer kollektiven Praxis bestätigt, an bestimmten Treffpunkten, durch eine gemeinsame Sprache oder indem man gemeinsam bestimmte Lieder singt. Dadurch überlagern sich Räume und Zeiten, und in gewissem Sinne erweist sich dieser Chronotopos sogar als umkehrbar – raumzeitliche Versatzstücke bilden ein neues fraktales, imaginäres Territorium.

Cranaki hat diese Erfahrung in Bezug auf Griechenland einmal als eine neue Art Philhellenismus bezeichnet. Cranaki, die in Athen Musik studierte, in Frankreich dann als Schriftstellerin, Universitätslehrerin und Radioproduzentin tätig war, stellte nach dem Erfolg ihres ersten Romans, *Contre Temps*, von 1947 ihre Karriere zugunsten ihres Mannes zurück. Erst 1992 knüpfte sie mit einem größeren Werk, dem Briefroman *Nationalität: Philhellene*, an ihre literarische Arbeit an. Es basiert auf dem »Journal d'exil«,[28] veröffentlicht 1950 in der von Jean-Paul Sartre gegründeten Zeitschrift *Les Temps Modernes*, in dem sie ihre Erfahrungen mit der Auswanderung und dem französischen Rassismus beschrieb. Vermutlich würde Cranaki meinen Interpretationsversuchen der Migration widersprechen, denn in ihrer Sichtweise dominieren die negativen Aspekte der Auswanderung. »Die Mimika hat ja immer nur geklagt«, berichtet Nelly Andrikopoulou, der es trotz ihres hohen Alters eher fernliegt, zu jammern. Tatsächlich gehören Verlust und Leid zur Migrationserfahrung dazu, und Cranaki war daher gerechtfertigt, diese Aspekte detailliert darzustellen. Zudem ist der Begriff »Philhellenismus« nicht nur als Beschreibungskategorie sehr treffend, sondern fungiert auch als eine Wiederaneignung, eine Art *voyage in* im Sinne Edward Saids.[29] Denn als Philhellenen galten im 19. Jahrhundert jene Intellektuellen im westlichen Europa, welche die antiken Griechen zu Vorbildern für das eigene Nation Building erklärten. Dabei erhoben sie den Anspruch, sie selbst seien die wahren Erben der stark verklärten Antike, nicht die störenden neugriechischen »Orientalen«.

Beispiele für solches Philhellentum gab es auch noch im 20. Jahrhundert. 1962 unternahm etwa der Philosoph Martin Heidegger eine Schiffsreise in die Ägäis, nicht um ein unbekanntes Land kennenzulernen, sondern um eine vorab festgelegte philhellenische Erfahrung zu bestätigen. Schon zehn Jahre vor seiner Reise hatte er in einem Brief davon gesprochen, wie sehr er von der Insel Delos mit ihren antiken Heiligtümern träumt.[30] Delos sollte das Ziel der Reise sein; andere Orte entlang der Route des Kreuzfahrtschiffs qualifizierte er ab: Korfu sei zu italienisch-römisch, Ithaka zu morgenländisch-byzantinisch, Kreta wiederum zu ägyptisch-orientalisch. Nur in Delos fand Heidegger den von allen »fremden« Einflüssen freien Ort, an dem er Hölderlins *Gesang des Deutschen* anstimmen konnte: »Wo ist dein Delos?«[31] Delos, das hatte er im Vorhinein beschlossen, würde der Ort sein, der ihn »heimisch« macht »in einer langen Herkunft«;[32] in Delos entdeckte er im angeblichen Griechischen das eigentliche Deutsche.

Cranaki eignet sich diesen Diskurs des Philhellenismus an und kämpft mit seiner Hilfe im Sinne Saids um die Anerkennung von »marginalisierten, verdrängten oder vergessenen Geschichten«.[33] Sie dreht den Begriff um und verwendet ihn für die »Nicht-Gesättigten«, die Auswanderer, die »Gastarbeiter«, die »Ausländer«, die in einer nicht responsiven, oftmals sogar feindseligen Umgebung nun auf ihre Weise das Griechische verklären:

> »Griechenland ist keine Sache der Geographie, ein neutraler oder gleichgültiger geometrischer Ort, eine Erderscheinung, eine Immobilie. Es umgibt mich nicht, wie die Tasse den Kaffee enthält [...], es ist eine Verlängerung meines Ich, selbe und gleiche Substanz meines Körpers, die Bühne, auf der unser alltägliches Drama sich abspielt – Kämpfe, Träume, Hoffnungen –, was wir suchen, ohne es zu kennen, nenne es Glück, Menschsein oder anders.«[34]

Deutlich wird, dass die herkömmlichen Ideen von Nation, Geographie und Identität des Ich komplett ausgesetzt sind. Das »Griechische« schwankt in Cranakis Eigenwahrnehmung zwischen einer körperlichen Substanz und einer Bühne. Die beiden Beschreibungen schließen sich letztlich aus, aber das Bewusstsein von der Migration hat eine hochgradig paradoxe Form. Während Cranaki an dieser Form des Bewusstseins leidet, betont der Komponist Iannis Xenakis, der im September des Jahres 1947 auf einem namenlosen Frachtschiff nach Frankreich kam, dessen erkenntnisfördernde Kraft:

> »Man muss unentwegt den Blick für das Neue pflegen. Das bedeutet auch: Distanzierung. Man muss immer ein Immigrant bleiben. In allem. Dadurch sieht man die Dinge aus einer frischeren, schärferen, tieferen Perspektive. Weil man nicht von der Umgebung bestätigt wird, in der man sich wiederfindet, in der man badet. Sonst sieht man nichts. Das Inventar sollte beweglich werden.«[35]

Ich möchte hier nicht einer vulgär-postmodernen Idee von Nomadentum das Wort reden. Xenakis hatte als Kämpfer des kommunistischen Widerstands lebensgefährliche Verletzungen erlitten, verließ Griechenland aus Mangel an Perspektiven und lebte später in Frankreich jahrelang als »Staatenloser« unter schwierigsten Bedingungen. Nostalgische Rückbesinnung auf ein verlorenes Zuhause ist ihm dennoch fremd; die Wanderung ist für ihn ein dauerndes Antidot gegen die »Falle der Erinnerung« und das »Baden« in der eigenen Kultur. Diese Position ist jener von Cranaki letztlich diametral entgegengesetzt, doch zusammen bilden sie die Pole jenes paradoxen Bewusstseins des Suchens: das »philhellenische« Leiden am Verlust dessen, was eigentlich nie da war, das Leiden an der Unmöglichkeit des Eins-Seins, und die inspirierende Kraft des Bruchs, der permanente Aufbruch ins Neue, das Tätigsein in der Suche.

Die Zivilität des Odysseus

Wie oben anhand von Kontoglou bereits gezeigt, gehört diese Verunsicherung fundamental zur Moderne. Wir können jederzeit zurückgehen, etwa zu James Joyce' *Ulysses*. Der Roman spielt in Dublin, einer postkolonialen Metropole, und handelt in seiner unendlichen Vielstimmigkeit von Metamorphosen. Alles ist kinetisch in Joyce' nichtnationalistischer Version der Stadt: Er beschreibt einen Ort, an dem sich die erzählende Person nicht aufhält, Sprachen werden ausprobiert, die alle nicht stimmen, und die Subjekte verwandeln sich unentwegt. »Nicht ganz hier, jawohl.«[36]

Der Titel dieses für die Moderne prägenden Texts – *Ulysses* ist der englische Name für Odysseus – verweist darauf, dass die Erfahrung vielleicht noch weiter zurückverlegt werden kann. Kaum ein anderer Titel eines Werkes ist so präsent im allgemeinen Sprachgebrauch wie jener der *Odyssee*. Wer auf einer Reise den Weg nicht gefunden hat, der spricht von einer Odyssee. Sie widerfährt jenen, die im Gespräch mit Behörden von Stelle zu Stelle weitergereicht werden, dient als

Name für die gesammelten Werke eines Jazzmusikers oder eine Convention für Rollenspiele. Der Begriff wird zweifellos in einem ziemlich kontingenten Zusammenhang mit Homers antikem Versepos verwendet. Die herrschende Bedeutung erläutert der *Duden* wie folgt: »lange Irrfahrt; lange, mit vielen Schwierigkeiten verbundene, abenteuerliche Reise«.[37] Die Frage ist, welche Attraktion von jener alten Geschichte ausgeht. Wie hat sie in den Wortschatz so vieler verschiedener Sprachen einwandern können? Theodor W. Adorno und Max Horkheimer würden als Antwort auf diese Frage ihre bekannte Erklärung aus der *Dialektik der Aufklärung* wiederholen: Odysseus sei eben das »Urbild« des bürgerlichen Individuums, des Homo oeconomicus in spe, das sich verallgemeinert habe. Der Einzelne schaukelt auf den Wellen einer Geschichte, die nicht die seine ist, überwindet die Mythologie der Natur, weil er muss. Atomistisches Interesse und instrumentelle Vernunft gehören zur obligaten Ausstattung des Vereinzelten in der kapitalistischen Moderne.[38]

Trotz der ubiquitären Präsenz der *Odyssee* hat Odysseus nicht den besten Ruf. Im Rahmen des Projektes RUHR.2010 – unter diesem Namen präsentierte sich das Ruhrgebiet 2010 als Kulturhauptstadt Europas – vergaben sechs Theater an namhafte Autorinnen und Autoren den Auftrag, die *Odyssee* für die Bühne neu zu bearbeiten. In den Stücken von Enda Walsh, Péter Nádas oder Emine Özdamar dominierten Identitätsverlust und Gewalttätigkeit. *Odysseus, Verbrecher* hieß das Stück von Christoph Ransmayr – so nennt ihn seine Frau Penelope nach seiner Heimkehr.

Während die Figur des Odysseus im europäischen Kontext mit Argwohn betrachtet wird, eignen postkoloniale Künstler und Schriftsteller sie sich an. *Omeros* ist der Titel eines Versepos des aus St. Lucia, einem Inselstaat in der Karibik, stammenden Literaturnobelpreisträgers Derek Walcott von 1990. Walcott setzt sich dort mit den Metamorphosen der nachkolonialen Subjekte auseinander, und am Schluss steht die Erkenntnis, dass diese Metamorphosen eben nicht enden. Es ist kein primordiales, kulturelles oder nationales Eigenes freizulegen, kein einfaches Zuhause zu finden. Hier lohnt es sich, anzusetzen, um auf Odysseus' Aktualität und Zivilität auch im europäischen Kontext zu bestehen.

Sicher haben Adorno und Horkheimer recht, wenn sie die Freiheit der Bewegung als Teil einer bürgerlichen Freiheit bezeichnen, in der sich das Individuum keineswegs als autonom, sondern bloß als getrieben entpuppt. Allerdings stellt sich zugleich die Frage, inwieweit in dieser Getriebenheit auch eine allgemein menschliche Verfassung zum Tragen kommt. So handelt die *Odyssee* davon, wie das Zuhause auf der Reise seine Selbstverständlichkeit verliert, wie die Reise und das Sich-Verirren zusammengehören. Sie spricht davon, dass die Reise keine lineare Bewegung von A nach B ist, sondern ein fortwährender Hindernislauf, und dass die wie auch immer getriebene Suche nach einem Zuhause eine Zivilität zum Vorschein bringt, neben der das angebliche Zuhause-Sein höchst barbarisch wirkt. Diese Erfahrungen sind Bestandteil der grundsätzlichen Freiheit menschlicher Subjektivität und bemänteln nicht bloß die bürgerliche Verfassung des kapitalistischen Systems.

Die Reise ist im Übrigen nicht das entscheidende Element der *Odyssee*. Auch in der Argonautensage und der *Ilias* sind die »Helden« unterwegs. Die Motive für die Migration werden dort ebenfalls verhandelt – es gibt etwas in der Welt, das den Personen, stets sind es Männer, vorenthalten wird (das Goldene Vlies, die Helena). Die Protagonisten brechen auf, um das Recht auf diese Quellen sowohl von Sinnlichkeit als auch Ehre einzufordern. Während es in der *Ilias* eher um Achills Zorn geht und die Charaktere daher recht holzschnittartig daherkommen, ist die Hauptfigur der *Odyssee* das primär handelnde Individuum, das zumeist ohne die Einflüsterungen der Götter entscheiden muss. Dieser Odysseus ist ein anderer als der in den vierundzwanzig Gesängen der *Ilias*. In der *Odyssee* behilft er sich mit Geduld, Flexibilität und List, während er in der *Ilias* in erster Linie skrupellos Gewalt anwendet, bis hin zum Kindsmord. In der *Odyssee* ist er auch nicht auf einem Eroberungsfeldzug, sondern wie die Argonauten unentwegt unterwegs, in seinem Fall auf einem nicht enden wollenden Rückweg nach Hause. Als er schließlich Ithaka erreicht, findet eine erneute Wandlung statt. Die Gewalt kehrt mit ihm zurück. Bei seiner Frau begegnet er Freiern, die ihn tot wähnen und Penelope heiraten wollen, um an seiner Stelle König zu werden. Unter diesen Freiern richtet er ein Gemetzel an.

Tatsächlich zeigt die Lektüre, dass entgegen der allgemeinen Annahme gerade das Zuhause-Sein mit Gewalt einhergeht – mit der Gewalt der Expansion (Aufbruch nach Troja) auf der einen Seite und mit der Gewalt der inneren Säuberung (Massaker an den potentiellen Eindringlingen) auf der anderen. Es ist also die viel beschworene Identität, deren Herstellung zwangsläufig Akte der gewalttätigen Setzung erfordert. Es handelt sich um eine gefräßig-monströse Konstruktion, die nach Einverleibung giert. Die Zivilität ergibt sich aus einer Suche nach einem Zuhause, aus der permanenten Annäherung. Die in der *Odyssee* formulierte Idee von Freiheit ist nur in der Bewegung zu denken. Die Bewegung ist eben nicht etwa eine Abweichung von der Sesshaftigkeit, sondern Normalzustand und gleichzeitig notwendige Voraussetzung von Subjektivität.

Optimistische Mutanten

Niemand sagt, das sei nicht beschwerlich. Die *Odyssee* zeigt, dass die Freiheit und die Suche nach einem Zuhause unausweichlich zusammengehören. Insofern besteht das Ziel nicht darin, die Küsten von Ithaka zu erreichen und das Zuhause gewaltsam zu zementieren, sondern viel bescheidener darin, an einem Ort zu leben, von dem man, wie Paul Nizan es einmal ausgedrückt hat, »ohne zu erröten, ›meine Bleibe‹ sagen können will«.[39] Mitte der fünfziger Jahre kam der Künstler Takis wie viele andere in jenen Tagen auf die Idee, den White Cube, also den weiß gehaltenen Ausstellungsraum im Museum oder in der Galerie, zu verlassen und seine Kunstwerke sozusagen in der Welt zu platzieren. Doch Takis interessierte sich für mehr als nur die sichtbare Welt. Er baute Antennen, zunächst Art-brut-artige Skulpturen, später elegant disproportionierte, ständig balancierte Objekte, die sich wie Fühler nach den unsichtbaren Kräften des Universums streckten. Takis suchte nach Elektrizität, Magnetismus, Energie, dem Gemurmel des Universums.[40] »Als ich ihn traf«, erzählt die Künstlerin Liliane Lijn, seine spätere Frau, »lauschte er den Sternen. Er meinte, er höre ihre Musik und arbeite an einem Instrument, um sie einzufangen und ihren Sound hören zu können.«[41]

Heute fehlt uns solcher Optimismus, doch mir gefällt die Idee, begierig auf die Signale der Welt zu sein. Takis begreift Forschung als Leidenschaft. Das Sich-Entfremden und die Suche gehören unweigerlich zum Leben des Kollaborateurs, im negativen wie aber auch im positiven Sinne. Es kommt darauf an, dass der bloß leidende Kollaborateur eine Person wird, die in einen Zustand des gemeinsamen Schaffens eintritt, einen »Gemein-Sinn«. »Das Selbst«, sagt Cornelius Castoriadis, »ist nicht länger besetzt als Besitzer der Wahrheit, sondern als Quelle einer sich unaufhörlich erneuernden Fähigkeit zur Kreation.«[42]

Diese Art von Selbst ist im Übrigen in diesen Tagen bereits ein fester Bestandteil der populären Fantasien. Ich war erstaunt, als mein Sohn begann, die Comic-Helden meiner eigenen Jugend zu entdecken: die Fantastischen Vier, X-Men, Spiderman, Hulk oder Thor. Das hat mein eigenes Interesse noch einmal geweckt, und mittlerweile besitzen wir eine ziemlich beachtliche Bibliothek des Marvel-Universums mit Silver Surfer, Sub-Mariner, Black Panther oder Luke Cage. Was hat diese Comics über Jahrzehnte attraktiv gemacht (zumindest für kleine Jungen)? Das Personal bestand nie aus Superhelden im einfachen Sinne, die immer zur richtigen Zeit am richtigen Ort waren, um Metropolis vor dem Bösen zu retten. Vielmehr sind sie Bewohner der Parapolis, die ins Exil verschlagen wurden oder von dort zurückkehren. Oder solche, die durch Unfälle (gewöhnlich mit Substanzen und Strahlen aus den Laboren der Wissenschaft) oder durch Genveränderungen zu Kräften gekommen sind, die für sie selbst unverständlich, unbeherrschbar oder gar qualvoll sind. Die meisten dieser »Helden« müssen langwierig lernen, mit ihrer Situation und sich selbst umzugehen. Ihr Engagement für die Allgemeinheit ist nie ohne Ambivalenzen, und sie gehen auch niemals in der Gemeinschaft auf, sondern bleiben im Dazwischen.[43]

Selbst eine Figur, die im Marvel-Kontext dem klassischen Superhelden am ähnlichsten schien, der 1941 erstmals auftretende Captain America, wandelte sich angesichts der Skandale in den turbulenten siebziger Jahren wie etwa Watergate. So kommt er in einem Heft von 1974 einer faschistischen Verschwörung auf die Schliche, die bis ins Weiße Haus reicht, und wendet sich enttäuscht von seiner Nation ab. Er legt seinen Namen ab, wird ein »man without a country« und nennt sich The Nomad.[44] Einige Ausgaben später kehrt er wieder zu seinem alten Namen zurück, weil er nun das Land von seinen Repräsentanten trennen kann. Interessant bei Marvel ist die Konzeption des Subjektes: Es wird nicht von irgendwelchen identitären, inneren Anlagen ausgegangen, die entwickelt werden müssen, sondern von Besonderheiten, die den Individuen als von Beginn an sozialen und plastischen Wesen quasi zustoßen und die zum Besten der Gemeinschaft unter Kontrolle gebracht werden müssen. Die Marvel-»Helden« sind (für Jungen) als Identifikationsfolie deshalb so attraktiv, weil sie verirrte Einzelne abbilden, die schrecklich wütend werden wie »The Thing« Ben Grimm oder Bruce Banner/Hulk, die sich entfremden wie Spiderman oder die auf der Suche nach einem Zuhause sind wie der Silver Surfer.

Nach dem verheerenden Erdbeben in Haiti 2010 meinte die haitianische Schriftstellerin Yanick Lahens in einem Interview, sie baue nun auf die »Mutanten«, »die Jungen, die Frauen, die Künstler, die Diaspora, sie sind die Einzigen, die dazu fähig sind, die Lage zu ändern«.[45] Die »Mutanten« sind also unsere Hoffnung, und das Ziel ist nicht, die Wut, das Sich-Entfremden und die Suche zu beenden, sondern sie mithilfe einer »argonautischen Kultur« im Sinne des erwähnten Gedichts von Giorgos Seferis zu gestalten, einer Kultur, die nicht prosaische, ausgeglichene, »rationale« Individuen formen will, sondern »affektierte« Suchende unterstützt und die Strapazen ihrer Reise mildert. Kultur beginnt mit einem »Sich-Bilden«. »Sich bilden« hilft den Mutanten dabei, ihre Kräfte zu beherrschen, ihren Elan zu finden und einen »Gemein-Sinn« zu entwickeln.

Anmerkungen

1 Vgl. Michel Foucault, *Der Wille zum Wissen. Sexualität und Wahrheit 1*, Frankfurt a. M.: Suhrkamp 1976, S. 110f.

2 Homi Bhabha, »Editor's introduction: Minority maneuvres and unsettled negotiations«, in: *Critical Inquiry* 23 (Frühling 1997), S. 433 (alle Übersetzungen aus fremdsprachigen Publikationen sind, wenn nicht anders angegeben, Übersetzungen des Verfassers).

3 Vgl. Edouard Glissant, *Kultur und Identität: Essays*, Heidelberg: Das Wunderhorn; Nicolas Bourriuad, *Radikant*, Berlin: Merve 2009.

4 Jean-François Lyotard, »Marie in Japan«, in: ders., *Postmoderne Moralitäten*, Wien: Passagen 1998, S. 15.

5 Vgl. Jens Schneider, *Deutsch-Sein. Das Eigene, das Fremde und die Vergangenheit im Selbstbild des vereinten Deutschland*, Frankfurt a. M. und New York: Campus 2001.

6 Hazel Rosenstrauch, »Verwurzelt im Nirgendwo«, in: Henryk M. Broder und Michael R. Lang (Hg.), *Fremd im eigenen Land. Juden in der Bundesrepublik*, Frankfurt a. M.: Fischer 1979, S. 350.

7 Vgl. Adolf Portmann, *Zoologie und das neue Bild des Menschen. Biologische Fragmente zu einer Lehre vom Menschen*, Reinbek bei Hamburg: Rowohlt 1956.
8 Vgl. Gervase Mathew, *Byzantine Aesthetics*, London: John Murray 1963, S. 31ff.
9 Fotis Kontoglou, *Byzantine Sacred Art*, herausgegeben von Constantine Cavarnos, Belmont: Institute for Byzantine and Modern Greek Studies, 1985, S. 29.
10 Aris Fioretos, *Der letzte Grieche*, München: Hanser 2011, S. 13.
11 Vgl. Panayotis Bosnakis, »Nicolas Cala's poetry and the critique of Greekness«, in: *Journal of the Hellenic Diaspora*, Nr. 24.2, 1998.
12 Nicolas Calas, »Round symphony«, zit. nach ebd.
13 Ein Dank geht an Niki Eideneier für die Vermittlung des Gesprächs.
14 Nelly Andrikopoulou, *ToTtaxidi tou Mataroa 1945*, Athen: Estia 2007.
15 Vgl. Robert Farris Thompson, *Flash of the Spirit*, New York: Vintage 1984.
16 Paul Gilroy, *The Black Atlantic*, Cambridge (Mass.): Harvard University Press 1993, S. 4.
17 Georges Candilis, *Bauen ist Leben – ein Architektenreport*, Stuttgart: Karl Krämer 1978, S. 18.
18 Richard Buckminster Fuller, *Operating Manual For Spaceship Earth*, Carbondale: Southern Illinois University Press 1969.
19 Amnesty International, *Lives Adrift. Refugees and Migrants in Peril in the Central Mediterranean*, London: Amnesty International 2014, S. 7, online verfügbar unter: {http://www.amnesty.org/en/library/asset/EUR05/006/2014/en/c5180000-296c-4587-8308-56c7bfb83894/eur050062014en.pdf} (Stand Januar 2015).
20 Candilis, *Bauen ist Leben*, S. 29f.
21 Ebd., S. 40.
22 *Autobiographie et pensées de TAKIS*, Paris: Art inprogress éditions 2007, S. 17.
23 Stuart Hall, »Old and new ethnicities«, in: Anthony D. Kind (Hg.), *Culture, Globalization and the World-System*, Basingstoke: Palgrave McMillan 1991, S. 48.
24 Ebd., S. 60.
25 Tayie Selasi, »Bye-Bye Barbar«, in: *The Lip Magazine*, 03. Mai 2005, online verfügbar unter: {http://thelip.robertsharp.co.uk/?p=76} (Stand Januar 2015).

26 Vgl. Nicos Poulantzas, *Staatstheorie. Politischer Überbau, Ideologie, autoritärer Etatismus*, Hamburg: VSA 1978, S. 96ff.
27 Mimika Cranaki, *Nationalität: Philhellene*, Köln: Romiosini 1996, S. 163.
28 Dies., »Journal d'exil«, in: *Les Temps Modernes*, Nr. 58, August 1950.
29 Edward Said, *Kultur und Imperialismus. Einbildungskraft und Politik im Zeitalter der Macht*, Frankfurt a.M.: Fischer 1994, S. 295.
30 Martin Heidegger und Erhard Kästner, *Briefwechsel 1953-1974*, herausgegeben von Heinrich W. Petzet, Frankfurt a.M.: Insel 1986, S. 22.
31 Martin Heidegger, *Aufenthalte*, Frankfurt a.M.: Klostermann 1989, S. 34.
32 Ders., *Der Feldweg*, Frankfurt a.M.: Klostermann 1953, S. 7.
33 Said, *Kultur und Imperialismus*, S. 295.
34 Cranaki, *Nationalität*, S. 159.
35 François Delalande, *Il faut être constamment un immigré. Entretiens avec Xenakis*, Paris: INA-Buchet/Chastel 1997, S. 123.
36 James Joyce, *Ulysses*, Frankfurt a.M.: Suhrkamp 2006, S. 617.
37 Wissenschaftlicher Rat der Dudenredaktion (Hg.), *Duden. Deutsches Universalwörterbuch*, 3., neu bearbeitete und erweiterte Auflage, Mannheim, Leipzig, Wien und Zürich: Dudenverlag 1996, S. 1094.
38 Vgl. Theodor W. Adorno und Max Horkheimer, *Dialektik der Aufklärung*, Frankfurt a.M.: Fischer 1986, S. 50ff.
39 Paul Nizan, *Aden/Die Wachhunde*, Reinbek bei Hamburg: Rowohlt 1993, S. 40.
40 Vgl. *Takis. Monographies*. Mit Texten von Héléna und Nicolas Calas, Paris: Editions Galilée 1984; Dominique Vievielle, *Takis*, Paris: Editions du Regard 1993.
41 Zit. nach David Allen Mellor, *Liliane Lijn. Works 1959-80*, Warwick: Mead Gallery 2005, S. 20.
42 Cornelius Castoriadis, »Passion and knowledge«, in: ders., *Figures of the Thinkable*, S. 274, online verfügbar unter: {http://www.notbored.org/FTPK.pdf} (Stand Januar 2015).
43 Vgl. Bradford W. Wright, *Comic Book Nation. The Transformation of Youth Culture in America*, Baltimore und London: The Johns Hopkins University Press 2001, S. 201ff.
44 Vgl. Captain America 180 (Dezember 1974), in: *Essential Captain America*, Bd. 4 (157-186), New York: Marvel 2010.
45 Francis Dordor, »Haïti, le temps des mutants«, in: *Les Inrockuptibles*,

16. Januar 2013, online verfügbar unter: {http://www.lesinrocks.com/2013/01/22/musique/haiti-le-temps-des-mutants-11343007/} (Stand Januar 2015).

3. Sich bilden

1987 war die Universität zu Köln ein Albtraum. Eigentlich wollte ich im Wintersemester des Vorjahres mit dem Psychologiestudium beginnen, doch das kollidierte mit dem Ende des damals noch zwanzig Monate dauernden Zivildienstes. Verhandlungen über das Nacharbeiten der wenigen Wochen in den Semesterferien waren an den versteinerten Gesichtern komplett empathiefreier Beamter gescheitert. Um die Zeit bis zum nächsten Oktober nicht nur mit Warten zu verbringen, schrieb ich mich für Philosophie und Germanistik ein und belegte ein paar Kurse.

Mit einiger Aufregung und vor allem dem naivsten nur denkbaren Interesse betrat ich das architektonisch ambitionierte, aber damals ziemlich heruntergekommene Philosophikum, um in teilweise fensterlosen Räumen seltsame Dinge zu erleben. Die Seminare waren völlig überfüllt mit Leuten, bei denen man weder großes Interesse noch besondere Motivation feststellen konnte. Die Räume waren panoptisch aufgebaut, wie im 19. Jahrhundert. Die Dozenten standen vorn, sprachen und bewerteten. Bei den Lehrenden konnte man zwei Gruppen unterscheiden: konservative ältere Herren in Anzügen und »progressive« jüngere Herren im formlosen Öko-Stil der späten achtziger Jahre. Frauen gab es nur wenige. Diese Herren schienen sich so wenig Mühe wie möglich zu geben, der Studentenmasse irgendetwas beizubringen. Einige ratterten die Vorlesung herunter wie Automaten, andere nuschelten vor sich hin, als sprächen sie zu sich selbst. Die »Masse« schien bloßes Ornament zu sein. Aber nicht nur der berühmte Wissenstransfer blieb auf der Strecke, es wurde auch nichts von der Welt vermittelt. Ich saß in den Vorlesungen und

Seminaren und versuchte herauszufinden, was das alles mit mir, meinen Interessen und Problemen und mit denen meiner Zeit zu tun hatte.

Nun sind das alte Fragen von Lernenden, zumal von Jugendlichen, die sie gerne in einem berüchtigt nölenden Tonfall vortragen: »Warum muss ich das lernen, was bringt mir das?« Diese Fragen sind jedoch jederzeit vollkommen berechtigt und sollten unentwegt implizit und explizit von den professionell Lehrenden beantwortet werden oder zumindest beantwortet werden können. Doch seinerzeit standen sie nicht einmal im Raum. Ich hatte den Eindruck, es gebe eine Art Recht der Dozenten auf ihre Interessen, die dann eben auch nicht weiter legitimiert werden mussten. Immer wenn heute vom neoliberalen Ausverkauf der Universität die Rede ist, muss ich an diese Zeit denken, denn so sah die freie Selbststeuerung der wissenschaftlichen Gemeinschaft damals aus: eine Art verbeamtete Selbstverwirklichung für zumeist mittelmäßige Typen, die nicht das geringste Interesse an den Studierenden zeigten. Im Gegenteil, eine Reihe von Professoren, die nach 1968 durch kollektive Bemühungen zu ihren Posten gekommen waren, blickte auf die Studenten herab, denn diese galten als desinteressiert und unpolitisch, und so widmeten sich jene Professoren mit der geballten Kraft ihres Narzissmus etwa dem Wehklagen darüber, wie so brillante Soziologen wie sie selbst am Ende auf kleinen Stellen in der Pädagogik landen konnten.

Ich hatte meinen Zivildienst in einer Werkstatt für »geistig Behinderte« absolviert und Unmengen ganz praktischer Lernerfahrungen gemacht, mit der Verfügungsgewalt des Staats über zwanzig Monate meines Lebens, dem System der »Behindertenbetreuung« in Deutschland, mit verblödeten Vorgesetzten. Ich hatte unzählige Leute getroffen, behinderte und nicht behinderte. Einige dieser Begegnungen waren nett, rührend oder intellektuell anregend gewesen, andere unerträglich, gewalttätig, traurig. Obwohl ich das Ende des Zivildiensts kaum erwarten konnte, bin ich mit einer Vielheit von Erfahrungen gegangen. Und dann kam das Studium. Nach einer Woche fühlte ich mich schlecht, nach zwei Wochen blieb ich einfach im Bett, als der Wecker klingelte. Und trauerte, ernsthaft. Literatur, Philosophie und Wissenschaft waren für mich immer eine Gegenwelt zu den Einschnürungen gewesen, die meine überfürsorglichen Eltern und eine industriell geprägte Kleinstadt im Rheinland mir auferlegt hatten. Zudem herrschte dort damals eine proletarische Atmosphäre der Intellektuellenverachtung; ich hatte Jahre damit verbracht, meine Interessen durchzusetzen, zu beweisen, dass ich »cool« sein und dennoch mit einem Buch unterm Arm herumlaufen konnte. Die Universität hatte ich mir in voller Naivität als eine Oase des intellektuellen Austauschs vorgestellt, und dann fand ich diesen Ort voller Zombies. Daraufhin nutzte ich die Zeit, um meine Aktivitäten ins Nachtleben zu verlagern und die Kölner Subkulturen besser kennenzulernen. Bis es dann im Wintersemester mit Psychologie losging – und ich Erfahrungen machte, die sich wenig von den geschilderten unterschieden. Also tat ich das, was ich schon in der Schule getan hatte: die Zeit absitzen und für die Klausuren lernen. Als ich Schüler war, gab es dort zumindest einen garantierten Sitzplatz, in den Uniräumen mussten die Studierenden hingegen oft mit Fensterbänken oder dem Boden vorliebnehmen.

Ende der achtziger Jahre wurde an den Universitäten gestreikt, was mir die ersten positiven Erlebnisse bescherte. Die damalige nordrheinwestfälische Ministerin für Wissenschaft und Forschung Anke Brunn hatte einige Reformen vorgeschlagen, die sich aus der Sicht der Studentenschaft in etwa so lasen: Die Hochschule sollte eine Art technisch-praktisch-berufsorientierter Vorbau der Unternehmen werden. Nicht einmal für die Studierenden der mathematisch-naturwissenschaftlichen Fakultät klang das vielversprechend, auch sie beteiligten sich massiv am Streik. Für die Geisteswissenschaftler warfen die Vorschläge existentielle Fragen auf: Wer braucht schon Philosophie im Beruf? Absurderweise hatte niemand etwas gegen mehr Praxis und Berufsorientierung einzuwenden. Die Magister- und Diplomstudiengänge waren auf ein seltsam weltfremdes Ideal von Wissenschaft ausgerichtet. Im berühmten Elfenbeinturm kamen die späteren Berufe nicht einmal als ferner Horizont vor. Doch die Vorstöße der Wissenschaftsministerin wurden als bürokratisch-hölzerner Versuch des Ausverkaufs verstanden, nicht als gut gemeinte Verbesserungen.

Plötzlich wurde überall gestreikt, immer mehr Studenten und Fachbereiche schlossen sich an. Der genaue Inhalt der Brunn-Beschlüsse blieb zwar unklar, aber sie waren das Movens für die Empörung über die Lage an den Universitäten. In Köln wurde das Psychologische Institut besetzt, die erste Institutsbesetzung »seit 1968«. Sie dauerte nur zwei Tage. Dennoch handelte es sich um eine bedeutende Erfahrung. Kaum waren die Eingangstüren verrammelt, eigneten wir uns das Gebäude an. Und da es uns gehörte, sah es ganz anders aus, neu. Die emsige organisatorische Betriebsamkeit des Tags mündete in der Nacht in eine Party, um den Freiraum zu zelebrieren. Man fühlte sich wohl, umarmte Leute ohne Grund. Die Nacht vermittelte einem den Eindruck, nicht vergeblich an die Uni gekommen zu sein, sich nicht umsonst im Psychologischen Institut aufzuhalten. Wir wollten ja etwas lernen, wir waren motiviert. Am nächsten Tag rückten die Mitarbeiter des Instituts an und fanden die Tür verschlossen. Am Vormittag war ich »Türsteher«, und es war ein großartiges Gefühl. All die kommandogewohnten älteren Herren verlangten Einlass, schrien, drohten und fuchtelten mit den Händen – und mussten draußen bleiben. Auf einmal wirkten sie sehr nahe und zumeist recht erbärmlich. Wir hatten den Schlüssel und die Kontrolle.

So schnell, wie es zu der Besetzung kam, so schnell war sie auch zu Ende. Es gab eine durchaus professionelle Arbeit im Hinblick auf die Medien. Viele der spontanen Teilnehmer waren zufrieden, dass die Botschaft sozusagen im Bild war, im Fernsehen. In anderen Städten, besonders in Berlin, dauerten die Besetzungen teilweise monatelang. Lernorte wurden umbenannt: Das Institut für Technischen Umweltschutz hieß nun Chico-Mendes-Institut, nach einem ermordeten brasilianischen Gewerkschaftler und Umweltaktivisten. Überall schossen autonome Seminare aus dem Boden. Die Maxime lautete: »Wir sind selbst schlau«. Das Selbstlernen zu organisieren war dabei weniger schwierig als gedacht. Die meisten Studierenden hatten für ihre Referate und Hausarbeiten ohnehin allein oder mit anderen recherchiert – von den Dozenten gab es selten Hilfe. In den Seminaren ging es auch darum, die traditionelle Wissenschaft und ihre verknöcherten »Objektivitäts«-Ansprüche zu hinterfragen. Neue Forschungsansätze wie etwa feministische Herangehensweisen wurden ausprobiert. Zudem wollten die Studierenden mehr Interdisziplinarität, einen echten Wissensaustausch über die Fachrichtungen hinaus. Im Universitätsalltag verteidigte jeder bloß seinen Kleingarten.

Was sich im Rahmen des Streiks änderte, war vor allem die Atmosphäre. Wir organisierten eine Übung in Kollaboration. Felicitas Kraus und Martin Wildermuth zitieren in ihrem Buch über die Proteste ein Berliner Flugblatt mit den Worten: »Wir haben nie so viel gelernt«. Und schicken hinterher: »Die Boykotts und Besetzungen befreiten zunächst einmal die Akteure selbst – von dem lähmenden Gefühl, zwischen Lernschwierigkeiten, Kontaktarmut und immer geringerem Erklärungswert des Gelernten der großen Maschine Uni ausgeliefert zu sein.«[1] Der Regelbruch machte eine Aneignung möglich und ließ aufblitzen, welche Formen des gemeinsamen Lernens möglich waren. Die neuralgischen Punkte des Streiks wirken aktuell: Wie sollte Lernen organisiert sein, wie das Lehrpersonal beschaffen sein, welches Wissen ist eigentlich relevant, welche Herangehensweisen benötigt eine lebendige Wissenschaft?

Die angeblich so unpolitischen Studierenden erneuerten ihre Beschwerden im Rhythmus von ungefähr zehn Jahren: 1997 mit dem Lucky Streik und 2009 mit dem Bildungsstreik (an dem sich auch Schüler beteiligten). Diese Proteste flammten schnell auf und ebbten ebenso schnell wieder ab, der Streik von 2009 war ohnehin auf eine Woche beschränkt. Dabei war die renitente Menge äußert heterogen, besaß also keine Identität, und die Forderungen erschienen oft entsprechend diffus. Die enormen kollaborativen Organisationsleistungen konnten nicht in dauerhafte Strukturen übergehen. Denn letztlich hatten weder die Universitätsverwaltungen noch die politische Bürokratie ein Interesse daran, die Aktivität der Studierenden aufzunehmen. Ende der neunziger Jahre startete der Bologna-Prozess, einige Jahre später folgten die Exzellenzinitiativen, die keines der aufgeworfenen Probleme auch nur aufgriffen. Im Gegenteil, diese Veränderungen sorgten für neue Unzufriedenheit: Der Streik in 2009 wandte sich gegen die zunehmende Verschulung in den Bachelor/Master-Studiengängen und die Folgen des verschärften Wettbewerbs um Exzellenz.

Immerhin änderte sich infolge der Streiks die Rhetorik der Universitäten. In ihren Zukunftskonzepten, die zugleich Bewerbungen um die Exzellenzgelder sind, geben die Einrichtungen fast durchweg an, eine neue »Lehr- und Lernkultur« etablieren zu wollen. »Dieses neue Verständnis«, schreibt etwa die Technische Universität Berlin, »stellt den Lernprozess der Studierenden ins Zentrum: Lehrende unterstützen und begleiten den Lernprozess durch eine Vielfalt von Angeboten. Lehrende und Lernende verstehen sich als Partner in diesem Prozess.«[2] Allerdings soll die anvisierte Partnerschaft an der TU nur in einem Sonderprogramm realisiert werden, in dessen Rahmen Projektgelder für Tutorien, Praktika und die didaktische Weiterbildung von Lehrenden bereitgestellt werden. Ein umfassender Plan, um die Ideen in der Organisationskultur der Universität zu implementieren, fehlt. Die Berliner Humboldt-Universität, die den Titel »Exzellenz«-Uni führen darf, spricht in ihrem Konzept vom »persönlichkeitsbildenden Potential der Wissenschaft«[3] und hat unter dem fast revolutionär klingenden Motto »Freiräume schaffen« das Programm HU-Q ins Leben gerufen: »Q steht für das Stellen eigener Fragen (*question*) und Anzweifeln scheinbarer Selbstverständlichkeiten (*query*), für die Suche nach eigenen Lösungen (*quest*) und den Erwerb neuen Wissens bzw. zusätzlicher Kompetenzen (*qualification*).«[4]

Die Studierenden können sich auch um ein sogenanntes Q-Tutorium bewerben. So können im bologna.lab studentisch initiierte und konzipierte Veranstaltungen stattfinden, in denen im Idealfall interdisziplinär und kollaborativ gearbeitet werden soll. Die Angebote zum Sommersemester 2014 umfassen Kurse über »Green Research Certificates«, Partizipation in der Stadtentwicklung, Männlichkeit in Sitcoms, Gesellschaftsspiele oder die Flüchtlingsproteste in Berlin – höchst interessante und sehr lebensnahe Themen, die offenbar im Alltag der Universität keinen Platz finden. Der Bewerbungsprozess hat allerdings weder etwas mit den großen Qs noch mit Kollaboration zu tun. Die Studierenden benötigen ein Gutachten eines legitimierten Vertreters der Universität, und über die Zulassung entscheiden Gremien der Universitätsbürokratie, deren Rolle nicht weiter erläutert wird. Zudem kommt den Kursen nur eingeschränkte Bedeutung zu – sie gelten als »zusätzliche Angebote [...] und ersetzen keine bestehende Lehrveranstaltung eines regulären Studiengangs«.[5]

Hier kommen unter dem Deckmantel einer kollaborativen Rhetorik ganz traditionelle Hierarchien zum Vorschein. Wer Freiräume gewähren will, der muss Kontrolle abgeben, ansonsten wird Freiheit nur simuliert. Die Frage ist, welche Rolle *quest* und *query* in der realen »Lernkultur« an der Universität spielen. Vor Kurzem hatte ich anlässlich eines Vortrags die Gelegenheit, noch einmal das Psychologische Institut in Köln zu besuchen. Niemand würde behaupten, die Universität habe sich nicht räumlich in vielerlei Hinsicht zum Positiven verändert, aber der für meine Veranstaltung vorgesehene »Hörsaal« sah noch genauso aus wie vor zwanzig Jahren. Es ist unbegreiflich, wie in einem Raum, der nach Vorstellungen aus dem 19. Jahrhundert entworfen wurde, heute noch sinnvoll gelernt werden soll. Hat Lernen nicht per se etwas mit Bewegung zu tun? Wie kann man also in einem Raum lernen, der einen in normierte Klappstühle quetscht mit determinierter Blickrichtung nach »vorn«, zur Stimme der Autorität?

Als ich noch studierte, schien die Distanz zu der Person

hinter dem Pult unendlich zu sein. Die Entfernung spiegelte sich auch im Lehrstoff wider, der extrem abstrakt wirkte, vorgelesen, weit, weit entfernt von den Realitäten und der Vielheit des Lebens. Ich erinnere mich, wie ich ständig versucht habe, den präsentierten Stoff in Alltagssituationen zu übertragen. Am Ende habe ich auch nur das wirklich verstanden und behalten, was sich auf etwas selbst Erlebtes beziehen ließ. Nun ist die akademische Psychologie noch heute erstaunlich alltagsfern. Sie ist so verstrickt in ihre Hypothesen mittlerer Reichweite; sie hat gar kein Bedürfnis, die Individuen am Gespräch über ihr eigenes Verhalten und Erleben zu beteiligen. Der Erfolg der Psychoanalyse wiederum verdankte sich ihrer Alltagstauglichkeit, der Möglichkeit für Personen, sich selbst zu unbewussten Wünschen, Ich-Idealen und Schuldgefühlen in Relation zu setzen. Vielleicht liegt darin der Grund, warum sie im Studium der Psychologie weiterhin keine Rolle spielt. Auch heute wird nicht konsequent vermittelt, wie sich der Studienstoff eigentlich zusammensetzt und in welchem Verhältnis er zum Verhalten und Erleben der Studierenden steht.

Realistisch betrachtet sind die Universitäten in Sachen neuer Lernkultur nicht sehr weit gekommen – weder was die Partnerschaft zwischen Lehrenden und Lernenden noch was die Übersetzung von Wissenschaft in die alltägliche Erfahrungsebene betrifft. Warum ist das so? Hier geht es sozusagen ans Eingemachte der Einrichtung. Jede Lerneinrichtung besitzt eine implizite Anthropologie, Ideen von der Zusammensetzung und Organisation des Wissens, von den lehrenden und lernenden Subjekten und vom pädagogischen Verhältnis zwischen ihnen. Eine schier unüberschaubare Menge pädagogischer Theorien versucht diese Vorstellungen zu beschreiben und zu erklären – nur wird sie im Alltag des Lernbetriebs nicht umgesetzt. Zugleich ist keine empirische Untersuchung bekannt, in der die Folk Pedagogy des deutschen Lehrbetriebs erfasst wird.[6] In den letzten Jahren ist viel von der »unternehmerischen Universität« die Rede gewesen, deren einziges Ziel es sei, im Dienste der Wirtschaft zu forschen und Studierende »fit« zu machen für den Wettbewerb. Doch in der Realität läuft das anders: Wissensthemen entstehen durch politische Vorgaben, mediale Erzählungen, die Notwendigkeit, Drittmittel einzuwerben, den Druck eines bestimmten Milieus, aber auch individuelle Durchsetzungskraft. Das Bild vom Lernenden setzt sich auch aus allerlei Versatzstücken zusammen. Sie sind darin je nachdem bloße Zahl, zu erleuchtende und zu emanzipierende junge Leute, unpolitische Nervensägen, unmotivierte Trottel, talentierte oder weniger talentierte Konkurrenten oder zukünftige Leistungsträger. Welche Persönlichkeiten sollen also wie gebildet werden? Aus diesen

Unklarheiten lässt sich keine neue Lernkultur begründen. Es gibt nicht einmal eine Grundlage für eine sinnvolle Organisationsentwicklung.

Was sich in den Veränderungen im Universitätsbetrieb derzeit zeigt, ist wiederum das Prinzip der Überplanung. Traditionell war die deutsche Universität auf eine nahezu feudale Weise auf die Person des Professors zugeschnitten, dessen Position einen Widerspruch beinhaltete: Einerseits war er buchstäblich Staatsdiener, andererseits genoss er Forschungsfreiheit. Durch den Bologna-Prozess wurden unternehmerische Elemente eingebaut, ohne die feudale Seite entsprechend zu beschneiden. Diese Überplanung führt zu einer infernalischen Mixtur. Die Qualität der Lehre, die Ausrichtung der Forschung und die Auswahl der Forschenden und Lehrenden, all das bleibt hochgradig abhängig vom Professor, seinem Umfeld, seinen Vorlieben und seinem Engagement. Darüber hinaus ist diese Position weiterhin die einzige langfristige Beschäftigungsmöglichkeit an der Uni. Im Gegensatz zu vielen anderen Ländern sind Dozentenstellen im sogenannten Mittelbau befristet. Wer nach etwa einem Jahrzehnt den Sprung zum Professor nicht geschafft hat, muss gehen. So rangelt das Lehrpersonal ständig um eine zudem geringer werdende Anzahl von Posten. Das erfordert vor allem Anpassung, wodurch Themen und Personal homogenisiert werden. Es ist bekannt, dass Frauen aus dieser zeitfressenden »Ochsentour« häufiger aussteigen, zumeist ganz einfach deshalb, weil sich ihnen der Sinn dieses Zirkus nicht erschließt.

Wie kommen also Themen und Personal an die deutsche Universität? Nach welchen Kriterien werden Personalentscheidungen getroffen? Ich halte es für aussagekräftig, dass der derzeit berühmteste deutsche Philosoph, Peter Sloterdijk, keineswegs an einer renommierten Abteilung für Philosophie lehrt, sondern an einer Kunsthochschule. Dasselbe gilt für den bekanntesten deutschen Forscher im Bereich Popmusik, Diedrich Diederichsen: Er forscht und unterrichtet an der Kunstakademie in Wien. Ich will den Wert von Kunsthochschulen damit keineswegs schmälern: Hier ist die Differenz erlaubt, mit der die Universität sich offenbar schwertut. Ein namhafter deutscher Menschenrechtsphilosoph hat mir einmal erzählt, wie er zunächst zur Habilitation aufgefordert und dann zum Objekt eines fakultätsinternen Machtkampfs wurde. Schließlich lehnte man seine Habilitation ab – bei den Gutachten, so meinte er, habe es sich um Hate Speech gehandelt.

Über das Scheitern spricht selbstverständlich niemand gern, die meisten machen ohnehin nur sich selbst verantwortlich. Nach meiner Erfahrung aber werden Personalentscheidungen im Hochschulbereich oftmals nicht nach Leistung getroffen, sondern nach »Stallgeruch« und Passung. In Deutschland kann es passieren, dass jemand »zu gut« ist. Wenn selbstbewusstes Auftreten, intellektuelle Brillanz oder auch die Beliebtheit bei den Studierenden das herrschende Niveau der Mittelmäßigkeit bedrohen, dann blockiert der Betrieb. Das hat Tradition: Der akademische Apparat hat auch Leute wie Walter Benjamin zum Rückzug des Habilitationsgesuchs gezwungen. Ich behaupte nicht, dass sich keine guten Leute an den Unis finden, doch die meisten haben bis zu einer Anstellung enorme Hürden überwinden müssen. Ansonsten gilt, was ein Freund mit beendeter Unikarriere meinte, als ich ihm das Manuskript meines Buchs zum Lesen gab: Die Langweiler setzen sich überzufällig oft durch.

Meine persönlichen Erlebnisse waren entsprechend. Nach meinem Studium wollte ich eigentlich gleich promovieren, die Promotion ist ja die Grundvoraussetzung für Forschung und Lehre. Nun hatte ich das Psychologiestudium unterbrochen, wurde Redakteur bei einer Musikzeitschrift und schrieb danach ein Buch über die Neue Rechte in Deutschland. Als ich mich später um ein Promotionsstipendium bewarb, hatte ich noch zwei weitere Bücher herausgegeben, und meine erweiterte Diplomarbeit befand sich unter dem Titel *Psychologie des Rassismus* im Druck. Naiverweise ging ich angesichts meiner Publikationsliste davon aus, ich würde für eine empirische Doktorarbeit über Rassismus ziemlich sicher Unterstützung erhalten. Doch es kam anders: Ich wurde abgelehnt, insgesamt sechsmal. In den Geisteswissenschaften hatte die Stipendienvergabe in den späten neunziger Jahren kaum etwas mit überprüfbaren Leistungskriterien im wissenschaftlichen Bereich zu tun: Noten etwa schienen gar nichts zu zählen, Publikationen waren schon nahezu verdächtig. Und obwohl zu diesem Zeitpunkt viel über »Bastel-Biographien« gesprochen wurde, war es im Hinblick auf die Universität auf jeden Fall besser, keine Brüche erkennen zu lassen.

Nach meiner Erfahrung erwies sich als Maßstab eine Mischung aus Beziehungen, dem richtigen Hintergrund und dem Diktat des bereits legitimierten Wissens, nicht etwa des Neuen. Zunächst war es entscheidend, wie gut der sogenannte Doktorvater vernetzt war – Doktoranden galten als Aushängeschilder ihrer jeweiligen »Eltern« und wurden oftmals entsprechend eingestuft. Diese Vorgehensweise brachte Vorteile für jene Personen, die sich in der selbstähnlichen Entourage von Professoren »hochdienten«, und verhinderte strukturell die Entfaltung von Differenz. Als weiteres Problem kam hinzu, dass der größte Teil der Stipendien in Deutschland von den großen Korporationen vergeben wurde. Noch heute überweist der Staat die Gelder den Parteien, Gewerkschaften und Kirchen, und die verteilen sie weiter. Das mag in den fünfziger Jahren einmal repräsentativ gewesen sein, doch heute, da die Milieus weniger Bindekraft besitzen, ergibt sich eine erhebliche Schieflage. Sicher bemühen sich die Stiftungen zurzeit um mehr Gerechtigkeit, doch als ich mich bewarb, ging es ganz unverhohlen um die »Passung« des Lebenslaufs mit dem betreffenden Milieu.

Allerdings wollte mein Lebenslauf einfach in kein Schema passen. Zwar ist meine Mutter gelernte Hutmacherin, aber sie ist nach dem Zweiten Weltkrieg durch eine Vernunftehe zur Besitzerin eines Geschäfts für Meterware geworden. Mein Vater stammt aus einer keineswegs wohlhabenden Familie, doch er kam nicht als »Gastarbeiter«, sondern als Student nach Deutschland. Schichtzugehörigkeit, religiöse und politische Orientierung – keine Schublade, nirgends. Und daher auch kein Stipendium. Die eigenen Errungenschaften schienen keine Rolle zu spielen. Von der Stiftung einer ehedem alternativen Partei wurde mir aus der Jurysitzung das unglaubliche Argument kolportiert, man habe mich abgelehnt, weil ich die Arbeit selbst finanzieren könne, da ich ja bereits viel publiziert hätte und daher quasi »berühmt« sei. Abgesehen davon, dass diese Begründung eine erstaunliche Unwissenheit über die finanzielle Situation von Autoren offenbarte, setzte sie für mich alle Maßstäbe außer Kraft. Die Voraussetzung für den Erfolg meiner Bewerbung wäre also gewesen, keine Eigeninitiative und Leistungsbereitschaft zu zeigen.

Selbstverständlich spielte auch das Thema eine Rolle. Trotz der pogromähnlichen Stimmung in den neunziger Jahren wurde über Rassismus nicht gesprochen. Der Begriff löste Abwehr aus. Man hielt sich an verharmlosende und falsche Bezeichnungen wie »Ausländerfeindlichkeit« oder »Fremdenfeindlichkeit«. Ich musste von der Psychologie in die Pädagogik wechseln, um überhaupt einen »Betreuer« zu finden. Im Entscheidungsgremium einer gewerkschaftsnahen Stiftung, so wurde mir wiederum zugetragen, saß ein Professor für Psychologie, der große Zweifel an nicht quantifizierbaren Ergebnissen hatte und in Bezug auf mein Exposé in etwa so argumentierte: Wenn ein »Ausländer« mit anderen »Ausländern« qualitative Interviews über Rassismus führt – was soll dabei herauskommen? Nun gab es andere Stimmen in jenem Gremium, und in einem Schreiben wurde mir mitgeteilt, ich könne einen geänderten Antrag noch einmal vorlegen. Neben einem nicht weiter begründeten Hinweis auf meine angeblich »unklaren« Methoden wurde – ohne weitere Erläuterung – als zweiter Kritikpunkt aufgeführt, dass ich den Namen von Wilhelm Heitmeyer nicht erwähnte. Heitmeyers Ansatz hatte mit meinem allerdings nicht das Geringste zu tun. Aber bei einem angstbesetzten Thema greift der Mechanismus der Legitimation durch den »großen Namen«. So wird Eigenständigkeit verhindert, die doch das Charakteristikum einer Dissertation sein soll.

Meine Erfahrungen betreffen den geisteswissenschaftlichen Bereich, und man könnte einwenden, dass sie auch schon einige Zeit zurückliegen. Manche Stiftungen haben inzwischen begonnen, sich stärker an der Vielfalt der Gesellschaft zu orientieren. Doch die vielen Gespräche, die ich in den vergangenen Jahren mit Leuten im und rund um den Universitätsbetrieb geführt habe, zeigen keine grundsätzliche Veränderung. Ich bin kein Gegner des Wettbewerbs, doch die bestehende Konstruktion fördert nur ein von Angst beherrschtes Gerangel um sichere Positionen. Das Individuum muss »passen«, zur allgemeinen Themenwahl, zu den im Übrigen zumeist impliziten Anforderungen, die erfüllt werden müssen, um Mittel aus den Fördertöpfen zu bekommen, zum Niveau der bereits anwesenden Belegschaft. Transparenz gibt es kaum.

Zweifellos tendieren Organisationen zu einer gewissen Resistenz gegenüber Veränderungen: »Wir machen es so, wie wir es immer gemacht haben.« Die Frage ist, ob diese Resistenz durch Maßnahmen reflektiert und gemildert wird, damit sich etwas ändert und neue Wege beschritten werden können. In diesem Sinne wäre es wichtig, die Vorstellungen von Lehrenden und Lernenden genau zu eruieren, damit die realen Abläufe mehr individuelle Differenz ermöglichen. Auch in den USA weisen die Universitäten wie alle Institutionen eine natürliche Trägheit auf, doch Leistung, Risikobereitschaft und Vielfalt werden dort positiver bewertet. Der Google-Chef Eric Schmidt und der ehemalige führende Produktmanager des Unternehmens Jonathan Rosenberg haben in ihrem Buch *How Google Works* beschrieben, wie sich die Firma gleich in ihrer Anfangszeit an den Rekrutierungsverfahren der US-Universitäten orientierte, weil sie in deren peerbasierter Auswahl eine hohe Effizienz erkannten.[7] Ich glaube kaum, dass die Vorstände von DAX-30-Unternehmen die deutschen Universitäten in dieser Hinsicht als Vorbild nennen würden.

»Die Hochschulen dienen der Pflege und Entwicklung von Wissenschaft und Kunst durch Forschung, Lehre und Studium und der Vorbereitung auf berufliche Tätigkeiten«, sagt etwa das Berliner Hochschulgesetz über die Aufgaben der Universitäten.[8] Das Lernen lebt von der Akquise des Neuen, der

Beruf vom Können. Forschung aber lebt von der Suche und funktioniert nur über Differenz und Kollaboration. In einem interessanten Buch hat Steven Johnson dargelegt, wie im Alltag der (zumeist naturwissenschaftlichen) Forschung »gute Ideen« produziert werden.[9] Nicht der Wettbewerb zwischen Individuen oder Organisationen lässt Neues entstehen, sondern deren Offenheit und Anschlussfähigkeit. Ethnographische Forschungen über wissenschaftliches Arbeiten haben gezeigt, wie unsinnig die Vorstellung vom einsamen und genialen Forscher ist: Die »Durchbrüche« werden erzielt, wenn Wissenschaftler sich treffen, ihre jeweils eigenen Erfahrungen einbringen und gemeinsam ihre Ergebnisse besprechen. »Genialität« ist also etwas, das in einer Gruppe von Menschen entsteht, die sich um einen Tisch versammeln.[10] Aber es geht Johnson nicht darum, das schöpferische Netzwerk zu verklären. Nicht die Netzwerke sind »smart«, sondern die Individuen sind es, und zwar wegen ihrer Einbettung in Netzwerke.[11]

Viel früher schon hatte die Soziologin Karin Knorr-Cetina darüber berichtet, wie chaotisch der Forschungsprozess in den Naturwissenschaften aussieht.[12] Ein Blick auf Physiker bei der Arbeit offenbarte, wie wenig diese sich im Arbeitsalltag um wissenschaftstheoretische Prinzipien scherten. Ihre Forschungen waren eher von einer Art zielgerichteter Unordentlichkeit und von Kollaboration bestimmt. Die Hochschulen bzw. der gesamte Bildungsbetrieb könnte sich stärker an den Abläufen guter Forschung orientieren. Die Lehre muss mehr Chaos akzeptieren, mehr Unterschiedlichkeit bzw. Widerspenstigkeit fördern und mehr kollaborative Praktiken anregen. Sie darf keine Angst vor der Vielheit haben.

Der Wunsch nach Homogenität ist im gesamten deutschen Bildungsbereich tief verankert. Auch im internationalen Vergleich bevorzugt das deutsche Schulsystem traditionell leistungshomogene Lerngruppen – das haben Studien wie PISA ebenso gezeigt wie Einzeluntersuchungen zu den Auffassungen des Lehrpersonals zu Heterogenität.[13] Angesichts der Vielheit der Parapolis wirkt sich diese Ausrichtung zunehmend negativ aus. Ausgangspunkt für das Lernen sollten jene Individuen sein, die ich in den ersten beiden Kapiteln charakterisiert habe: von Gerechtigkeit affiziert und auf der Suche nach einem Zuhause. Wer heute lehren möchte, kann nicht länger von Homogenität träumen, von nichtexzentrischen jungen Menschen mit den »richtigen« Voraussetzungen, wie auch immer man diese definieren mag. Das Fundament sollten unsichere, bindungsbedürftige, verkrampfte Einzelne mit dem Wunsch nach Haltung sein, schräge Gestalten mit abseitigen Interessen, stets Respektlosigkeit witternde Schmuddelkinder mit der falschen Herkunft. Wer sich heute für die Lehre entscheidet, macht sich auf die Suche nach Schwierigkeiten. Er sitzt mit den Lernenden in einem Boot, und ihre Reise ist eine Form der Kollaboration, die beide Parteien verändert.

Bislang stehen im Bildungsbereich fast immer die Lernenden im Fokus, ihre Defizite, ihre Probleme, ihre Bedürfnisse. Dabei müssen Lehrende und Lernende stets zugleich betrachtet werden. Zweifellos ist das Lehren im Vergleich zu früher schwieriger geworden. Alles hat sich vervielfältigt: die Wissensbestände, die Methoden, die Anzahl der Lernenden etc. Vor allem gibt es so etwas wie eine nicht durchgearbeitete, mentale Krise der Autorität. Im Erziehungs- und im Lernbereich existiert immer Autorität, eine durch die Position de-

finierte Weisungsbefugnis. Eine gewisse Hierarchie lässt sich aus dem pädagogischen Verhältnis nicht entfernen; die institutionell Lehrenden besitzen immer eine »vermittelnde Autorität«. Allerdings beinhaltet diese einen Widerspruch: Die Lehrenden müssen eine Weisungsmacht ausüben, aber mit dem Ziel, bei den Lernenden möglichst viel Freiheit und Autonomie zu produzieren. Diesen Widerspruch in einem Lernbetrieb auszuhalten, gar zu entfalten, ist tatsächlich so etwas wie eine tagtäglich angewandte Kunst.[14] Was muss eine Person können, um diese Kunst zu meistern? Mittlerweile wird die »Kompetenz« der Lehrenden erforscht, etwa ihre Expertise, ihre fachspezifischen und pädagogischen Wissensbestände und ihre Flexibilität im Umgang mit Abläufen oder Störungen.[15]

Die empirischen Untersuchungen über Kompetenzen und Professionalität lösen aber nicht das grundsätzliche Problem, wie Autorität begründet wird. Derzeit finden konservative Konzepte und herkömmliche Vorgehensweisen wieder Anklang. Bernhard Bueb, der ehemalige Leiter des Internats Salem, hat in seinem Bestseller *Lob der Disziplin* von 2006 versucht, die Autorität, »das Machtgefälle zwischen Eltern, Erziehern und Lehrern zu Kindern ohne Vorbehalte«, zu rehabilitieren. Bueb fordert die Anerkennung von »legitimer Macht als Autorität [...], die Macht Gottes, die Macht des Staates und des Erziehungsberechtigten«.[16] Nach Buebs eigenen Beobachtungen wollen Schüler heute die Autorität nur dann akzeptieren, wenn sie »authentisch« ist, sich auf Kompetenz, Ausstrahlung und moralische Integrität gründet. Dagegen fordert er »Gehorsam« auch für Lehrer ohne Charisma, die »durch ihre Persönlichkeit den Anspruch der Autorität nicht einlösen können«.[17]

In einer Umfrage der Vodafone Stiftung gaben viele Lehrer, Eltern und Schüler an, Veränderungen im Bildungssystem stünden sie skeptisch gegenüber: Lehrer sollten den Stoff weiter frontal »vermitteln«. Die Heterogenität der Lernenden, eine zu große Selbstständigkeit bei der Wissensaneignung sowie Inklusion werden als leistungsmindernd betrachtet. Sogar »sitzenbleiben« gilt immer noch als sinnvoll.[18] Nun ist das Hergebrachte in Zeiten des Wandels immer verlockend. Allerdings zeigten sich die in der Vodafone-Studie Befragten auch deswegen skeptisch, weil sie eine Kluft zwischen den politischen Weichenstellungen in der Bildungspolitik (etwa bezüglich Inklusion) und den Mitteln, die den betreffenden Einrichtungen zur Verfügung gestellt werden, zu beobachten meinten. Ihre Ablehnung war also nicht grundsätzlicher Art, sondern rührte daher, dass ihnen die Reformen inkonsequent erschienen. Reformen könnten Probleme verursachen, denken viele, die den eigenen Lernerfolg oder den der Kinder gefährden. Doch ein »weiter so« ist nicht mehr möglich. Autorität kann nicht per Beschluss wieder »vorbehaltlos« gemacht werden, Heterogenität lässt sich nicht per Dekret vermindern. Und Inklusion ist keine Option, sondern die rechtlich bindende Folge bestimmter Menschenrechtskonventionen. Wenn man neue Wege einschlägt, dann müssen sie konsequent verfolgt und bei jedem Schritt legitimiert werden. Die Menschen müssen verstehen, was es bringt, sich neu zu orientieren.

Die vermittelnde Autorität der Lehrenden ist niemals vorbehaltlos, sie kann nur wirken, wenn sie von den Lernenden anerkannt wird. In diesem Sinne ist das Lehren der therapeutischen Situation vergleichbar. Es muss eine Art Übertragung im psychoanalytischen Sinne stattfinden: Wer lehren will, muss als »sujet supposé savoir«, als »Subjekt, dem Wissen unterstellt wird«, gesehen werden.[19] Diese Anerkennung speist sich aus vielen Elementen: Wissen, eine bestimmte Weise, sich zu präsentieren, Freude am Lehren, aber auch daraus, dass der Lehrende das Risiko akzeptiert, sich emotional zu involvieren, via »Gegenübertragung«. Tatsächlich ist der von Bueb geschilderte Anspruch der Lernenden an die Persönlichkeit der Lehrenden gerechtfertigt. Das »Subjekt, dem Wissen unterstellt wird«, bleibt unter ständigem Rechtfertigungsdruck und muss einer Situation gewachsen sein, die aus Kampf und Kunst gleichermaßen besteht.

Mehr noch, es muss diese Situation mögen. Ich will hier nicht den »pädagogischen Eros« beschwören, ein Begriff, der nach den Skandalen an reformpädagogischen Einrichtungen wie der Odenwaldschule einen höchst unangenehmen Beigeschmack bekommen hat. Ich meine damit, dass Lehrende Situationen mögen sollten, in denen sie sich bewähren müssen. Wenn Bernhard Bueb Gehorsam auch gegenüber Persönlichkeiten fordert, die den Anspruch der Autorität gar nicht einlösen können, dann verteidigt er ein Bildungssystem, dessen geheimes Leitprinzip der Wunsch nach Verbeamtung ist. Viele Personen werden nicht Lehrer, weil sie sich im pädagogischen Verhältnis bewähren möchten, sondern weil sie nach gescheiterten Versuchen in anderen Bereichen einen sicheren Hafen suchen. Der Bildungsbereich lässt sich nicht aus der Demokratie quasi ausklammern, wie Bueb es fordert, um dort die Autorität vergangener Zeiten zu reanimieren. Autorität kann nur bestehen, wenn sie sich kollaborativ erneuert. Das Wissen, die Präsentationsweisen, die Übertragungen sollten in einen Austausch mit anderen gebracht werden. Der Rechtfertigungsdruck sollte nicht etwa abgelehnt, sondern anverwandelt werden, um als Ansporn zu dienen.

Im therapeutischen Bereich ist die Autorität bereits seit geraumer Zeit problematisch geworden. Therapeuten mussten aber immer schon mehr Zweifel aushalten als Lehrer. Wenn ich Leuten erzähle, dass ich Psychologie studiert habe (was im Alltagsbewusstsein dasselbe ist wie Therapeut-Sein), dann gibt es stets zwei Unterstellungen: »Dann kannst du mich ja jetzt durchschauen« und »Psychologen haben doch meistens selbst einen an der Waffel«. Aber obwohl ich unter dem Verdacht stehe, nicht ganz bei Trost zu sein, bitten mich Personen, mit denen ich mich unterhalte, nach wenigen Minuten um die Interpretation von Träumen oder schildern mir ihre Schwierigkeiten. Vertreter der »helfenden Berufe« haben sehr lange von oben herab praktiziert. So ist noch heute auf der Homepage des Berufsverbands Deutscher Psychologinnen und Psychologen zu lesen: »Psychologinnen und Psychologen wollen die Entwicklung, das Wohlbefinden und die Leistungsfähigkeit von Menschen als Einzelpersonen, in Gruppen, Organisationen und in der Gesellschaft fördern.«[20] Wer aber definiert »Entwicklung« und »Wohlbefinden«? Diese Frage stellt sich gerade angesichts der Tatsache, dass im Namen der »Entwicklung« und des »Wohls« buchstäblich gesellschaftliche Verbrechen legitimiert wurden.

In der US-amerikanischen Serie *In Treatment* (bzw. in ihrem israelischen Vorbild *BeTipul*) sind die Probleme der Therapie sogar zum Gegenstand eines Unterhaltungsprogramms geworden. Wir sehen einen Therapeuten, der massive Probleme hat, von der Gegenübertragung überwältigt wird (sich verliebt), Fehler macht und therapeutische Hilfe suchen muss. Besonders interessant sind die Szenen, in denen die Patienten die Methoden des Therapeuten hinterfragen. So beantwortet der Therapeut selbstverständlich keine Fragen in Bezug auf zukünftige Handlungen der Patienten (Was soll ich tun?), sondern kontert routinemäßig mit Gegenfragen. Diese Arbeitsweise kennen die Patienten aber längst und reagieren, indem sie wütend oder zynisch werden oder die Methoden des Therapeuten gar belächeln.

In sogenannten postmodernen Therapieformen wird versucht, den Autoritätsverlust des Therapeuten zu berücksichtigen. Klienten sollten nicht länger dazu gebracht werden, eine »hinter« den Symptomen stehende Krankheit zu erkennen. Vielmehr wird im therapeutischen Gespräch gemeinsam auf die »Narration« der Personen über ihre Lebensrealität eingewirkt. In solchen Erzählungen zeigt sich, wie Menschen ihre Wirklichkeit konstruieren. Sie bestimmen auch ihre zukünftigen Handlungsoptionen. Wird eine diagnostizierte Krankheit jedoch als Teil der eigenen Identität betrachtet und in der Persönlichkeit verortet, dann lässt das kaum Handlungsmöglichkeiten zu. Daher empfiehlt der Psychotherapeut Michael White eine »Externalisierung der Konversation«. Das Gespräch soll im gegenseitigen Austausch auf Alltagsbereiche verschoben werden, in denen die Klienten mehr Handlungsoptionen zur Verfügung haben. So kann sich ein Raum von Möglichkeiten auftun.[21]

Diese Vorgehensweise erfordert zugleich eine neue Rolle für den Therapeuten. Er soll sich selbst nicht mehr primär als Subjekt des Wissens und des Heilens begreifen, sondern als Teilnehmer einer Untersuchung, die er gemeinsam mit einer anderen Person vornimmt. Das bedeutet nicht, dass sich der Therapeut als ratlos präsentiert, denn dann würde er seine Funktion verlieren. Er verfügt über ein Expertenwissen, das er einbringt, aber das Neue entsteht nicht, indem äußeres Wissen auf die Situation des Klienten angewendet wird, sondern im Dialog. Wie das »Wohlbefinden« einer Person beschaffen ist, kann nicht mehr vorausgesetzt werden. »Wir schlagen vor«, schreiben die Psychologen Kenneth Gergen und Eugene Epstein,

> »im therapeutischen Kontext ohne übergeordnete fachliche Diskurse zu arbeiten, die besonders präzise, objektiv oder scharfsinnig formulieren, was genau Gesundheit und Wohlbefinden bedeuten oder wie man dies erreichen kann. [...] In einer Praxis der reflexiven Kooperation müssen divergierende Meinungen auftreten dürfen, besonders solche, die bisher am Rande standen. Eine solche Praxis ist in der Psychiatrie besonders dringlich, da dort die Stimmen der KlientInnen besonders schnell zum Schweigen kommen können.«[22]

In der Familientherapie sind kollaborative Methoden inzwischen lange erprobt worden. Bereits in den sechziger Jahren gab es das sogenannte Mailänder Modell, bei dem jeweils mehrere Therapeuten gemeinsam an einem Fall arbeiteten. In den achtziger Jahren bezog die Kollaboration auch die Klienten und ihre Familien mit ein. Der Psychiater und Psychotherapeut Tom Andersen führte die »reflektierenden Teams« ein. Man lud Familien ein, um dem Team bei seinem Austausch zuzuhören und anschließend das Gehörte zu kommentieren. Das Machtgefälle zwischen Therapeuten und Patienten wurde auf diese Weise umgekehrt: Die »pathologische« Familie beobachtete nun die Therapeuten, die den üblichen »Schutzraum« für sich selbst und ihre Interpretationen aufgaben.[23]

Eine solche Arbeitsweise löst die Übertragung nicht auf, aber die Klienten können das Wissen in Bewegung betrachten und sich dazu verhalten. Der Therapeut als Subjekt, dem von den Klienten Wissen unterstellt wird, ist keine Black Box mehr. Und auch wenn ihm weiterhin Wissen unterstellt wird, hält er sich selbst nicht länger für den Besitzer dieses Wissens. Die Beteiligten suchen gemeinsam nach einem Weg, die Geschichten des Klienten zu verändern, um ihm so Möglichkeiten zu eröffnen, anders zu handeln und sich selbst zu entwickeln.

Kollaboration und Multiperspektivität in der Pädagogik

In der Pädagogik hat es ähnliche Entwicklungen gegeben. 1968 erinnerte der Philosoph Jacques Rancière an die Methode des »Universalunterrichts«, die der Gelehrte Jean Joseph Jacotot aus seinen Lehrerfahrungen in Flandern ableitete.[24] Die Rückkehr der Bourbonen hatte Jacotot, ein überzeugter Anhänger der Französischen Revolution, ins Exil gezwungen. 1818 erhielt er schließlich eine Halbtagsstelle als Französischlehrer an der Universität im belgischen Leuven. Allerdings sprach er kein Flämisch. Also drückte er den Studierenden eine zweisprachige Ausgabe des Dramas *Télémaque* von François Fénelon in die Hand, forderte sie auf, den französischen Text zu lernen, und ließ sie dann auf Französisch über das Gelesene schreiben. Das Buch erwies sich als verbindender Gegenstand, und die gemeinsame Lektüre des Texts von Fénelon half über das Fehlen einer geteilten Sprache hinweg: Die Lernergebnisse waren überzeugend. In den Überlegungen zu seinem Vorgehen kritisierte Jacotot das Gefälle zwischen den erklärenden und befragenden Lehrern und dem stets unwissenden Lernenden. Ihm schwebte eine Art gegenseitiger Unterricht von Unwissenden vor, der das Selbstlernen fördern würde. Damit wollte er keineswegs in der Art der Wohlmeinenden die Lernenden befreien, sondern zunächst einmal die Lehrenden emanzipieren, von ebendiesem Wohlmeinen, vom Befragen, vom Erklären, vom »Besitz« des Wissens, von der Überlegenheit.[25]

Die »Übermittlungserziehung« wird schon lange kritisiert. Der Pädagoge Paulo Freire hat von einem »Bankiers-Modell« des Lernens gesprochen: Der Lehrende ist der »Anleger« von Wissen im Lernenden. Der Aktionsradius des Lernenden ist darauf beschränkt, »die Einlagen entgegenzunehmen, zu ordnen und aufzustapeln«.[26] Den aktuellen Richtungen in der Pädagogik, wie etwa dem konstruktivistischen Ansatz, gelten »die Lehrenden und Lernenden vor Ort als eine gemeinsam forschende, aber auch verantwortliche Verständigungsgemeinschaft [...], die kein vollständiges, sondern ein viables (d. h. für sie passendes) Wissen mit Relevanz für die gegenwärtige Lebenswelt« erarbeitet.[27] Das bedeutet auch, Lernen sollte möglichst in einem authentischen Umfeld stattfinden und auf Erfahrungen basieren. Die Lehrenden werden in diesem Konzept zu Wegweisern und Begleitern: Ihr Wissen ist verhandelbar.

Da die Parapolis eine Vielheit ist, bezieht sich die Verhandlung notwendig auf eine Situation, in der es unterschiedliche Sichtweisen gibt, auch verschiedene Auffassungen über Werte. Eigentlich müsste Multiperspektivität unterdessen bereits zur DNA des Bildungssystems gehören, doch zumal im deutschsprachigen Europa tut man sich damit schwer. Dabei berührt die Tatsache, dass wir in einer Gesellschaft von Menschen mit unterschiedlichen Sichtweisen leben, die Grundlagen dessen, was überhaupt gelernt werden soll. Ein konstruktivistischer Ansatz müsste danach fragen, wie die Curricula, die »Bildungspläne«, erstellt werden. In der Regel sind dafür staatliche Institute für Schulentwicklung zuständig, in denen sich häufig Gruppen von »weisen« älteren Herren über die Lehrpläne der einzelnen Fächer beugen und am grünen Tisch abstrakt entscheiden, was gelehrt werden soll. Oft werden nicht einmal die Lehrer in diesen Prozess eingebunden, geschweige denn die Schüler oder deren Eltern. Seit den letzten Jahren gibt es nun mehr Bürgerbeteiligung, wobei die Art der Verfahren (Anhörungen, Beiräte etc.) viel Wissen und intellektuelles Selbstvertrauen voraussetzt. Insofern werden in vielen Fällen nur Bildungsbürger, Experten oder Verbandsvertreter »beteiligt«. Darüber hinaus bleibt unklar, welchen Stellenwert deren Input eigentlich hat. Ein Einfluss auf die Entscheidungen der Bürokratie ist nicht garantiert.

Als in Baden-Württemberg der neue Bildungsplan für 2015 in einem vergleichsweise offenen Verfahren präsentiert wurde, kam es mit pietistischen Gruppen zum Streit über den sogenannten »Gesichtspunkt« Akzeptanz von sexueller Vielfalt. Der Plan sah vor, dass die Fähigkeit, »sich in einer pluralen Gesellschaft zu verorten und begründete Werthaltungen zu entwickeln«, herausgebildet und ein vorurteilsfreier Umgang mit »sexuellen Identitäten« gefördert wird.[28] Die Formulierungen gingen einigen Gruppen zu weit. Sie wähnten ihr traditionelles Familienmodell in Gefahr. Obwohl ich nicht mit den Zielen ihres Protests übereinstimme, war der Streit selbst zu begrüßen, weil so überhaupt ein Gespräch über Bildungspläne zustande kam. Es wäre erfreulich, wenn es verstetigt würde und sich weitere (weniger extreme) Akteure zu Wort meldeten, um über die ganze Bandbreite der Wissensaspekte zu debattieren. Das Curriculum kann nicht länger von abgehobenen Experten gemacht werden, die je nach ihren anthropologischen Vorstellungen vom Lernenden und vom Wissen entscheiden oder auf den Druck starker gesellschaftlicher Gruppen reagieren. So scheinen die jüngsten Veränderungen im Bildungsbereich weniger von pädagogischen Erkenntnissen getragen zu sein als vielmehr von den Erfordernissen der Wirtschaft.

Zudem stellt sich die Frage, warum der »Bildungsplan« nur für die Lernenden aufgestellt wird. Ob die Lehrenden fähig sind, die entsprechenden Zugänge zu vermitteln, spielt keine Rolle. Wenn man heute an einer gewöhnlichen städtischen Schule einen Blick in ein Klassenzimmer wirft, dann findet man dort eine enorme Vielheit von Kindern und Jugendlichen – ein Amalgam von Geschlechtern, Herkünften, Sprachen, Wertvorstellungen und eben auch sexuellen Orientierungen im Werden. Die Schüler leben die Pluralität, gestalten sie und müssen ihre Konsequenzen im Alltag aushalten. Schaut man ins Lehrerzimmer, dann ist es um diese Vielheit geschehen. Dort ist fast durchweg ethnische und soziale Homogenität angesagt. Offen homosexuelle Lehrer sind eher selten. Der überwiegende Teil der Lehrer muss sich im Alltag gar nicht in Toleranz üben, weil das eigene Umfeld einheitlich daherkommt: das Viertel, in dem man lebt, der Bekanntenkreis, den man in der Freizeit trifft usw. Wenn die Vielheit heute der Regelfall ist, dann muss das Lehrerzimmer als Parallelgesellschaft gelten. Warum also formuliert der Bildungsplan nicht auch für die Lehrer das Ziel, sich in einer pluralen Gesellschaft zu verorten?

Die Schüler sind nicht nur vertraut mit der Vielheit im Alltag, sondern auch mit einer Massenkultur, die multiperspektivisch arbeitet. In einem Buch über die US-Serie *The Sopranos* schrieb Diedrich Diederichsen: »Avancierte kulturindustrielle Produkte [...] zeichnet seit den späten achtziger Jahren der Umstand aus, dass sie gezielt für mehrere Zuschauerperspektiven gemacht sind, für verschiedene Zugänge gebaut sind. Dies ist wahrscheinlich der Punkt, wo die viel beschworene deutsche und europäische Provinzialität am gravierendsten ist.«[29] Ein interessantes Kunstwerk, so Diederichsen, entstehe nicht mehr durch den »großen Individualismus der Qualität«, sondern durch die »Vernähung« von Perspektiven, die als Konflikt ernst genommen, aber nicht normativ gewertet werden. In *The Sopranos* leidet der Patriarch eines mittleren Mafia-Unternehmens unter Panikattacken und sucht eine Therapeutin auf. Durch ihren Blick auf die Mafia entsteht eine »bürgerliche« Perspektive, die aber nicht privilegiert wird, sondern nur eine mögliche Sichtweise auf die Geschehnisse darstellt. Im deutschen Fernsehen, besonders dem öffentlich-rechtlichen, dominiert dagegen stets die Perspektive des berühmten vielseitig interessierten Rezipienten, der sich am Ende immer als Angehöriger der Mittelschicht im fortgeschrittenen Alter entpuppt. Weil die Redakteure sich mit dieser Gruppe identifizieren, halten sie Recherche oft nicht für notwendig. Man versteht sich. Die vermeintlich relevanten »Themen« werden am Tisch der Redaktionen ohne weitere Empirie besprochen, und von Drehbuchautoren aus derselben Gruppe abstrakt umgesetzt, entweder als Geschichten aus dem eigenen Milieu oder als Einblick in fremde Welten. Im Publikum oft: Lehrer. Demgegenüber basieren die US-Serien auf Recherche. Ohne sie wäre es nicht möglich, unterschiedliche Zugänge zu formulieren und miteinander zu vernähen. Das Publikum ist, wie die Redakteure wissen, divers, verschiedene Gesellschaftsschichten sollen sich in ihren Kreationen »wiederfinden«.

Tatsächlich könnte das Lernen in einer Schulklasse ebenfalls wie ein avanciertes Kunstwerk funktionieren, bestehend aus der tagtäglichen Vernähung unterschiedlicher Perspektiven. Die Zugänge müssen allerdings zugelassen werden. In der Pädagogik gibt es eine ganze Reihe erprobter Modelle, die in der heutigen Schullandschaft auch umgesetzt werden. Schon in den sechziger Jahren entwickelten der Pädagoge Loris Malaguzzi und seine Kollegen die sogenannte Reggio-Pädagogik. Im Zentrum der nach diesen Ideen betriebenen Schulen stand das selbstregulierte Lernen der Kinder. In einem berühmten Gedicht sprach Malaguzzi vom Kind, das »hundert Sprachen« beherrsche, dem aber in den herkömmlichen Schulen neunundneunzig davon geraubt würden. In

Frankreich entstand nach Ideen des Reformpädagogen Célestin Freinet die Bewegung der Freinet-Schulen. Auch hier ging es in erster Linie um selbstorganisierte Formen des gemeinsamen Lernens. In Deutschland haben sich die Schulen, die andere Wege gehen, zum Schulverbund »Blick über den Zaun« zusammengeschlossen. Die Lernenden sollen an der Unterrichtsplanung beteiligt werden. Die jeweilige »Sache« soll Vorrang vor den traditionellen Fächergrenzen genießen, das Lernen auf konkreten Problemen und Erfahrungen beruhen und die Schule selbst zu einer lernenden Institution, ja mehr noch, zu einer lebenswerten »Polis« werden.[30]

Bewegung in der Klasse

In der Grundschule in Kreuzberg, die mein Sohn besucht, wird »jahrgangsübergreifendes Lernen« (JüL) praktiziert. Die Klassen eins bis drei werden teilweise gemeinsam unterrichtet. In seiner Klasse sind fünfundzwanzig Kinder, die aus allen Schichten stammen und unterschiedlicher Herkunft sind. Zudem fünf Schüler, die aufgrund leichter oder schwerer Formen von Behinderung noch vor einigen Jahren auf der »Sonderschule« gelandet wären. Zwei Lehrerinnen und eine Schulhelferin kümmern sich um die Kinder. Die Klassenlehrerin hat dabei die Funktion, durch das tägliche Programm zu führen: Die Lerninhalte und -aufgaben gehen in Metamorphosen ineinander über. Die verschiedenen Leistungsniveaus in der heterogenen Klasse führen zu einer ständigen Um- und Neuorganisation von Gruppen im Raum, dadurch können sich die Kinder viel bewegen. Das Lehrpersonal steht bei Aufgaben mit Rat und Tat zur Seite, aber die Kinder sprechen auch mit den anderen Kindern über etwaige Probleme. Da sich immer mehrere Lehrende im Klassenzimmer aufhalten, wird der Raum zugänglich. Eltern dürfen nach Absprache vorbeikommen, um sich den Unterricht anzuschauen. Das ist an vielen deutschen Schulen ausgeschlossen, die Lehrenden dulden sogar nur ungern Kollegen in »ihrem« Klassenraum. Das Prinzip, nach dem die Schule meines Sohnes organisiert ist, basiert auf einem kollaborativen Ansatz. Von der panoptischen Disziplinierungs- und Bewertungssituation, die noch mein Schulerlebnis prägte, ist erfreulicherweise so gut wie nichts mehr übrig geblieben.

Im Grunde gilt durchweg: Wo kollaborative Methoden angewendet werden, wo Verantwortung gerechter verteilt wird, dort arbeiten alle Beteiligten lieber und besser mit. Nach den Ferien freut sich mein Sohn auf die Schule – das wäre bei mir undenkbar gewesen. Die Peers übernehmen ja ohnehin einen großen, informellen Teil der Ausbildung an den Schulen, also warum die andauernde Interaktion nicht von vornherein in Werkstätten, Projekten und anderen Formen nutzen? An vielen Oberstufenzentren wurde ein Teil des Unterrichts in sogenannte Lernbüros verlagert. Fast wie in einem Computerspiel wird in dem Büro eine lebensnahe Situation simuliert, etwa der Alltag in einem Unternehmen. Und während die Schüler im Frontalunterricht gelangweilt auf die Uhr schauen, verbleiben sie im Lernbüro häufig über die vorgesehene Zeit, weil sie noch etwas zu erledigen haben. Die viel gescholtenen Computerspiele bieten ohnehin einige Organisationsprinzipien, die den Spaßfaktor der Zusammenarbeit deutlich erhöhen können.[31] Und wenn immer mal wieder zweifelnd der Suchtfaktor solcher Spiele betont wird, kann man eigentlich nur entgegnen: Viele Kinder und Jugendliche betreiben ihre Interessen nun einmal exzessiv. Ich kann mich daran erinnern, wie ich als Jugendlicher acht Stunden Billard, Tischtennis oder Tennis gespielt habe, aber auch genauso viele Stunden mit einem Buch verbringen konnte. Lernen findet oft nicht in der moderaten Mitte statt, und je weniger Lernen wie LERNEN daherkommt, desto mehr wird bei den Lernenden hängen bleiben.

Eine neue Konzeption für das Lernen fordern nicht nur linke Reformpädagogen. Inzwischen haben sich so unterschiedliche Akteure wie Vertreter der Technologiebranche oder Neurowissenschaftler dem Ruf angeschlossen. In den Niederlanden wurden auf Initiative des Internetunternehmers Maurice de Hond elf nach dem verstorbenen Steve Jobs benannte Schulen gegründet. Im Zentrum der Ausbildung steht ein zusammen mit Eltern gestalteter Lernplan, den die Schüler anhand eines jeweils eigenen iPads realisieren und der anschließend überprüft wird. Das iPad dient als eine Art interaktives Schulbuch und zugleich als ein fortwährender Gradmesser für den Entwicklungsstand des Kindes. Die Lehrer fungieren als Lerncoaches.[32] In den USA werden die Herausforderungen der neuen Technologien schon länger unter der Bezeichnung des »distributed learning« diskutiert. In diesem Konzept geht es darum, dass die Technologien nicht einfach einer traditionellen Lernumgebung hinzugefügt werden können, sondern je nach den Rahmenbedingungen der Institution und den Bedürfnissen der Lernenden in einem Veränderungsprozess »implementiert« werden müssen.[33] Das ist es, was die Steve-Jobs-Schulen praktisch umzusetzen versuchen.

In Deutschland hat sich 2012 die Initiative Schule im Aufbruch gegründet, deren Inhalte maßgeblich von Hirnforschern wie Gerald Hüther beeinflusst sind. Das erste Manifest des Zusammenschlusses unterzeichneten zweihundertfünfzig Prominente, darunter die ehemalige Bundestagspräsidentin Rita

Süssmuth und die Schauspielerin Senta Berger. Auch wenn mir die Ableitungen aus der Neurobiologie in der Regel zu normativ erscheinen (Neurodidaktik), stimme ich mit der Stoßrichtung überein: weg von der Disziplin (Stoff, Frontalunterricht, starre bürokratische Vorgaben bei gleichzeitigem Kompetenzgerangel), hin zu kollaborativen und anregenden Lernformen. Veränderungen lassen sich dabei nur mit den Kindern zusammen vorantreiben, sagt die Initiative. In einem Interview erwähnt Hüther das Beispiel der evangelischen Gemeinschaftsschule Berlin Zentrum, wo es eine »Schülerfirma aus der 8. Klasse« gibt, die Fortbildungen für Lehrer anbietet: »Eine Gruppe von jeweils fünf Schülern besucht ein Kollegium, das sie gebucht hat, und beschreibt, wie Lernen funktioniert und wie es bei ihnen an der Schule zugeht. Das ist den Rückmeldungen der Lehrer zufolge oft die wirksamste Art von Fortbildung, die sie je hatten.«[34]

Tatsächlich kann schlechter Unterricht den Kindern den Spaß am Lernen nachhaltig verderben. Auf einer Konferenz zum Thema »Vielfalt in der Bildung« meinte ein Hamburger Bildungspolitiker einmal, er sei doch froh über jeden Lehrer, den er zur Verfügung habe. Selbst ein schlechter Lehrer sei besser als gar keiner. Das klang zunächst einleuchtend, ist aber vollkommen falsch. Mein Französisch beispielsweise hat einen ziemlich rudimentären Charakter, obwohl ich eigentlich gut in Sprachen war. Die Ursache war der erbärmliche und anspruchslose Unterricht meines damaligen Französischlehrers, der für geraume Zeit nachhaltig abschreckend auf mich wirkte. Und natürlich habe ich als Fünfzehnjähriger nicht darüber nachgedacht, welche bleibenden Lücken mein vorübergehendes Desinteresse in meine Sprachbeherrschung reißen würde. Im Bereich des Lernens ist das Nichtstun manches Mal produktiver als das Tun. Es verdirbt zumindest nicht das Interesse und die Möglichkeit, autodidaktisch tätig zu werden.

Nun betonen viele der progressiven Ansätze in der Pädagogik, sie würden dazu ermutigen, »von den Kindern her zu denken und zu gestalten«.[35] Da ist Skepsis angebracht. Ist es nicht das Mantra der »Guten«, dass sie stets von den Anderen her gedacht haben, also immer besser wussten, was Frauen, Kolonisierte, Migranten, psychisch Kranke, Behinderte, Homosexuelle, Jugendliche, Kinder »wirklich« brauchen? »Das ›Wohl des Kindes‹ ist die Projektion der Selbstrolle des Lehrers in die Klasse, ohne daß diese dadurch zu einer echten Bezugsgruppe würde. [...] Der Lehrer steht nicht dem ›Kinde an sich‹ gegenüber, sondern seiner Anthropologie des Kindes.«[36] Es geht also darum, von der Differenz her zu denken und zu gestalten, vom Unterschied zwischen Erwachsenen und Kindern. Kinder werden mit rasender Geschwindigkeit von schreienden Bündeln zu kleinen Personen, vor denen man, wie Franz Kafka einmal eindrucksvoll sagte, »so ehrfürchtig, so nachdenklich, so liebend stehn [sollte] wie vor dem Eingang zur Hölle«.[37] Ihr Wohl ist Verhandlungssache.

Kinder befinden sich gegenüber ihrem jeweiligen »Nest« wie beschrieben im permanenten Hin und Her zwischen Flucht und Anschmiegsamkeit. Das macht bereits die Familie zu einem Ort, dessen Stabilität immer aufs Neue hergestellt werden muss. Wenn man als Elternteil morgens völlig entnervt herumbrüllt, weil der eigene Sohn oder die eigene Tochter mindestens fünf Minuten braucht, um sich eine Socke über den Fuß zu ziehen, ist man in eine Aushandlung verwickelt, auch wenn man Autorität ausübt. Früher entschieden Erwachsene diese Konflikte durch Schläge und schwarze Pädagogik zu ihren Gunsten. Doch inzwischen lassen sie sich nicht mehr durch Disziplinierung lösen, sondern nur durch eine ernsthaft betriebene Kollaboration bearbeiten. Das bedeutet nicht, Autorität abzulehnen und die Kinder einfach machen zu lassen. Kinder auf der Flucht können ihr fehlendes Können nicht erkennen; sie benötigen Grenzen, aber solche, die ihnen erklärt werden. Kollaboration sollte dabei das leitende Prinzip sein. Ständige Nachgiebigkeit kann dagegen eine schlichte Form von Überforderung, Bequemlichkeit und Desinteresse sein.

Für Kollaboration in der Bildung werden allerdings andere Räumlichkeiten benötigt. Malaguzzi bezeichnete die Räumlichkeiten als »dritten Pädagogen« (die anderen beiden sind Lehrer und Gleichaltrige). Für welche Pädagogik stehen deutsche Klassenzimmer? Viele wirken wie aus der Zeit gefallen. Sie sind für Frontalunterricht geschaffen, in dem die Lernenden wie vor zweihundert Jahren in den panoptischen Raster der Disziplin eingepasst werden. Der Lehrende steht erhöht vor den Lernenden, deren Stillsitzen schon eine bestimmte Art der körperlichen Beherrschung bedeutet. Er kann alle Personen mit seinem bewertenden Blick abschätzen, Differenzen festlegen und gegebenenfalls Abweichungen sanktionieren.

Nun ist »Stillstellen« dem Lernen, Denken und Schaffen gar nicht angemessen, die Bewegung dagegen sehr wohl. Die Gemeinschaft der Lernenden in einer JüL-Klasse etwa ist ständig in Bewegung. Dafür sind entsprechende Räume nötig. Der »dritte Pädagoge« des kollaborativen Lernens muss unterschiedliche Sitzgelegenheiten, verschiebbare Abgrenzungen innerhalb des Raums, Nischen für die Konzentration usw. anbieten. Die Architektur und das Design des »neuen Lernens« präsentieren sich polymorph. Die Architekten achten dabei auch auf Nebenschauplätze und schaffen Lösungen für Dinge wie »meaningful distractions«, denn »bedeutsame

Ablenkungen« unterstützen das Lernen und müssen etwa als Treffpunkte im Raum mitgeplant werden.[38]

Die Räumlichkeiten in den Schulen sind allerdings keine Angelegenheit der Lehrenden und Lernenden selbst, sondern der kommunalen Politik. Sie investiert ihre Mittel, sofern sie welche hat, nach Kriterien, die mit den Bedürfnissen der Schulgemeinschaft oder den Erfordernissen der Lernatmosphäre häufig nichts zu tun haben. 2009 legte die Bundesregierung das Konjunkturpaket II auf. Mit den bereitgestellten Geldern wurden unter anderem Schulgebäude renoviert. Doch die verrichteten Arbeiten und die Anschaffungen sollten primär die kommunale Wirtschaft ankurbeln. Die baulichen Verschönerungen und die brandneuen Whiteboards waren in vielen Fällen gar nicht im Sinne jener, die sich tagtäglich in den Bildungsanstalten aufhalten. An der Schule meines Sohnes haben die Eltern kürzlich die Sache selbst in die Hand genommen: Sie haben Geld beantragt und damit dem Klassenraum in Abstimmung mit allen Beteiligten ein neues Gesicht gegeben. Auf die »Lerntheke« am Fenster etwa wären die Entscheidungsträger der Bürokratie angesichts ihres mangelnden pädagogischen Know-how kaum gekommen. Die Entscheidungen über die Mittelverwendung sollten kollaborativ getroffen werden, unter Einbeziehung der Lehrer und Eltern, um Verschwendung zu vermeiden.

Schon im späten 19. Jahrhundert forderte der Philosoph und Pädagoge John Dewey, die Erfahrung solle die Grundlage des Lernens bilden. Warum also sollte der Unterricht nicht außerhalb der Schulgebäude und sonstigen Lerneinrichtungen stattfinden? In den USA wird seit geraumer Zeit das sogenannte »service learning« praktiziert. In der höheren Bildung ist es zu einer institutionalisierten Form geworden. Dabei geht es darum, »Lernen durch Engagement zu befördern, also schulischen Unterricht mit dem Einsatz für das Gemeinwohl zu verbinden«.[39] Initiativen für Sozialarbeit, Pflege, Bildung, Antirassismus, Ökologie etc. sind immer auf Hilfe angewiesen. Schüler und Studierende wiederum leiden unter einem notorischen Mangel an Praxis, an Tätigkeiten, deren Auswirkungen im Alltag erfahrbar sind. Der Einsatz für gemeinwohlorientierte Organisationen kann vom Curriculum abgeleitet, mit den jeweiligen Organisationen abgestimmt und schließlich mit entsprechenden Lernzielen eingebaut werden. Die gute Vorbereitung im Unterricht sorgt für eine gewisse Qualifikation der Teilnehmenden, die wiederum den Arbeitsabläufen zugutekommt. Das Lernziel bezieht sich dabei auch auf den Aspekt der Multiperspektivität. Durch den direkten Kontakt erfahren die Lernenden etwas über die Vielheit und die vielheitlichen Anliegen der Bevölkerung.[40]

Ein zweites Beispiel führt noch einmal zurück zur Universität. Im Hamburger Stadtteil Wilhelmsburg wurde auf Initiative einiger Lehrender an der HafenCity Universität für Baukunst und Metropolenentwicklung und mit der Unterstützung der in Wilhelmsburg angesiedelten Internationalen Bauausstellung das Projekt Universität der Nachbarschaften ins Leben gerufen.[41] Der Lehrbetrieb siedelte um in ein nicht länger genutztes Gebäude, ein ehemaliges Gesundheitsamt, und startete mit der Umnutzung und Umgestaltung des Gebäudes selbst einen integrierten Prozess von Lernen, Arbeit, Erfahrung und Wohnen. Es ging dabei aber nicht nur um die übende und kreative Arbeit an einem über zehn Jahre leer stehenden Bau, sondern auch um die Kommunikation mit der Umgebung. Tatsächlich stellte man recht schnell fest, dass die Bewohner des Viertels dem »eindringenden« Projekt erhebliches Misstrauen entgegenbrachten. Daraus entstand wiederum ein Lernprozess. Als nachts am Gebäude Scheiben eingeschlagen wurden, erkannten die Träger, dass sie ihre Arbeit stärker in der lokalen Umgebung verankern mussten. Unter dem Stichwort »interkulturelle Praxis« begann ein Projekt, bei dem Lehrende und Studenten zusammen mit Kindern aus der Nachbarschaft auf den Grünflächen des Areals Baumhäuser bauten. So konnten sich die Kinder das Gelände aneignen – und das Misstrauen schwand.

Die Rolle des Vorwissens

Seit einigen Jahren gebe ich in den Gender und Diversity Studies im Rahmen des sogenannten Kontextstudiums an der Wirtschaftsuniversität im schweizerischen St. Gallen einen Kurs über »Interkultur in der Stadt«. Die zukünftigen Wirtschaftsfachleute sollen mit ihrem Wissen in die Gesellschaft »eingebettet« werden, nicht nur in die Wirtschaft. Nun wäre es naheliegend, mit diesen Studierenden zum Beispiel Stuart Hall zu lesen, um den Kulturbegriff theoretisch neu zu fassen. Doch das hat mit deren Alltag nichts zu tun. Insofern geht es darum, eine Erfahrung mit der Vielheit zu ermöglichen. Nach einer Einführung besteht der Auftrag in einer ersten Runde darin, in Zweier- oder Dreiergruppen durch die Stadt zu streifen und mit dem eigenen Smartphone schlicht alles aufzunehmen, was mit Vielfalt in der Stadt zusammenhängt. Die Dokumentation ist angelehnt an die Verwendung von Fotos in dem Buch *Lernen von Las Vegas* der Architekten Robert Venturi, Denise Scott Brown und Steven Izenour.[42] Dort dienten die Bilder primär dazu, die eigenen normativen Vorannahmen bewusst zu ignorieren und überhaupt »etwas« zu sehen. Bei dem explorativen Rundgang durch die Stadt soll darüber hinaus ein spezifischeres Thema »gefunden« werden, zu dem in einer zweiten Stufe recherchiert werden kann. Allerdings biete ich auch mögliche Themen an, weil nicht klar ist, wie gut die eigenständige Wahl funktionieren wird. Einige Gruppen greifen auf die Angebote zurück, aber oft entdecken sie ganz andere, unerwartete Gegenstände.

Zum Abschluss des Projekts präsentieren die Gruppen ihre Ergebnisse – das ist ein langer Tag und von der Form her konventionell. Manches lässt sich wegen der Zeitvorgaben nicht vermeiden. Doch die Ergebnisse der Recherchen sind stets interessant: Es gibt Berichte über die architektonische Diversität in St. Gallen, die Fankultur der Fußballvereine, autonome Kunsträume, das »ethnische« Warenangebot oder Shisha-Bars, Porträts von Besuchern einer »Gassenküche« für Drogenabhängige, eine Taxonomie der Nutzung der städtischen Parks, Reportagen aus den jüdischen und islamischen Gemeinden in der Stadt, vom Stellplatz der fahrenden »Jenischen« oder auch über den Verein frankophoner Schweizer. Interessant ist der Tag auch für mich, denn ich bin ja nicht ortsansässig, sondern kenne St. Gallen nur aus meinen eigenen Recherchen, so dass wir gemeinsam ein immer umfangreicheres Bild entstehen lassen. Die reale Vielheit zu erfahren verschafft den Studenten zweifellos ein nachhaltigeres Lernerlebnis, als einfach Texte von Stuart Hall zu lesen. Und das Lernziel ist auch für die Arbeit in der Wirtschaft relevant, denn das Ziel besteht darin, das besonders in der Schweiz normativ aufgeladene Bild der Stadt durch eine zunächst einmal möglichst wertfreie Bestandsaufnahme des urbanen Alltags zu überschreiben. Für viele Studenten ist diese Arbeitsweise auch vor dem Hintergrund ihrer anderen Lernerfahrungen vergleichsweise »exotisch«. Aber es ist ein ungeheures Kompliment für den Lehrenden, wenn es am Ende von Studentenseite heißt: »Der Unterricht war bereichernd, denn so habe ich die Stadt noch nicht gesehen.« Mir geht es genauso. Nicht nur die Lernenden langweilt schlechter Unterricht, sondern auch die Lehrenden. Ich will mich aber nicht langweilen: Warum sollte ich vom Unterricht nicht profitieren?

Nun gibt es erhebliche Unterschiede zwischen Gruppen von Lernenden, zumal in der Erwachsenenbildung. Die Wirtschaftsstudenten an der »Eliteuni« in St. Gallen sind äußerst leistungsorientiert und gleichzeitig erstaunlich wenig »vorbelastet«, was die Themen Vielfalt und Differenz betrifft, obwohl diese in der Schweiz erhebliche gesellschaftliche Sprengkraft bergen. Einige stammen aus Migrantenfamilien und können einen Erfahrungskontext nutzen, der ansonsten an der Universität keine Rolle spielt, etwa Kenntnisse über die in der Eidgenossenschaft weiterhin ziemlich »versteckten« Moscheen. Insofern ergibt sich tatsächlich ein überraschend unvoreingenommener Blick auf die Vielheit. Das ist bei Studenten mit einer geistes- oder sozialwissenschaftlichen Orientierung häufig anders. Als ich bei einer öffentlich-rechtlichen Rundfunkanstalt in Deutschland eine Fortbildung zur Sensibilisierung in Sachen Vielheit im Programm anbot, begannen die teilnehmenden Volontäre fast augenblicklich mit der Diskussion, obwohl der Wissensstand vieler dem der Studenten in St. Gallen ähnelte. Sie zu »belehren« wäre der falsche Ansatzpunkt gewesen. Ich habe daher die bemerkenswert hitzigen Diskussionen eher noch angestachelt, bis sich die Verwirrung von alleine einstellte: Was weiß ich über Migration, welche Adressaten habe ich bei der Programmgestaltung, wie schlägt sich meine Perspektive nieder, welche Begriffe kann man benutzen, wie schafft man unterschiedliche Zugänge? Nachdem die Teilnehmer festgestellt hatten, dass sie nicht über so viel Wissen verfügten, wie sie anfangs gedacht hatten, kam dann allerdings der Wunsch nach »Rezeptwissen« auf: Die Volontäre wollten quasi Abhaklisten in Sachen Migration.

Dabei war Verwirrung genau die produktive Ausgangslage, die es herzustellen galt. Sie lässt sich heute im Allgemeinen recht schnell hervorrufen, da bei den meisten Themen das Vorwissen selten systematisch organisiert ist. Es gibt keinen verbindlichen Wissenskanon mehr, und gerade bei Themen mit hohem Erregungspotential sind zwar Wissensbestände vorhanden, aber bloß in Versatzstücken präsent, vergleichsweise zusammenhanglos und praxisfern, aber eben stark emotionalisiert. Die Lehrenden müssen mit diesen Wissensbeständen kalkulieren. Sie müssen, wenn man so will, permanent in der Mitte beginnen. Nicht einmal bei Kindern existiert die Tabula rasa. In den letzten Jahren wurde in der Pädagogik die Rolle von Vorwissen neu bewertet, bis hin zur Behauptung, dieses Wissen sei von zentraler Bedeutung »für den

Lernerfolg, wichtiger noch als Begabung und Motivation«.[43] Ein Verfahren, um das Vorwissen in der Schule einzubeziehen, ist die sogenannte Vorwissensspirale. Die Lehrperson schreibt ein Thema an die Tafel, malt eine Spirale drumherum und bittet die Schüler, ihr Vorwissen einzuschätzen. Je näher das Kreuzchen am Beginn der Spirale gemacht wird, desto mehr Vorwissen glauben die Schüler zu haben. Schließlich wird ein Strich gezogen, der diejenigen mit den Kreuzchen weiter innen zu »Experten« erklärt und die anderen zu »Novizen«. In einem nächsten Schritt können die Anfänger dann die selbsterklärten Kenner zu ihrem Wissen befragen, um so eine Grundlage für das weitere Vorgehen zu schaffen.[44]

Solche und ähnliche Verfahren berücksichtigen aber nur »positive« Wissensbestände und beziehen sich ausschließlich auf den Lernstoff und nicht auf die Organisation von Wissen. Mit positivem Wissen ist gegebenes Wissen gemeint, aber positiv ist eben auch dessen Bewertung. Kinder und Erwachsene mögen sich für »Experten« in einem Thema halten, und dennoch sind ihre Annahmen im besten Fall lückenhaft und im schlimmsten Fall schlichtweg falsch. Wer jemals Seminare zu Rassismus oder Interkulturalität besucht hat, der weiß auch, dass das, was ich an anderer Stelle einmal als »rassistisches Wissen« bezeichnet habe, nicht einfach als falsch qualifiziert werden kann und dann verschwindet.[45] Dieses Wissen hat nämlich eine Erklärungsfunktion für wiederum durch es gefilterte Beobachtungen. Wer voraussetzt, dass Roma ein wanderndes Volk mit der Tendenz zum Diebstahl sind, der wird auch keine anderen Roma zur Kenntnis nehmen. Und wegen seiner Vorurteile wird er auch nicht in einen Dialog eintreten, der seine Vorannahmen verändern könnte. Hier müssen also ganze Wissenskonzepte verändert werden und gleichzeitig das Selbstbild der Beteiligten, denen es sehr schwer fällt, die eigenen Wissensbestände im Kontext von Rassismus zu sehen. Es gilt also, einen Prozess des »Verlernens« oder vielmehr »Entlernens« anzustoßen, in dem wiederum kollaborativ die Definitionen der Einzelnen herausgefordert werden.

Im Unterricht muss das Vorwissen nicht nur in Form von Lernstoff berücksichtigt werden, sondern auch im Hinblick auf die Art der Organisation des Wissens. Ein beträchtlicher Teil des Vorwissens ist nicht bewusst gelernt, sondern in der Form »informeller Pädagogik« angeeignet worden.[46] So existieren schicht-, milieu- sowie kulturspezifische Formen von Wissensorganisation. Schon seit den sechziger Jahren werden die Verfahren zur Messung von kognitiven Fähigkeiten kritisiert, weil sie sich an den Wissensformen der Mittelschicht orientieren und daher verzerrende Ergebnisse liefern. Abweichende Formen der Wissensorganisation werden oft abgewertet, manche nachgerade disqualifiziert. Das beginnt bereits bei der Sprache und dem Sprachgebrauch. In den meisten Staaten wird selbstverständlich die »Landessprache« privilegiert, weit über den pragmatischen Wert der notwendigen Verkehrssprache hinaus. Obwohl sich durch die Einwanderung und die Globalisierung längst Praxisformen der Mehrsprachigkeit im Alltag etabliert haben, beharrte man im deutschsprachigen Europa lange Zeit vergleichsweise dogmatisch auf Monolingualität, was dazu führte, dass die Sprachen der Einwanderer abgewertet wurden. Mir geht es nicht um die Rehabilitation der »Muttersprachen«, sondern um die Vorteile, die Praxisformen der Polyglottie und des Code-Switching mehrsprachiger Jugendlicher mit sich bringen. Es handelt sich nämlich um Formen der Wissensorganisation, die Räume öffnen können. Diese Formen ermöglichen etwa die schnelle und flexible Anpassung an unterschiedliche Kontexte. Warum kann Unterricht nicht auch bei diesen Wissensformen ansetzen?

Aufgrund der starken Orientierung an abstrakt-kognitiven Fähigkeiten und am bildungsbürgerlichen Kanon wurde auch *haptisches Wissen* unterbewertet. Als ich in der Schule war, gelang den Schülern aus proletarischen Familien deutlich seltener eine hermeneutische Interpretation von Goethes *Werther* oder die Lösung von Aufgaben in der Infinitesimalrechnung, doch sie verfügten über erstaunliche technische Kenntnisse, etwa was Kraftfahrzeuge betraf. Früher ließ sich hier die Trennlinie zwischen Kopf- und Handarbeit erkennen, aber die dürfte sich inzwischen aufgelöst haben. Konkretere, lebensnähere Aufgabenstellungen könnten die »haptischen« Wissensformen aufgreifen. Zudem besitzen heute viele Kinder und Jugendliche allein deswegen ein höheres technisches Know-how als die meisten Lehrenden, weil sie mit Geräten wie Smartphones oder Tablets aufwachsen. Sie verstehen, wie Verbreitungskanäle und Netzwerke funktionieren, das heißt, wie eine Mitteilung elektronisch kommuniziert wird oder wo eine Datei auf einem Computer »liegt«. Da die Gesellschaft ständig neue Phasen technologischer Alphabetisierung durchläuft, lassen sich diese Formen von Vorwissen für gemeinsame Explorationen von Lehrenden und Lernenden nutzen. Niemand beherrscht die Kunst der neuen Gadgets, bevor sie tatsächlich verwendet werden. Und Erwachsenen fällt die Adaption bekanntlich schwerer.

Neben diesem haptischen Wissen ist auch das *Detailwissen* für gewöhnlich gering geschätzt worden. Nach dem bürgerlichen Wissensverständnis war es stets wichtiger, Zusammenhänge herzustellen, als über Detailkenntnis zu verfügen. Zwar sind Zusammenhänge in vielen Fällen entscheidend, doch die schlichte Hierarchisierung ist nicht produktiv. Auch wenn Schüler aus Arbeiterfamilien eher selten in der Lage waren, einen wohlformulierten Besinnungsaufsatz über Goethes *Werther* zu verfassen, konnten manche dennoch, sagen wir, den Mannschaftskader von Alemannia Aachen aus der Bundesligasaison 1968/69 herunterrattern, erstaunlich viele und exakte Inhaltsangaben von *Perry Rhodan*-Heften liefern oder Informationen über das Leben von Popstars sammeln und präsentieren. Heute sind solche Wissensformen verbreiteter, und durch den Erfolg des Nerd, der ja schon mal milliardenschwere Unternehmen aus der Taufe hebt, auch angesehener. Im Bildungsalltag wird dieses Detailwissen allerdings selten berücksichtigt, wahrscheinlich auch deswegen, weil sich die Kenntnisse der Lehrenden manchmal als recht blass erweisen würden.

Andere Formen von Kenntnissen betreffen das *Körperwissen*. Mittlerweile werden zum Beispiel Tanzschritte gefilmt, auf YouTube gestellt und so quasi als Peer-to-Peer-Kurs in alle Welt übertragen. Dabei werden extrem ausdifferenzierte

Abläufe durch Bewegung und Übung autodidaktisch oder kollaborativ »eingekörpert«. Die Literatur-, Theater und Tanzwissenschaftlerin Gabriele Brandstetter hat wiederholt darüber geschrieben, wie Tanz als »Speichermedium« »von Gefühlen und Erfahrungen [fungiert], in das in spezifischer Weise soziale Kommunikationsformen eingetragen sind«.[47] Wer auch nur einmal ein Video gesehen hat, in dem der Chicago Footwork getanzt wird, dem dürfte sofort klar werden, wie kompliziert und lernintensiv die Bewegungsabläufe sind. Nicht nur um die Schritte, sondern auch den gesamten Kontext dieses Tanzes zu verstehen, ist umfangreiches Wissen erforderlich. Zudem geht es bei Körperwissen zumeist um Improvisation. Wer lange genug geübt hat, der kann beispielsweise den Bewegungskosmos des jeweiligen Tanzes erweitern. Gerade afroamerikanische Jugendtänze werden im stetigen Wettbewerb weiterentwickelt. Körperwissen kann man aber ebenfalls durch Sport erwerben, wo es je nach Sportart eine höhere Legitimität genießt.

Wie das Körperwissen können Formen des *Konsumwissens* oder des *ästhetischen Wissens* gute und konkrete Hebel sein, um das Lernen zu fördern. Aus der Geschichte der Jugendkulturen ist bekannt, wie Jugendliche kreative Formen des Konsums eingesetzt haben, um sich mit Kleidern, Musik, Fahrzeugen oder dem Besuch bestimmter Orte zu artikulieren. Je nach Intention äußerten sie damit Protest, Widerstand, Eigenständigkeit oder auch Differenz.[48] So entstand ein informeller Lernkosmos. Bis zur enormen Ausweitung der Archive im Netz war Kultur häufig eine Mangelware. Um sich beispielsweise über die neusten Entwicklungen in der Popmusik in Übersee zu informieren, bedurfte es eines erheblichen Aufwands. Um die richtige Musik zu finden, die Beschaffungsmöglichkeiten zu erforschen und das Artwork der Platten und die Texte zu interpretieren, musste man sich Wissen aneignen sowie Zeit und Mühe investieren. »Musik war meine Ausbildung«, erklärte einmal Martyn Bates, Sänger der experimentellen Folkband Eyeless in Gaza in einem Interview. »[I]ch interessierte mich nicht für die formelle Seite der Dinge, aber das Radio, die Musik, die Rückseite von Albumcovern, Bücher [...]. So machst du dir deine eigene Bildung, dein eigenes Bild.«[49]

Heute hat sich kreativer Konsum verallgemeinert und drückt primär individuelle Unterschiedlichkeit aus – der Widerstandsaspekt ist kaum noch relevant. Dazu dient auch die permanente »ästhetische Arbeit« an sich selbst und am eigenen Nahbereich. Zumindest in meiner Lebenszeit wurde noch nie so viel über Mode, Kosmetik, Ernährung, raffinierte Getränke, Techniken der Körperbildung und des Wohlfühlens, Möbel, Designobjekte, Einrichtung etc. gesprochen. Diese »Arbeit« – tatsächlich ist die Bezeichnung treffend – setzt Wissen voraus und erzeugt es. Solche ästhetischen Wissensbestände wurden im Allgemeinen von der (hohen) Kunst her definiert, wie der Philosoph Gernot Böhme betont, »nämlich als bloße Verschönerung, als Kunsthandwerk, als Kitsch, als Gebrauchskunst oder angewandte Kunst«.[50] Nimmt man davon Abstand, dann zeigt sich, so Böhme, eine fortwährende Produktion von Atmosphären. Diese Atmosphären gehören zu Menschen, Dingen oder deren Konstellationen, sind aber weder dinghaft, noch haben sie die Eigenschaften von Objekten. Sie haben auch keine Bedeutungen im engeren Sinne. Lady Gaga, aktuell einer der größten Stars im Musikgeschäft, ist eine Meisterin, wenn es darum geht, Atmosphären zu erzeugen. Nach Bedeutung in ihren Inszenierungen zu suchen ist verwirrend und erweist sich letztlich als vergeblich. Die Atmosphäre, die wiederum durchaus dramatische ästhetische

Erlebnisse ermöglicht, entsteht im »Sich-Zeigen, Aus-sich-Heraustreten, Scheinen«.[51]

Weitere Formen des Wissens stammen aus dem Engagement, dem politischen oder ehrenamtlichen: *Organisations- und Argumentationswissen*. Lehrgänge in den Bereichen Animation,[52] Organizing oder Campaigning vermitteln Planungskompetenzen, Strategien und Werkzeuge, die man beherrschen muss, wenn man zum Beispiel eine politische Aktion planen möchte. Manche Jugendlichen haben diese Wissensbestände aber bereits informell erworben, indem sie sich an Kampagnen oder Projekten beteiligt haben. Darauf kann man dann aufbauen.

Formen des Vorwissens müssen aber nicht notwendig konstruktiv oder förderlich sein. Angestoßen von dem Historiker Paul Nolte wurde Mitte der Nullerjahre in Deutschland eine hitzige Debatte über die Kultur der sogenannten neuen Unterschicht geführt. Sie sei zwar relativ arm, aber materiell durch staatliche Transferleistungen gut ausgestattet. Das Hauptproblem bestehe in einem Mangel an Ressourcen, der durch eine »kulturelle Verwahrlosung« hervorgebracht und reproduziert werde: »Viele brechen die Schule ab, viele sprechen und schreiben sehr schlecht deutsch, [...] viele ernähren sich mangelhaft und kochen kaum noch selbst, viele sitzen überdurchschnittlich lange vor dem Fernseher oder vor der Spielekonsole. Und bei einigen hat man das Gefühl, sie hätten sich selbst aufgegeben.«[53]

Es mutet geradezu bizarr an, dass selbst Kritiker dieser Debatte auf keine empirische Forschung zu jener Kultur der neuen Unterschicht verweisen konnten.[54] Dabei hätte man auf Erkenntnisse der US-Forschung zurückgreifen können. Zum Beispiel hat Elijah Anderson die Probleme der neuen Unterschicht im Viertel Germantown in Philadelphia mithilfe eines »code of the street« analysiert.[55] Der Code ist eine Art von *Straßenwissen*, das primär durch Peer-Interaktion erworben wird.[56] Im Zentrum steht eine Idee von »Respekt«: Man soll »korrekt« behandelt werden, »sein Recht« und seinen Anteil bekommen, die Peers sollen einem mit Achtung begegnen. Wer glaubt, die anderen brächten einem nicht den angemessenen Respekt entgegen, antwortet mit Gewalt.[57]

Andersons Analyse lässt sich nicht einfach auf Europa übertragen, dazu sind die sozialen Koordinaten zu unterschiedlich. Dennoch ist seine Forschung nützlich, weil sie den »code of the street« als ein Element von sinnvoller sozialer Organisation in einem schwierigen Umfeld zeigt. Unter den Bewohnern des Viertels differenziert Anderson zwischen Familien, die *decent* (anständig), und solchen, die *street* sind. Erstere versuchen, ihren Familienmitgliedern ein »gutes Leben« zu ermöglichen und dabei die Gesetze zu achten; die anderen haben dagegen wenig Familiensinn und geraten hin und wieder mit dem Gesetz in Konflikt, leben also mehr nach dem Code. Die Trennung ist aber auch idealtypisch, denn die anständigen Familien haben es nicht leicht, weil es kaum ordentlich bezahlte Jobs gibt und das Umfeld nicht stabil ist. So werden Kinder aus »anständigen« Familien von ihren Altersgenossen nach dem Code behandelt – sie sind also gezwungen, sich zu behaupten, weil sie sich dem Leben im Viertel nicht komplett entziehen können.

Anderson spricht auch von den Problemen dieser Kinder im Bildungsbereich, in der Schule. Die Codes der Schule entsprechen denen der Straße natürlich nicht im Geringsten. Die Lehrenden, so stellt Anderson fest, sind für gewöhnlich nicht in der Lage, die Kinder voneinander zu unterscheiden. Sie sehen vor allem alle möglichen Straßenperformances, die sie bekämpfen müssen. Gleichzeitig verstehen sie nicht, wie diese

Performances den Kindern bei ihren Peers Respekt verschaffen. Zudem wird die überwiegend sozial definierte Subkultur der Straße von den Lehrern häufig mit der ethnischen Herkunft der Kinder gleichgesetzt. Die »Straßenkinder« wiederum empfinden die Schule als »weiß«, und eine Anpassung an den Code der Schule wird als mangelnder Respekt für die »schwarze« Community betrachtet und entsprechend sanktioniert. »Die Bildung wird untergraben«, bilanziert Anderson, »weil die Mission der Schule der Mission der Kinder nicht entspricht«.[58]

Der Kultursoziologe Paul Willis hat schon 1977 die Untersuchung *Learning to Labor* veröffentlicht, in der er zeigen konnte, wie Bildungsungleichheit in Großbritannien nicht nur vom Schulsystem »reproduziert« oder einfach von den »bildungsfernen« Eltern »vererbt«, sondern von den Subjekten auf absurde Weise aktiv betrieben wurde. Die Jugendlichen aus der Arbeiterklasse, mit denen Willis sprach, wehrten sich gegen ein als mittelständisch empfundenes Schulsystem, indem sie sich rebellisch als *lads* gaben – was schließlich dazu führte, dass sie den sozialen Aufstieg nicht schafften und in genau den »Arbeiterjobs« endeten, die schon ihre Eltern ausgeübt hatten.[59] Tatsächlich existiert so etwas wie eine »Kultur der Unterschicht« als ein in spezifischen sozialen Verhältnissen erworbenes *Straßenwissen*. Es wäre aber kontraproduktiv, dieses Wissen zu moralisieren. Die Frage lautet vielmehr, wie Lehrende das störende, durchaus attackierende und oft schwer auszuhaltende Vorwissen dieser Schüler berücksichtigen können, um die Kluft zwischen abstraktem Schul- oder Uniwissen und alltäglicher Praxis wenigstens ein wenig zu verringern.

Damit die von den Lernenden mitgebrachten Formen von Vorwissen sinnvoll in den Unterricht eingebettet werden können, müssen sich die Lehrenden *Kontextwissen* aneignen. Lehrende kommen häufig aus einem recht homogenen Umfeld und kennen die »Straßen« der Orte, an denen sie unterrichten, kaum. Ihre Ausbildung sollte daher nicht bloß Stoff und Didaktik umfassen, sondern auch Erfahrungen mit der Vielheit anderer Wissensformen. Die Ausbildung sollte solche Kenntnisse stärken. Außerdem sollte sie eine Sensibilität für die Vielheit wecken, nicht als eine Art göttliches Vermögen und auch nicht als Herrschaftsinstrument, sondern als »Können«, als Bereitschaft, wie ein »Schwamm« die Entwicklungen der Parapolis aufzusaugen, Neues über die »Kultur« und die Wissensbestände der Lernenden zu erfahren und im besten Fall sogar von ihnen zu lernen.

Neue Bildungsziele

Der Anteil der institutionellen Erziehung, also der Erziehung außerhalb der Familie und des privaten Freundeskreises, hat sich erhöht und wird sich weiter erhöhen. Je gleichberechtigter Mann und Frau in der Arbeitswelt sind, desto notwendiger wird die frühzeitige und ganztägige Kinderbetreuung. Selbst Konservative müssen von der Vorstellung von der Familie als alleinigem Zentrum der Erziehung abrücken und die neue Verantwortung der institutionellen Erziehung anerkennen. Diese Ausweitung des öffentlichen Lernens birgt Gefahren und Chancen. Die Frage ist, ob die Bildungseinrichtungen von einer weltfremden Bürokratie gesteuert oder durch die Verhandlungen einer demokratisch verfassten Allgemeinheit geprägt werden. Die große Chance der öffentlichen Erziehung ist jedenfalls gerade ihr öffentlicher Charakter: Sie ist überprüfbar, kann diskutiert und in gemeinsamer Anstrengung verändert werden. Im besten Fall könnte öffentliche Erziehung dazu in der Lage sein, die beschriebenen informellen Schichteffekte oder andere Probleme von Familie und Umfeld auszugleichen und den Kindern neue Horizonte zu erschließen.

Da die öffentliche Erziehung immer größere Lebensbereiche einbezieht, erweitern sich zugleich die Bildungsziele. Lernstoff zu vermitteln ist nur noch eine der Aufgaben der Lehrenden. Diese Ziele sind aber nicht immer genau definiert und werden auch nicht zwischen den Institutionen abgestimmt. Zurzeit wird der Bereich der frühkindlichen Betreuung in Deutschland auf gesellschaftlichen Druck hin zügig ausgebaut, doch es ist zweifelhaft, ob die qualitative Entwicklung mithalten kann. Wieder einmal droht schlichte Überplanung, weil nicht an einem Gesamtkonzept gearbeitet wird. So gibt es weder für die Übergänge zwischen Kita und Schule noch für jene zwischen Schule, Ausbildung und Universität ein ausformuliertes Konzept, obwohl die pädagogischen Anforderungen geradezu auf der Hand liegen. Trotz der Rede vom »lebenslangen Lernen« werden die Institute für die Erwachsenenbildung, etwa die Bibliotheken oder die Volkshochschulen (VHS), in einer Gesamtschau überhaupt nicht berücksichtigt. Doch welche Aufgabe sollten beispielsweise Bibliotheken heute übernehmen? Studienobjekte aufzubewahren und anzubieten ist angesichts der Möglichkeiten, welche die Digitalisierung mit sich bringt, nicht länger von tragender Bedeutung. Einen Ort zu schaffen, der den Austausch zwischen den Menschen fördert, hingegen sehr wohl. Die am besten funktionierenden Bibliotheken sind längst Treffpunkte geworden, an denen über Bildung und Kultur beraten wird.

Dem Namen nach sollen die kommunal finanzierten Volkshochschulen für jene Schichten, die weniger Zugang zu Bildung hatten oder haben, Kurse auf universitärem Niveau anbieten. Aber auch hier fehlt es an Systematik. Jede Volkshochschule wurschtelt mit einem mehr oder minder von der Leitung »erfühlten« Kursangebot vor sich hin, zumeist in Gebäuden mit dem Charme von Jugendheimen aus den siebziger Jahren. Dieses Angebot kann je nach Leitung besser oder schlechter ausfallen. Die relevante Frage aber ist: Wie verhält sich dieses Angebot hinsichtlich der Bildungsziele zu jenen der anderen Bildungseinrichtungen, zu jenen der Kulturinstitute, zu den Bedürfnissen der gesellschaftlichen Vielheit? Muss es nicht vielmehr »ambulante« Angebote geben, in denen die Volkshochschulen eine kollaborative Bildungsarbeit vor Ort leisten? Wäre die Kollaboration nicht gerade eine Möglichkeit, die neue Vielheit des Publikums nicht bloß zu erahnen, sondern tatsächlich kennenzulernen? Ich hatte in den letzten Jahren mehrfach Gespräche mit einer VHS, in denen es um »interkulturelle Öffnung« ging, also darum, die Erwachsenenbildung im Hinblick auf die Einwanderungsgesellschaft neu zu justieren. Auch wenn die Mitarbeiter hoch motiviert waren, das grundsätzliche Problem blieb bestehen: Wie sollen sie in Erfahrung bringen, um wessen und um welche Bedürfnisse es geht, wenn ihre Tätigkeit weitgehend in geschlossenen Räumen stattfindet und Angebote am grünen Tisch entworfen werden?

Bildungsziele, die für den gesamten Bildungsbereich definiert werden, müssen an Lernende und Lehrende vermittelt werden. Die Bildungsziele beruhen auf einer Vorstellung von der Rolle, die das Wissen und Lernen in der Gesellschaft spielen. Die jüngsten Reformen im Bildungsbereich folgen einem neuen Modell, in dem nicht mehr die »Bildung« des Schülers, sondern die Effektivität und Effizienz der erworbenen Wis-

sensbestände als Maßstab dient. Diese Neuausrichtung wurde in Bezug auf die Wissenschaft bereits in den späten siebziger Jahren diagnostiziert. So konstatierte Jean-François Lyotard in *Das postmoderne Wissen*, dass die »großen Erzählungen« ihre Legitimationskraft eingebüßt hätten.[60] Er unterschied zwei solche Erzählungen, eine »emanzipatorische«, in der die Wissenschaft als Mittel zur Befreiung des Menschen fungiert, und eine »spekulative«, in der die Wissenschaft bei der Entfaltung des Geistes hilft. Diese beiden Versionen erklärte Lyotard idealtypisch (und ein wenig schablonenhaft) anhand der Schulpolitik der französischen Dritten Republik und der Gründung der Berliner Universität.[61] Zu jener Zeit machte Lyotard eine Neubegründung des Wissens aus: »[D]er Einsatz [ist] nicht die Wahrheit, sondern die Performativität [...], das heißt das bessere Verhältnis von Input/Output.«[62]

Heute ist der »Output« zum wichtigsten Maßstab geworden, um Bildungserfolge zu bewerten. Wirft man etwa einen Blick auf eine Handreichung des Landesinstituts für Schulentwicklung Baden-Württemberg aus dem Jahre 2004, so wird die »spekulative« Idee der Bildung unumwunden verabschiedet: »Damit verschiebt sich der Fokus von Bildung im Humboldtschen Sinne von der individuellen intellektuellen Entwicklung zu den jeweiligen Kontexten, in denen eine Person kompetent agieren können sollte. Der jeweilige Kontext schafft einen neuen Bezugsrahmen: Die ›Outputorientierung von Lernprozessen‹ steht von nun an im Zentrum des Bildungsbegriffs.«[63] Schaut man sich darüber hinaus die jüngsten Ideen des französischen Bildungsministeriums zur Umwandlung der Schule an, so fehlt dort jeder Verweis auf Emanzipation.[64] Im neuen Schulgesetz von 2005 wurden in Frankreich ebenfalls »Kompetenzen« als Bildungsziele definiert, darunter neben Sprache, Mathematik und technischen Fertigkeiten auch soziale Verantwortung und die »Autonomie der Initiative«.[65] Vom Stoff zum Können, zur Kompetenz als Fähigkeit zum Problemlösen, das ist die Marschrichtung. Im Übrigen verlagert dieser Ansatz letztendlich den Schwerpunkt von der Frage nach Identität auf jene des Handlungsvermögens.

Einer der Kritikpunkte lautet, mit dieser Ausrichtung würde das Lernen voll und ganz den Anforderungen der Wirtschaft unterworfen. Output sei alles, was zähle. Allerdings reagiert diese Verschiebung auf Legitimationsprobleme in der Bildung, die ohne Frage vorhanden sind. Es kann nicht länger darum gehen, die »inneren Anlagen« zu vervollkommnen oder die Lernenden von einer äußeren Unterdrückung zu befreien. Wir wissen nicht genau, wie die inneren Kräfte beschaffen sind; wir sind im besten Sinne Mutanten, deren Kräfte eben nicht einfach gegeben sind, sondern auch von außen angeregt, anverwandelt und verändert werden. Zudem existiert keine schlichte »Zensur« mehr – kein Disziplinarregime für das Verhalten, kein Über-Ich für den psychischen Apparat –, von der es sich zu emanzipieren gelte. Die meisten Menschen in den westlichen Ländern, gleich ob Kinder, Jugendliche oder Erwachsene, müssen unentwegt eine Vielzahl von Entscheidungen fällen, die sich als Notwendigkeiten präsentieren (richtige Bildung, private Vorsorge etc.), aber auch als Alternativen (Konsum, Beruf, Lebensort etc.). Armut bedeutet in den Gesellschaften des Westens nicht nur materielle Not, sondern einen Mangel an Handlungsfähigkeit, der sich wiederum durch einen Mangel an Mitteln ergibt, die notwendigen und möglichen Entscheidungen zu treffen. Bildung sollte diese Mittel bereitstellen. Ausgangspunkt wäre ein »zu bildender« Mutant, frei und desillusioniert, entfremdet und suchend. Wir brauchen keine Pädagogik der Befreiung mehr, sondern eine Pädagogik der Konstitution;[66] eine Pädagogik, die bei den Individuen das Vermögen stärkt, sich zu bilden, nicht bloß im Sinne von Wissen, sondern im Sinn einer ganzen Lebensgrundlage. Die Individuen müssen befähigt werden, sich quasi eine eigene Verfassung zu geben, um sich zu entlasten, einen kleinen Kosmos zu gründen, der ihnen Sicherheit bei ihren Entscheidungen und Handlungen gibt.

Aber gerade die Output-Orientierung wirft die Frage nach dem auf, was gemeinhin als Persönlichkeit bezeichnet wird. Viele Pädagogen halten die Bildung der Persönlichkeit immer noch für ein genuines Anliegen ihrer Bemühungen. Allerdings verbirgt sich darin eine enorme Hybris: Der Pädagoge glaubt zu wissen, welche Eigenschaften er in einem Individuum hervorbringen muss. Aber was kann er, was kann ich wissen über die Metamorphosen eines Menschen, über die Potentiale, die er noch entwickeln wird? Es wäre bescheidener, auf Entscheidungs- und Handlungsfähigkeit abzuzielen. Der Soziologe Hartmut Rosa hat beschrieben, wie die Schule bei den Schülern auch »Muster der Lebensführung« herausbildet: »Ob sie sich hohe oder niedrige Ziele setzen, ob sie weit in die Zukunft planen oder sich eher auf die Gegenwart konzentrieren, ob sie auf Herausforderungen und fremde Menschen mutig zugehen oder ihnen eher auszuweichen versuchen, ob sie eher ein geselliges Leben oder ein in die eigenen vier Wände zurückgezogenes suchen usw.«[67] Die Schule, so Rosa, trage als strukturbildender Rahmen Verantwortung für die künftige Lebensführung. Daher müssten die Anerkennungskämpfe, Distinktionswünsche, starken Wertungen, die Definition der existentiellen Probleme sowie die Zeithorizonte und Entscheidungsweisen der Lernenden berücksichtigt werden. Viele Schulen machen bereits Angebote, um Gleichbehandlung sicherzustellen und unterschiedliche Problemdefinitionen und Wertkonflikte auszutragen oder Zeit und Optionen zu organisieren. Aber von einer systematischen Herangehensweise kann noch keine Rede sein.

Hier nähert sich das pädagogische Verhältnis dem therapeutischen an. Wenn Wissen verändert werden soll, dann folgerichtig oft auch der »Charakter«, weil Wissen eben nicht nur Stoff umfasst, sondern auch Organisationsformen und Muster der Lebensführung. Der Charakter wurde traditionell als ein Bündel von Eigenschaften verstanden, welche die Persönlichkeit »besitzt« und die ihre »Identität« ausmachen. Es ist jedoch sinnvoller, ihn als ein Bündel von intersubjektiven Kommunikationspositionen und Erzählmustern zu begreifen.

Einer der interessantesten psychologischen Tests ist meiner Meinung nach der in den dreißiger Jahren entwickelte sogenannte Thematische Apperzeptionstest. Hinter dem komplizierten Namen verbirgt sich ein recht einfaches Verfahren: Den Probanden wird eine Reihe von Bildtafeln gezeigt, auf denen Personen zu sehen sind, die in eine vage, interpretationsbedürftige Situation verwickelt sind. Anschließend werden die Testpersonen aufgefordert, zu diesen Bildern eine möglichst dramatische Geschichte zu erzählen. Die einzige Bedingung ist, dass diese einen Anfang und ein Ende hat. Bei der Auswertung des Tests zeigen sich in den Geschichten Strukturen; eben in der Art, wie die Personen auf den Bildern zueinander ins Verhältnis gesetzt werden und wie sich die Handlung jeweils entfaltet. Auch wenn sich jemand dazu entschließt, den Test zu sabotieren, verbleibt er in der Logik seiner eigenen Positionierungen und Erzählweisen.

Diese Muster werden mit dem Beginn der ersten Kommunikationen gelernt, und sie machen den Charakter aus, keineswegs irgendwelche unverbrüchlichen Dispositionen. So kennen die meisten Menschen das Gefühl, in Beziehungen in bestimmte Abläufe »hineinzurutschen«, ohne eigenes Zutun. In genau diesem Gefühl zeigen sich jene Muster. Sie werden oft auch dann beibehalten, wenn die Personen beginnen, in und unter ihren Beziehungen zu leiden. Tatsächlich erzielt man trotz des Leidens einen Krankheitsgewinn im Sinne von Sigmund Freud: Die alten Muster werden in Kauf genommen, sogar als befriedigend erlebt, weil sie Sicherheit bieten und die Veränderung so angsteinflößend und arbeitsintensiv erscheint.

Das Muster oder die »Struktur«, wie Roland Barthes sagt, ist »bewohnbar«:

> »Ich kann sehr wohl bewohnen, was mich nicht glücklich macht; ich kann mich beklagen und gleichzeitig ausharren; ich kann den Sinn der Struktur, der ich eingefügt bin, ablehnen und doch manche ihrer Alltagsausschnitte ohne Mißvergnügen durchlaufen (Ge-

> wohnheiten, belanglose Vergnügungen, kleine Sicherheiten, erträgliche Dinge, vorübergehende Spannungen) […]. Wer sich einbezogen sehen will, möchte sich lebenslängliches und fügsames Gehör verschaffen. Als Rückhalt ist die Struktur von der Begierde geschieden: was ich will, ist ganz einfach ›ausgehalten‹ werden, nach Art eines oder einer gehobenen Prostituierten.«[68]

Die »Strukturen«, in denen Erwachsene sich eingerichtet haben, sind zweifellos schwieriger zu verändern als die von Kindern. Und natürlich scheint hier eine komplette Überfrachtung der institutionellen Erziehung am Horizont auf. Wenn die Schule nun auch den »Charakter« bilden soll, dann könnte das zu viel verlangt sein oder potentiell sogar faschistoid. Doch wenn man sich von der Idee des Lehrenden befreit, der »vom Kinde ausgehend« bereits weiß, wie die Wissensbestände und Charaktermerkmale der zukünftigen Erwachsenen beschaffen sein sollen, dann sorgt die Kollaboration als ethische Leitidee für eine neue Vorstellung von Bildung. Die stetige Vernähung von und Auseinandersetzung mit unterschiedlichen Positionierungen und Erzählweisen im Prozess der Kollaboration kann – und ich sage: kann – die Strukturen der Einzelnen verändern und neue Geschichten ermöglichen. Bildung würde dann tatsächlich zum lebenslangen Lernen auffordern. Allerdings nicht im neoliberalen Sinne, die Lernenden auf den Beruf vorzubereiten bzw. die Arbeitnehmer an die je aktuellen Ansprüche ihrer Jobs anzupassen. Sie wäre eine Form der permanenten Vergesellschaftung.

Nun leben wir nicht in einer idealen Gesellschaft, und zurzeit sind es die neoliberalen Leitprinzipien, durch die Bildung auf Wettbewerb, Flexibilität, Output, Evaluation und ständiges Weiterlernen getrimmt werden soll. Die permanente Aufforderung zur Neujustierung und Weiterentwicklung lässt offen, wann Bildung eigentlich beendet sein soll, wann ein

»Abschluss« erreicht ist. In seinem Aufsatz »Postskriptum über die Kontrollgesellschaften« hat Gilles Deleuze bemerkt, die derzeitige Gesellschaft sei eine, in der man niemals mit etwas fertig werde.[69] Das hat eine Reihe von negativen Konsequenzen, wie die Angehörigen der sogenannten Generation Praktikum erfahren mussten und müssen. Trotz der Übertragung von immenser Verantwortung wird die »volle« Entlohnung für geleistete Arbeit verweigert bzw. andauernd verzögert – mit dem Verweis auf die Lernerfahrung, die der Job bietet.

Für diese Generation waren und sind die Schul- und Universitätsabschlüsse deutlich weniger wert; sie zahlen sich weder in Know-how noch in Geld aus. Ich denke, dass die neue Relevanz etwa von Abiturfeiern etwas mit dieser Entwertung zu hat: Es gibt angesichts der Unsicherheiten über das Ende von Bildungsetappen den Wunsch, die jeweiligen Lebensabschnitte zumindest durch Feiern stärker zu akzentuieren. Vielleicht kann die Frage heute auch gar nicht mehr lauten, wie ein »Abschluss«, sondern vielmehr wie ein »Übergang« definiert wird. Tatsächlich ist es sinnvoll, das zu unterstreichen, was Jacques Lacan als *passe* bezeichnet hat. Die *passe* war Lacans Antwort auf die Frage, wann die Lehranalyse, die alle Anwärter auf den Psychoanalytikerstatus durchlaufen mussten, beendet sein sollte: dann nämlich, wenn zwei ausgebildete Analytiker unabhängig voneinander das Ende der Analyse und der Ausbildung bestätigten. Das Ende der Ausbildung wies die Fähigkeit aus, das Wissen der Psychoanalyse in den Sitzungen mit Klienten nun selbst praktisch weitergeben zu können.

Wenn das Ergebnis der Bildung eine *passe* wäre, dann stellt sich die Frage, wie man sie organisieren sollte. Ich habe darauf keine Antwort. Aber neue Herausforderungen benöti-

gen auch neue Formen von »Abschlüssen«, zumal niemand mehr den Eindruck hat, er habe nach Abitur, Ausbildung, Bachelor oder Master eine reale Transition geschafft. Peer-Reviews und Evaluationen sind unterdessen Instrumente, die fortlaufend die Entwicklung dokumentieren sollen. Sie dienen häufig schlichter (auch bürokratischer) Kontrolle, aber sie beinhalten darüber hinaus ein demokratisches, kollaboratives Element, weil sie Beurteilungen außerhalb des Rahmens »von oben nach unten« ermöglichen. Die *passe* ist jedenfalls ein guter Orientierungspunkt für Transition: Ich habe etwas zum Abschluss gebracht, wenn ich selbst in der Lage bin, es zu vermitteln, wenn ich mir Wissen angeeignet habe, aber auch eine Form eingeübter, erprobter, angewandter Weisheit.

Anmerkungen

1 Felicitas Kraus und Martin Wildermuth, *Unimut. Studenten in Bewegung*, Berlin: Rotbuch 1989, S. 17.

2 Der Präsident der Technischen Universität Berlin (Hg.), *Zukunftskonzept der TU Berlin für die Jahre 2013 bis 2020*, Berlin 2013, S. 29, online verfügbar unter: {https://www.tu-berlin.de/menue/ueber_die_tu_berlin/profil_geschichte/zukunftskonzept/} (Stand Januar 2015).

3 Humboldt-Universität zu Berlin, *Zukunftskonzept zum projektbezogenen Ausbau der universitären Spitzenforschung »Bildung durch Wissenschaft. Persönlichkeit – Offenheit – Orientierung«*, Berlin 2011, S. 50, online verfügbar unter: {https://www.exzellenz.hu-berlin.de/de/zukunftskonzept/zukunftskonzept_de} (Stand Januar 2015).

4 Ebd., S. 53.

5 Vgl. die Website zu den Tutorien: {https://bolognalab.hu-berlin.de/projekte-des-bologna.labs/q-programm/q-tutorien} (Stand Januar 2015).

6 Vgl. Jerome S. Bruner, »Folk pedagogy«, in: ders., *In Search of Pedagogy Vol. II. The Selected Works of Jerome S. Bruner*, Oxon: Routledge 2006, S. 160ff.

7 Vgl. Eric Schmidt und Jonathan Rosenberg, *How Google Works*, New York: Grand Central Publishing 2014, S. 98.

8 Gesetz über die Hochschulen im Land Berlin (Berliner Hochschulgesetz – BerlHG) in der Fassung vom 26. Juli 2011, § 4 (1).

9 Vgl. Steven Johnson, *Where Good Ideas Come From. The Natural History of Innovation*, London: Allen Lane 2010.

10 Ebd., S. 59.

11 Ebd., S. 57.

12 Vgl. Karin Knorr-Cetina, *Die Fabrikation von Erkenntnis: Zur Anthropologie der Wissenschaft*, Frankfurt a. M.: Suhrkamp 1991.

13 Vgl. etwa Mechthild Gomolla und Frank-Olaf Radtke, *Institutionelle Diskriminierung: Die Herstellung ethnischer Differenz in der Schule*, Opladen: Leske + Budrich 2002; Maria Hallitzky und Martina Schliessleder, »Welche pädagogischen Leitbilder haben Lehramtsstudierende in Bezug auf den Umgang mit migrationsbedingter Heterogenität?«, in: Jörg Ramseger und Matthea Wagener (Hg.), *Chancenungleichheit in der Grundschule*, Wiesbaden: VS Verlag 2008; Eva Lang et al., »Das Heterogenitätsverständnis von Lehrkräften im jahrgangsgemischten Unterricht der Grundschule«, in Jög Hagedorn et al. (Hg.), *Ethnizität, Geschlecht, Familie und Schule*, Wiesbaden: VS Verlag 2010; Kareem Fereidooni, *Schule – Migration – Diskriminierung: Ursachen der Benachteiligung von Kindern mit Migrationshintergrund im deutschen Schulwesen*, Wiesbaden: VS Verlag 2010.

14 Vgl. Marie-Claude Blais et al., *Pour une philosophie politique de l'éducation. Six questions d'aujourd'hui*, Mantilly: Pluriel 2013.

15 Johannes König, »Lehrerprofessionalität – Konzepte und Ergebnisse der internationalen und deutschen Forschung am Beispiel fachübergreifender, pädagogischer Kompetenzen«, Vortrag 2009, online verfügbar unter: {https://www.hf.uni-koeln.de/data/eso/File/Koenig/Beitrag_Koenig_2010.pdf} (Stand Januar 2015).

16 Bernhard Bueb, *Lob der Disziplin. Eine Streitschrift*, Berlin: Ullstein 2008, S. 59.

17 Ebd., S. 5.

18 Vgl. *Hindernis Herkunft. Eine Umfrage unter Schülern, Lehrern und Eltern zum Bildungsalltag in Deutschland*. Im Auftrag der Vodafone Stiftung Deutschland, Berlin 2013, online verfügbar unter: {http://www.vodafone-stiftung.de/ideen_foerdern_publikationen.html?&tx_newsjson_pi1[showUid]=30&cHash=e2270fb5104907e5c3be9121af72e237} (Stand Januar 2015).

19 Vgl. Jacques Lacan, *Das Seminar, Buch 11, Die vier Grundbegriffe der Psychoanalyse*, Berlin: Quadriga 1987.
20 Vgl. die Website des Berufsverbands Deutscher Psychologinnen und Psychologen: {http://www.bdp-verband.org/beruf/index.shtml} (Stand Januar 2015).
21 Vgl. Michael White, *Maps of Narrative Practice*, London und New York: Norton 2007.
22 Kenneth J. Gergen und Eugene K. Epstein, »Von der Behandlung zum Dialog: reflexive Kooperation in Theorie und Praxis«, in: *Familiendynamik*, 30. Jg., Heft 2, 2005, online verfügbar unter: {http://www.systemagazin.de/bibliothek/texte/gergen_epstein_von_behandlung_zum_dialog.pdf} (Stand Januar 2015), S. 4.
23 Vgl. Tom Andersen, *Das Reflektierende Team: Dialoge und Dialoge über die Dialoge*, Dortmund: modernes lernen 2011.
24 Vgl. Jacques Rancière, *Der unwissende Lehrmeister: Fünf Lektionen über die intellektuelle Emanzipation*, Wien: Passagen 2009.
25 Vgl. Jean Joseph Jacotot, *Universal-Unterricht oder Lernen und Lehren nach der Natur-Methode*, Zweibrücken: Ritter Verlag 1833.
26 Paolo Freire, *Pädagogik der Unterdrückten. Bildung als Praxis der Freiheit*, Reinbek bei Hamburg: Rowohlt, S. 57.
27 Kersten Reich, »Konstruktivistische Didaktik. Beispiele für eine veränderte Unterrichtspraxis«, in: *Schulmagazin* 5 bis 10, Heft 3, 2005.
28 Der Bildungsplan ist online verfügbar unter: {http://www.kultusportal-bw.de/site/pbs-bw/get/documents/KULTUS.Dachmandant/KULTUS/kultusportal-bw/Bildungsplanreform/Arbeitspapier_Leitprinzipien.pdf} (Stand Januar 2015).
29 Diedrich Diederichsen, *The Sopranos*, Zürich: Diaphanes 2012, S. 29.
30 Vgl. Annemarie von der Groeben, *Wir wollen Schule machen. Eine Streitschrift des Schulverbundes »Blick über den Zaun«*, Opladen: Barbara Budrich 2010.
31 Vgl. Josh Lerner, *Making Democracy Fun. How Game Designers Can Empower Citizens and Transform Politics*, Cambridge (Mass.): MIT Press 2014.
32 Vgl. Marco Evers, »Die Schule, die nie aus ist«, in: *Der Spiegel*, Nr. 26, 2013; Christine Kensche, »Internet-Unternehmer eröffnet sieben iPad-Schulen«, in: *Die Welt*, 28. August 2013; Gunda Schwantje, »Die vielen Schüler des Steve Jobs«, in: *die tageszeitung*, 10. April 2014.
33 Diana G. Oblinger und Mark K. Maruyama, *Distributed Learning*, CAUSE Professional Paper Series, Nr. 14, Boulder 1996, online ver-

fügbar unter: {http://net.educause.edu/ir/library/pdf/pub3014.pdf} (Stand Januar 2015).

34 »›In sechs Jahren ist das alte Schulsystem tot‹«, Interview mit Gerald Hüther, in: *die tageszeitung*, 05. September 2012.

35 Von der Groeben, *Wir wollen Schule machen*, S. 32.

36 Klaus Mollenhauer, *Erziehung und Emanzipation. Polemische Skizzen*, München: Juventa 1973, S. 88.

37 Franz Kafka, »Brief an Oskar Pollak«, 08. November 1903, online verfügbar unter: {http://homepage.univie.ac.at/werner.haas/1903/br03-002.htm} (Stand Januar 2015).

38 Vgl. Sven Ehmann et al. (Hg.), *Learn for Life. New Architecture for New Learning*, Berlin: Gestalten 2012, S. 229ff.

39 Vgl. Anne Seifert et al., *Praxisbuch Service-Learning. »Lernen durch Engagement« an Schulen*, Weinheim und Basel: Beltz 2012.

40 Randy Stoecker und Elisabeth A. Tryon (Hg.), *The Unheard Voices. Community Organizations and Service Learning*, Philadelphia: Temple University Press 2009; Geraldine B. Stahly, *Gender Identity, Equity, and Violence. Multidisciplinary Perspectives Through Service Learning*, Sterling: Stylus 2007.

41 Siehe die Website des Projekts: {http://udn.hcu-hamburg.de/de/} (Stand Januar 2015).

42 Robert Venturi, Denise Scott Brown und Steven Izenour, *Lernen von Las Vegas. Zur Ikonographie und Architektursymbolik der Geschäftsstadt*, Braunschweig und Wiesbaden: Vieweg 1979.

43 Heinrich Biermann, »Das Klippert-Konzept in der Praxis. Steuerung von Lernprozessen«, in: Wolfgang Endres (Hg.), *Lernen lernen – wie stricken ohne Wolle?*, Weinheim und Basel: Beltz 2007, S. 29.

44 Vgl. ebd.

45 Mark Terkessidis, *Psychologie des Rassismus*, Opladen und Wiesbaden: Westdeutscher Verlag 1998, S. 83ff.

46 Vgl. etwa Thomas Rauschenbach et al. (Hg.), *Informelles Lernen im Jugendalter. Vernachlässigte Dimensionen der Bildungsdebatte*, Weinheim und München: Juventa 2006.

47 Gabriele Brandstetter, »Tanz. Wissensübertragung in Bewegung«, in: Colleen M. Schmitz (Hg.), *tanz! Wie wir uns und die Welt bewegen*, Berlin: diaphanes 2013.

48 John Clarke u.a., *Jugendkultur als Widerstand. Milieus, Rituale, Provokationen*, Frankfurt a.M.: Syndikat 1979.

49 »Patterns under the plough«, in: *The Wire* 278, April 2007, S. 31.

50 Gernot Böhme, *Atmosphäre. Essays zur neuen Ästhetik*, Frankfurt a.M.: Suhrkamp 1995, S. 25.

51 Ebd., S. 41.

52 Vgl. Jean-Claude Gillet, *Animation. Der Sinn der Aktion*, Luzern: Verlag für Soziales und Kulturelles 1998.

53 »Herr Nolte, wie viel Unterschicht vertragen wir?«, Interview mit Paul Nolte, in: *P. M.*, online verfügbar unter: {http://www.pm-magazin.de/a/herr-nolte-wie-viel-unterschicht-vertragen-wir} (Stand Januar 2015).

54 Vgl. Fabian Kessl et al. (Hg.), *Erziehung zur Armut?: Soziale Arbeit und die »neue Unterschicht«*, Wiesbaden: VS Verlag 2007.

55 Vgl. Elijah Anderson, *Code of the Street. Decency, Violence and the Moral Life of the Inner City*, New York: W.W. Norton 1999.

56 Vgl. ebd., S. 69.

57 Vgl. ebd., S. 33.

58 Ebd., S. 97.

59 Vgl. Paul Willis, *Learning to Labor. How Working Class Kids Get Working Class Jobs*, New York: Columbia University Press 1981.

60 Vgl. Jean-François Lyotard, *Das postmoderne Wissen. Ein Bericht*, Bremen: Impuls & Association 1982.

61 Ebd., S. 60ff., für eine Kritik der Beispielauswahl vgl. Mark Terkessidis, »Die Differenz, die Gerechtigkeit, das Unbekannte. Über die Notwendigkeit, die Postmoderne zu redigieren«, in: *Text*, online verfügbar unter: {http://www.text-revue.net/revue/heft-7/die-differenz-die-gerechtigkeit/text} (Stand Januar 2015).

62 Ebd., S. 87.

63 Landesinstitut für Schulentwicklung Baden-Württemberg (Hg.), *Mit Kompetenzrastern dem Lernen auf der Spur*, Stuttgart 2012, online verfügbar unter: {http://www.ls-bw.de/Handreichungen/pub_online/NL04_Mit_Kompetenzrastern_dem_Lernen_auf_der_Spur.pdf/view} (Stand Januar 2015).

64 Ministère de l'Éducation nationale (Hg.), *Projet de loi pour la refondation de l'école*, Paris 2013, online verfügbar unter: {http://www.education.gouv.fr/cid66812/projet-loi-pour-refondation-ecole-une-ecole-juste-pour-tous-exigeante-pour-chacun.html#Faire_entrer%20l%E2%80%99%C3%89cole%20dans%20l%E2%80%99%C3%A8re%20du%20num%C3%A9rique} (Stand Januar 2015).

65 »Le socle commun de connaissances et de compétences«, online verfügbar unter: {http://www.education.gouv.fr/cid2770/le-socle-commun-de-connaissances-et-de-competences.html} (Stand Januar 2015).

66 Vgl. zum Begriff der Konstitution: Michael Hardt und Antonio Negri, *Declaration*, Argo-Navis 2012, S. 49ff.

67 Hartmut Rosa, »Leben lernen?! Der andere geheime Bildungsauftrag der Schule«, in: Wolfgang Enders (Hg.), *Lernen lernen – Wie stricken ohne Wolle?*, Weinheim und Basel: Beltz 2007.

68 Roland Barthes, *Fragmente einer Sprache der Liebe*, Frankfurt a. M.: Suhrkamp 1984, S. 76.

69 Vgl. Gilles Deleuze, »Postskriptum über die Kontrollgesellschaften«, in: ders., *Unterhandlungen 1972-1990*, Frankfurt a. M.: Suhrkamp 1993.

4. Schaffen

Auf einem der weniger erfolgreichen Alben des Rappers Kool Moe Dee – *Funke, Funke Wisdom* von 1991 – ist eine erstaunliche Zeile zu hören. Kool Moe Dee hatte sich auf seinen vorherigen Platten als ein durchaus typischer Vertreter des Consciousness-Rap gegeben, also als ein Musiker mit sozialem Bewusstsein. In seinen Predigten forderte er »die Brüder«, seine Hauptadressaten, nachdrücklich dazu auf, sich *knowledge* anzueignen. Je mehr Bildung, so meinte er, desto mehr Möglichkeiten, das eigene Leben zu verändern. 1991 hieß es jedoch plötzlich: »Knowledge ain't enough, you need funke funke wisdom«. Der Begriff *funke* ist nicht leicht zu übersetzen. Der Ausdruck *funky* wurde ursprünglich verwendet, um unangenehme Körpergerüche von schwarzen Menschen zu bezeichnen, und hatte teilweise eine durchaus rassistische Komponente. Später ging seine Bedeutung auf die Gerüche über, die entstehen, wenn die feiernde Menge im Club tanzt und schwitzt. In leicht abgewandelter Form wurde er schließlich der Name für einen (schwarzen) Musikstil. Es geht also um eine Art schmutzig-erregte, organische Weisheit, um alternative Wissensbestände und informelle Vermittlungszusammenhänge. Diese Weisheit erwirbt man nicht frontal-verbal, sondern indirekt-viszeral. Die Mutanten werden von etwas getroffen, dessen Auswirkungen sie zunächst einmal kaum verstehen. Grundlage ist das eigene Involviertsein. Man tut etwas, erzeugt mit anderen jenen Geruch, der wiederum das eigene Geschmacksurteil evoziert: Gut ist es nur, wenn es nach Funk riecht. Die Weisheit wäre also das organische Sensorium, das sich bildet, während man Geruch absondert und dabei lernt, wie man nach diesem urteilt und handelt.

Das mag esoterisch klingen, aber im menschlichen Leben existiert nach dem Diktum Shakespeares eben mehr zwischen Himmel und Erde, als die Schulphilosophie sich erträumt. Tatsächlich formt sich die organische Weisheit selten in der Schule. Diese Wissensform war traditionell ein Fall für die Kunst im weitesten Sinne. Allerdings nicht für die Kunst der Repräsentation, verkörpert durch die »Vorstellung von einem Kunstwerk als einem Objekt, einem Text, einem isolierten Artefakt«, sondern für eine Kunst der Kollaboration, in der Kunst als soziale Praxis betrachtet wird.[1] Als ich 1991 begann, für das Musikmagazin *Spex* zu arbeiten, existierte noch so etwas wie ein musikalischer Underground. Im Mainstream suchten die großen Musikunternehmen nach erfolgreichen Modellen, die dann bis zur kommerziellen »Sättigung« wiederholt wurden. Aus der praktischen Kritik daran hatte sich eine Parallelstruktur etabliert, um die musikalische Kreativität zu erhalten. Dabei handelte es sich um einen Verbund aus Objekten (Tonträger), Vertriebsstrukturen (Label, Vertrieb, Läden), Kommunikation (Fanzines, Zeitschriften) und Ereignissen (Konzerten, Festivals). In diesem Zusammenhang erwies sich die ansonsten recht scharfe Trennung von Produzenten und Konsumenten oft als fließender Übergang. Künstler, Labelmacher, Rezipienten und auch Kritiker in Personalunion gab es zuhauf. Auch als Redaktionsmitglied einer Zeitschrift war man eben nicht bloß »Rezensent«, sondern subjektiv-affektiv-parteiischer Teilnehmer an einem größeren Beziehungsgefüge und -geschehen.

Diese vergleichsweise unentfremdete Rollendiffusion war ein Erbe des Punkrock, einer Bewegung, für die das Motto »Do it yourself« von zentraler Bedeutung war. Als Punk Mitte der siebziger Jahre entstand, wandten sich seine Protagonisten, von den Ramones bis zu den Sex Pistols, gegen die musikalischen und mentalen Überreste der Hippie-Bewegung, die längst in den Stadien angekommen waren: als abgehobene, bombastische und langweilige Virtuosenkonzerte von Bands wie Gentle Giant oder Genesis. Während sich der Gitarren-Underground in den frühen neunziger Jahren aus vielen Gründen auflöste, entwickelte sich mit Techno eine Musik, deren Produktionsmittel den Prozess des Musikmachens weiter demokratisierten. Wer sich heute für Musik interessiert, der kann sie mithilfe der richtigen Software auf seinem Computer selbst erzeugen. Ein wenig über die europäische Harmonielehre zu wissen oder ein Instrument zu beherrschen mag dabei hilfreich sein, ist aber längst keine Voraussetzung mehr für so etwas wie Komposition. Zugleich hat sich aber auch der Musikkonsum vollkommen verändert. Lange war der Tonträger – Singles oder Alben – das populärste Medium, um Musik zu hören. Veröffentlicht wurde zu einem festgelegten Datum, und in den meisten Fällen tourten die Künstler anschließend durch die Länder. Mittlerweile hält das Internet jedoch ein schier unendliches Musikarchiv bereit, verstreut auf Blogs, Streamingdienste, YouTube oder kommerzielle Downloadangebote. Musikhören ist zu einer Art alltäglichem Fluss geworden, wobei die linearen Zeitvorstellungen wie auch die Ideen von neu und alt durcheinandergewirbelt werden, weil auch bislang unverfügbare Aufnahmen aus früheren Zeiten zugänglich sind. Zudem wird das Material oftmals in die elektronische Produktion neuer Musik einbezogen. Es geht also längst nicht mehr um ein Objekt, sondern um einen Prozess, der das künstlerische Schaffen in eine potentiell unendliche Zahl von Metamorphosen verwickelt.

Kollaborative Kunst als soziale Praxis ist dementsprechend eine adäquate Beschreibung für jene Formen des künstlerischen Schaffens, an denen ich selbst intensiv beteiligt war.

Als der Underground noch existierte, war *funke wisdom* oder das »coole Wissen«, wie ich es in Bezug auf die Beastie Boys an anderer Stelle einmal genannt habe, einer der Lebensinhalte.[2] Inzwischen hat sich vieles verändert. Die Subkulturen spielen eine geringere Rolle. Zum einen stand der Underground in einer Tradition der Jugendrevolten, also der kulturellen Proteste gegen die von der Disziplin geprägten Ordnungen nach dem Zweiten Weltkrieg. Zum anderen haben sich wie beschrieben die Bedingungen von Musikproduktion und -konsum verschoben. Die »Kulturindustrie« kann nicht länger ein Diktat ausüben, weil sie nicht mehr die Produktionsmittel und die Verbreitungskanäle monopolisieren kann. Noch in den neunziger Jahren musste man die aufregenden Musiken suchen, sie auf Tonträgern aus anderen Ländern mitbringen, per Post bestellen oder warten, bis sie in Secondhandläden oder Importshops zu haben waren. Heute laden die meisten Menschen wahrscheinlich mehr Musik auf ihre zahlreichen Geräte, als sie je hören können – der Wandel ist monumental. Der Unterschied zwischen Underground und Mainstream macht nur noch wenig Sinn, denn auch die Industrie setzt nicht mehr nur auf einzelne Zugpferde, sondern stellt ein diversifiziertes Angebot bereit. Zudem hat sich der Mainstream selbst verändert, nicht nur im Musikbereich. Die USA haben ihr Monopol an eine multipolare Produktion in Indien, China, Korea oder den Golfstaaten verloren.

Kollaborative Kunst als soziale Praxis

Die Praxis der Kollaboration ist in der Parapolis nicht auf ausgewählte subkulturelle Zusammenhänge beschränkt. In der Kunsttheorie werden seit den neunziger Jahren neue Positionen formuliert, die von der Kollaboration aus denken. Schon 1992 sprach die Kunsthistorikerin und -kritikerin Suzi Gablik in einem Aufsatz von einer »konnektiven Ästhetik«. Der Künstler als »kantiger, autonomer Individualist« gehöre der Vergangenheit an. Die zeitgenössische Kunst sei »orientiert an der Erzeugung von geteiltem Verständnis und dem unhintergehbaren Verwobensein von Selbst und Anderen, von Selbst und Gesellschaft«.[3] Damit verweist Gablik auf Künstlerinnen wie Judy Baca, die in ihrem Projekt The Great Wall of Los Angeles gemeinsam mit zahlreichen Menschen aller Alters-, Bildungs- und Einkommensklassen sowie unterschiedlicher Herkunft die Geschichte Kaliforniens in Wandbildern (Murales) darstellte. Vorausgegangen waren ausführliche Gespräche mit Anwohnern und Experten, um »die« Geschichte in minoritäre Geschichten zu transformieren. Gablik erwähnt in ihrem Aufsatz auch Kunstprojekte wie die Videodokumentation Prisoners von 1986. Darin interviewt der Künstler Jonathan Borofsky zweiunddreißig Insassen US-amerikanischer Gefängnisse. Sie nennt ebenfalls The Shooting Back Education and Media Center, ein Projekt des Fotografen Jim Hubbard, der 1989 zusammen mit Kollegen begann, obdachlosen Kindern in Heimen die handwerklichen Voraussetzungen des Fotografierens beizubringen, damit sie ihre eigene Lebenswelt künstlerisch bearbeiten konnten.

Der Kurator Nicolas Bourriaud brachte 1998 den Begriff »relational« ins Spiel, um eine Kunst zu beschreiben, die nicht mehr vom individuellen, privaten Erleben ausgeht, sondern von menschlichen Beziehungen und sozialem Kontext. Später verwendete er den Ausdruck »radikante Kunst«. Damit bezeichnete er eine Kunst, die nicht mehr radikal an den Wurzeln ansetzt: »Radikant sein: seine Wurzeln in heterogenen Kontexten und Formaten in Szene setzen und auf den Weg bringen; ihnen das Vermögen absprechen, unsere Identität vollständig zu definieren; Ideen übersetzen, Bilder transcodieren, Verhalten verpflanzen, austauschen, nicht aufdrängen.«[4] Die Künstler, an deren Beispiel Bourriaud seine Ästhetik erklärte, haben oft mit dem Publikum zusammengearbeitet: Vanessa Beecroft etwa bezog Freiwillige in ihre ornamentalen Performances ein; Rirkrit Tiravanija lud Passanten ein, in der Galerie etwas zu essen; Thomas Hirschhorn baute, inspiriert von den Trauerbekundungen nach dem Tod von Lady Diana, altarähnliche »Monumente« für seine Theorie-Helden wie Gilles Deleuze oder Michel Foucault und überließ sie der öffentlichen Nutzung usw.

Während Gablik und Bourriaud sich an den Überresten des modernen Kunstverständnisses abarbeiteten, wandte sich der Künstler und Autor Bruce Barber ab Mitte der neunziger Jahre gegen postmoderne Strategien. Er plädierte für eine Kunst, die sich nicht auf das Zitieren und Aneignen (*appropriating*), also das Nehmen, stützt, sondern auf das Geben, Spenden und Versorgen.[5] Barber berief sich auf Jürgen Habermas und präsentierte eine Kunst, die sich als »kommunikative Aktion« in einen Mediationsprozess begab, um die Gesellschaft zu verändern. Die Beispiele waren vielfältig: Wochenklausur (Österreich), Ala Plastica (Argentinien), Art of Change (Großbritannien) oder Art Link (Irland). Ausführlich erläuterte Barber ein Projekt der Künstlerin Kelly Lycan namens Food Bank (1994), in dem sie sich mit der Zirkulation von Essen und Rezepten, aber auch Rollen befasste. Gemeinsam mit den Einwohnern der kanadischen Stadt Halifax verwandelte sie »Spender« von Essen (etwa an das kanadische Pendant der Organisation Die Tafeln) in Empfänger. Es handelte sich aber nicht, so Barber, um »eine andere Form von mitleidiger Opferkunst, die sich in das entrechtete Pro-

letariat einfühlt. Im Gegenteil: Lycan problematisiert die Bedingungen des Gebens in einer Wirtschaft, die [...] individuelles Eigentum, Profit und sichtbaren Konsum bevorzugt.«[6]

Zuletzt hat der Kunsthistoriker Grant Kester anhand von Projekten, die von Stephen Willats Stadtplanungen bis zur Hamburger Intervention Park Fiction reichen,[7] sein Konzept einer »dialogischen Ästhetik« entwickelt.[8] Auch Kester lehnt eine modernistische Vorstellung von Kunst ab, in der ein Objekt erzeugt wird, das beim Betrachter auf schockhafte Weise einen neuen Wahrnehmungshorizont öffnet. Er plädiert für eine Ästhetik, die einen Prozess mit unbestimmtem Ausgang anstößt. Die künstlerische Qualität besteht im kommunikativen Vorgang, den das Werk auslöst oder beschleunigt und der wiederum Wissen produzieren kann, um die kognitiven, sozialen oder politischen Konventionen zu verändern. Kester greift auf eine ganze Reihe von Künstlern zurück, setzt sich aber klar von Bourriaud und seinen Gewährsleuten ab. Ein großer Teil der von Bourriaud favorisierten »relationalen Projekte«, so Kester, »behält den Status eines Texts, in dem sozialer Austausch von vornherein als Ereignis choreographiert wird, um es einem Publikum vorzuführen, das vom Künstler ›einberufen‹ wurde«.[9] Kesters Kritik ist berechtigt: Wie in der Stadtplanung sind in der Kunst Partizipation und zuletzt auch Kollaboration zu modischen Bezeichnungen avanciert, die für alle möglichen Formen künstlerischer Zusammenarbeit und Publikumsbeteiligung herangezogen werden. Allerdings existieren in der Art der Kollaboration erhebliche Unterschiede, auf die ich noch zu sprechen kommen werde.

Kollektivität und Kollaboration werden in der Kunst auffällig intensiver diskutiert als in anderen Bereichen.[10] Die Kunsthistorikerin Claire Bishop hat in ihrer durchaus kritischen Betrachtung von »partizipatorischer Kunst« dennoch die Vermutung geäußert, diese Kunst könne so etwas darstellen wie eine aktuelle Version von Avantgarde. Zum einen könne so Opposition gegen die Vereinnahmung von Künstler und Kunst formuliert werden. Im Neoliberalismus sei der Künstler zu einem Vorbild für das flexible und adaptionsfähige Individuum im Auftrag der permanenten Selbstvermarktung geworden. Zugleich wurde die Objektkunst zum Gegenstand eines Kunstmarkts, an dem die gezahlten Summen in unermessliche Höhen steigen. Die privaten Sammler, die sich auf diesem Markt tummeln, orientieren sich kaum noch an ästhetischem Interesse, sondern an Wertsteigerungsoptionen. Zum anderen, so Bishop weiter, könne diese Kunst dazu beitragen, die Gesellschaft zu verbessern: Der kommunikative Ansatz unternehme in einer nur noch um Wettbewerb und

Konsum kreisenden Gesellschaft kleine Schritte zur Reparatur des sozialen Bandes.[11]

Nun ist Kunst ebenso wie Bildung seit geraumer Zeit mit einer manifesten Krise der Subjekte, des Gegenstands und der Bewertungskategorien konfrontiert. Anders als in der Bildung wird in der bildenden Kunst darüber aber zumindest mit einiger Energie debattiert. Hier sind Experimente zweifellos leichter umzusetzen als in der Stadtplanung oder der Bildung. Zudem ist seit den neunziger Jahren das Politische auf erstaunliche Weise in die internationale Kunstszene migriert. Es ist fraglich, ob aus der französischen Linken stammende Denker wie Alain Badiou oder Jacques Rancière heute denselben Bekanntheitsgrad genießen würden, wenn ihre Namen nicht so häufig in der Kunstwelt fallen würden. Man mag die manches Mal durchaus oberflächliche politische Ausrichtung der allgegenwärtigen Biennalen kritisieren, nichtsdestotrotz sind in der bildenden Kunst weiterhin Auseinandersetzungen auf hohem Niveau möglich, die in anderen Sparten kaum noch geführt werden, etwa in der Literatur. Und wie in der Bildung stellt sich auch in der Kunst die Frage, ob Kollaboration als ethische Leitidee für eine andere Konfiguration fungieren kann.

Suzanne Lacy vs. Christoph Schlingensief

Die oben erwähnten Autoren und Künstler, die sich mit Kollaboration befasst haben, erwähnen alle die Künstlerin Suzanne Lacy. Sie selbst nennt ihre Art der Kunst New Genre Public Art. Lacy war eine Aktivistin in der feministischen Bewegung. Ab den siebziger Jahren probierte sie alle möglichen Arten von Kunst aus, bis es ihr gelang, eine ihren Interessen und Anliegen gemäße Form der Kollaboration zu entwickeln. Die Erfahrungen aus ihrer politisch aktiven Zeit trugen offenbar dazu bei, dass es ihr leichtfiel, zusammenzuarbeiten, Bilder zu erzeugen oder die (mediale) Öffentlichkeit einzubeziehen. Aktivismus gilt in der Kunst häufig als verdächtig: Die Autonomie der Kunst scheint durch politische Instrumentalisierung gefährdet zu sein. Doch im besten Fall befruchtet der Aktivismus die Kunst mit neuen Sensibilitäten, während die Kunst dem Aktivismus einen anderen Artikulationsrahmen öffnet. Es ist nicht immer einfach, minoritäre Standpunkte in die vorgeblich rationale, demokratische Gesprächskultur einzubringen, die ja stets bestimmte Sprecher privilegiert. Minoritäre Positionen zeichnen sich häufig durch Wut und Empfindlichkeit aus, affektive Haltungen, die sich eben nicht in direkte, politische Rede übersetzen lassen. Performance-Kunst war für feministisch orientierte Künstlerinnen wie Hannah Wilke oder Carolee Schneemann unter anderem deswegen so attraktiv, weil sie es ihnen erlaubte, über den ohnehin markierten Körper zu kommunizieren. Das war aber nur in der Form des künstlerischen Ausdrucks adäquat möglich.

Ein minoritärer, aktivistischer Ansatz ist auch an die ethischen Probleme gewöhnt, die einsetzen, wenn es darum geht, ungehörte wie kollektive Stimmen zu Gehör zu bringen. Ein solches Problem für die kollaborative Arbeitsweise hat die prominente Vertreterin der postkolonialen Theorie Gayatri Spivak aufgeworfen.[12] Sie stellte sich die Frage, ob die »Subalternen«, die Untergeordneten, sprechen können, wenn sie sich engagieren. Ihre Antwort lautete: Nein. Ob sie nun aus der Arbeiterklasse stammen, Kolonisierte, »people of colour« oder »Menschen mit Migrationshintergrund« sind, durch ihr Engagement trennen sie sich von »ihresgleichen«, weil sie als

»Sprecher« in das rationale, demokratische Gespräch einbezogen werden, in dem weiter die Spielregeln der Privilegierten gelten. Hier kommen erneut die Schwierigkeiten der Repräsentation ins Spiel.

In Deutschland nahm sich Ende der neunziger Jahre der damals allgegenwärtige Theatermacher Christoph Schlingensief dieses Themas an. Er gründete eine Partei namens Chance 2000. Sie sollte zum einen als »Auffangbecken« für Arbeitslose, Obdachlose, Behinderte und »alle ausgegrenzten Minderheiten« fungieren und diesen Gruppen »helfen«, sich zu artikulieren. Zum anderen forderte Schlingensief die Mitglieder dazu auf, das Problem der Repräsentation zu bearbeiten. Sie sollten als Individuen »ein Volk« verkörpern: »Nimm Dir das Recht, Dich selber zu wählen!«[13] Die Partei war gedacht als »unbegrenztes Theaterstück«, dessen erstes Ziel darin bestand, Möglichkeiten zur (Selbst-)Darstellung zu bieten. In dieser Mischung aus anmaßender Mandatierung (eines akademisch gebildeten Mannes deutscher Herkunft) für die sogenannten Minderheiten und gleichzeitiger Zurückweisung jeder seriösen Idee von Vertretung (jedes Individuum soll sich selbst darstellen) wurde in Wirklichkeit nicht der Versuch unternommen, die Repräsentationslücke durchzuarbeiten: Letztlich diente das Projekt in erster Linie der Selbstdarstellung von Christoph Schlingensief.

Zur selben Zeit war ich Aktivist bei einem Netzwerk mit dem Namen Kanak Attak. Unser Anliegen war migrantische Selbstermächtigung, wie es seinerzeit hieß. Aus unserer Perspektive erschien Chance 2000 als frivol. Schlingensiefs Vereinnahmung minoritärer Positionen wirft die Frage auf, ob kollaborative Kunst überhaupt ohne einen wie auch immer zaghaften, aber sehr ernsthaften aktivistischen Ansatz möglich ist. Irgendeine Art von reflektierter eigener Betroffenheit oder Parteinahme ist immer notwendig, wenn man die Stimmen anderer tatsächlich hören und zu Gehör bringen möchte. Das bedeutet nicht, letztlich auf eine starre Weise instrumentelle »politische« Kunst zu machen, die dann kaum mehr ist als die Illustration bestimmter Inhalte. Ziel ist es, den Prozess der Kunst in all seinen Aspekten von Beginn an als politisch zu begreifen und sich als Künstler darin politisch zu verhalten.

Wie eine so verstandene Kollaboration funktioniert, hat Suzanne Lacy in einer Reihe von Arbeiten eindrucksvoll veranschaulicht. Von ihren zahllosen interessanten Projekten möchte ich hier nur zwei anführen. Im Jahr 1983 wollte Lacy sich mit dem Älterwerden von Frauen befassen, zumal im Verhältnis zu den dominanten Medienbildern von Weiblichkeit. In einem Gespräch mit der Kritikerin Lucy Lippard erklärte Lacy allerdings, sie starte niemals ein Projekt mit dem Willen, eine Performance über die Unterdrückung von Frauen zu machen. Am Anfang stehe zumeist ein Bild, etwas, das heraussteche, und das beginne sie dann zu erforschen, zunächst mit Freunden und Kollegen und dann mit einer Art Community, häufig eben mit jenen Personen, die am Projekt beteiligt seien.[14] Eine solche Vorgehensweise garantiert den Beteiligten, nicht bloß zu Bestandteilen einer bereits vorgeplanten Choreographie, sondern Teil eines Prozesses zu werden, in dem das Ergebnis gemeinsam erarbeitet wird. In Whisper, The Waves, The Wind war dieses Ergebnis ein poetisch anmutendes Ensemble am Strand des kalifornischen Ortes La Jolla.[15] 154 ältere Frauen hatten, in weiße Kleider gehüllt, in kleinen »Flüstergruppen« an weiß gedeckten Tischen Platz genommen, um über das Älterwerden zu sprechen. Lacy beschrieb ihre Inspiration in der Filmdokumentation des Projekts so:

»Sie [die Frauen] erinnerten mich an den Ort, an dem der Ozean auf die Küste trifft. Ihre Körper waren älter geworden, aber ich sah vor allem den Felsen in ihnen, stark angesichts all der Jahre, die über sie geflossen waren. Ihre Schönheit war die Zeit, der Kreislauf von Welle zu Sand, von Wind zu Welle.«[16]

Besucher konnten die Szene zunächst aus der Distanz betrachten, die Gespräche wurden als Soundlandschaft hörbar gemacht. Später konnten sie sich auch um die Tische versammeln, um den Gesprächen der Frauen direkt zuzuhören.

Der abschließenden Aufführung des Projekts war ein monatelanger Diskussionsprozess vorausgegangen. Lacy hatte ein Steuerungskomitee zusammengerufen, an dem Frauen von Organisationen wie der Senior Citizens Division of San Diego, den Grey Panthers, der Older Women's League sowie andere Künstlerinnen teilnahmen. Frauen, die in dieser Zeit dazustießen, wurden in den gesamten Produktionsprozess eingebunden. Ihre Namen sind heute allerdings vergessen, und das Projekt in seiner kollaborativen Form wird alleine Suzanne Lacy zugeschrieben. Ist das mit der Ethik der Zusammenarbeit vereinbar? Mit den Künstlern, die sich in eine Kollaboration begeben, ist es ähnlich wie mit den Lehrenden in einer Klasse: Die Autorität ist nicht wegzudefinieren. Künstler haben einen Vorsprung an Ideen, Wissen, Ausdrucksmöglichkeiten, Beziehungen, Bekanntheit und häufig auch bezahlter Zeit. Ein Beispiel: Tim Rollins war in den achtziger Jahren als Lehrer in der heruntergekommenen South Bronx tätig und hatte dort mit seinen Schülern, von denen einige nicht lesen und schreiben konnten, Texte und Buchstaben zumeist aus Lehrmaterialien zu Bildern verarbeitet. Pädagogische Bemühung und künstlerischer Ausdruck fanden zusammen. Verantwortlich zeichneten Tim Rollins and K. O. S. (kurz für: Kids Of Survival). Trotz der teilweise nicht nur kollaborativen, sondern sogar kollektivistischen Arbeitsweise blieb im Namen die Differenz zwischen dem Künstler-Individuum und den namenlosen Kids bestehen. Sie ließ sich auch nicht wegleugnen: Rollins war Initiator und Vermittler gegenüber der Kunstwelt bzw. der Welt des »rationalen Gesprächs«. Ohne ihn hätte es das Projekt nicht gegeben.[17] Kollaboration bedeutet für den Initiator weder Selbstaufgabe noch kompletten Kontrollverlust. Und die Teilnehmer werden nicht penetrant mit Entscheidungen überfordert, für die sie nicht ausreichend gerüstet sind. Nur die Art der Zusammenarbeit muss geklärt sein. Und auch, welche Erwartungen die Kollaborateure aneinander haben.

Das zweite Projekt, auf das ich zu sprechen kommen möchte, organisierte Lacy fast fünfzehn Jahre nach Whisper, The Waves, The Wind in Oakland. Im Grunde handelte es sich um einen Komplex von Projekten. In den neunziger Jahren hatte Lacy begonnen, sich mit den Problemen von Teenagern auseinanderzusetzen, besonders mit Problemen, mit denen diese sich im öffentlichen Raum konfrontiert sahen. Von 1992 bis 1999 waren sie und ihr Team quasi unentwegt in einen Organizing-Prozess verwickelt, der aus Workshops, Diskussionen, Nachbarschaftskartierungen, Medien- und Leadership-Klassen und kleinen Performances bestand.[18] Als sie für die erste Aktion (The Roof Is On Fire) ihrer neuen Projektreihe ein Youth Leadership Team zusammenstellte, lernte Lacy die damals fünfzehnjährige Unique Holland kennen, die sämtliche Arbeiten in Oakland begleitete. Als »brennendes Dach« diente das Parkdeck eines Einkaufscenterneubaus im Herzen von Oakland, auf dem zweihundertzwanzig Schüler in hundert Autos über eine Reihe von vorher beschlossenen Anliegen sprachen.[19] Die wirtschaftliche Lage Oaklands war miserabel, dementsprechend kreisten die Gespräche um Themen

wie Bildung, Arbeit, Probleme in der Familie, Rassismus, Polizeigewalt, Kriminalität und die mangelnde Akzeptanz für die zu jener Zeit blühenden Jugendkulturen.

Am Ende des Jahrzehnts setzte Lacy schließlich das Projekt Code 33: Emergency, Clear the Air um.[20] Das Hauptereignis war ein als Performance choreographiertes Zusammentreffen von überwiegend schwarzen Jugendlichen mit Polizisten, um gegenseitige Empathie zu ermöglichen. Die Polizisten sollten sich von ihren Vorstellungen von schwarzen Jugendlichen als potentiell gewalttätigen Gangmitgliedern ebenso befreien wie die Jugendlichen sich von ihrem Bild der potentiell gewalttätigen Polizeirassisten. Allerdings wies der Oberste Gerichtshof der USA am Tag des Zusammentreffens die Berufung von Mumia Abu-Jamals zurück. Abu-Jamal ist ein Bürgerrechtsaktivist, der 1982 wegen eines mutmaßlichen Polizistenmords zum Tode verurteilt worden war und sich seither in Haft befindet. Hundertfünfzig Demonstranten kamen zusammen und verhinderten die Einfahrt der Beteiligten: Sie wollten die Präsenz der Medien als Bühne für ihren Protest nutzen. Die Polizei begann sofort, die Demonstration einzudämmen und die Kontrolle über den öffentlichen Raum zu behaupten.

Die kurz darauf in Handschellen abgeführten Personen waren nicht gerade ein Symbol für gegenseitige Verständigung. Die Gespräche kamen dennoch in Gang und trugen Lacy einige Kritik ein. Sie fungiere als Apologetin der Korruption und der Übergriffe durch die Polizei, hieß es. Die Bewertung kann nur ambivalent ausfallen. Zweifellos lieferte das Ereignis den Medien Bilder, die den Klischees über schwarze Jugendliche zuwiderliefen. Grant Kester, der die Abschlussperformance von Code 33 persönlich verfolgen konnte, fragt sich allerdings, ob die Medienaufmerksamkeit nicht einen ehrlichen Dialog verhindert habe.[21] Einige Monate nach dem Ende des Projekts verschärfte der Staat Kalifornien die Strafgesetze, jugendliche Straftäter wurden nun wie Erwachsene behandelt. Die Polizei von Oakland berief dagegen zur selben Zeit eine Reihe von Jugendlichen in ein Beratungsgremium für die Polizeiarbeit und stieß Programme zur Prävention an, möglicherweise eine Folge des Austauschs.[22]

Tatsächlich wirft das Projekt einige Probleme auf. Zum einen besitzt Code 33 offensichtlich nicht die Poesie von Whisper, The Waves, The Wind. Man kann durchaus die Frage stellen, was daran Kunst sein soll. Eine Choreographie macht ein Gespräch zwischen Jugendlichen und Polizisten noch nicht zu Kunst. Für die Teilnehmenden dürfte der künstlerische Charakter allerdings allzu deutlich gewesen sein. Das Gespräch konnte in dieser Form nur stattfinden, weil Lacy es nicht in einem alltäglichen Kontext organisierte, es zum *Kunst-Stoff* erklärte und daher für einen Moment von realen

Zwängen befreite. Nun ist der Inhalt jeder Form von Kunst zweifellos Kommunikation. In den letzten Jahren wurde Kommunikation auch ganz direkt zum Objekt von Kunst. So inszeniert der Künstler Tino Sehgal in seinen Arbeiten oft Begegnungen. Beispielsweise platzierte er Diskussions-Grüppchen in Museen. Hier scheint mir Lacys Intervention aber gerade aus künstlerischer Perspektive interessanter, weil sie die fundamental uneindeutige bzw. mehrdeutige, überdeterminierte, polyvalente Kommunikation dazu verwendet, in alltägliche Problemkonstellationen einzugreifen. Das Museum ist von vornherein ein Gehege für die Außergewöhnlichkeit der Kunst und zugleich in seinem Charakter exklusiv: Ein großer Teil der Bevölkerung, höchstwahrscheinlich auch die Jugendlichen in Lacys Projekt, besuchen nur selten Kunstmuseen oder vielleicht gar nicht. Künstlerische Kollaboration und Ambulanz sind Möglichkeiten, die Kunst näher an die Community zu verlegen.

Wer macht Kunst und wer Kultur?

In den USA werden Kunstprojekte wie die Lacys als Community-based Art bezeichnet. Allerdings birgt das Wort »Community« einige Untiefen. Man könnte es als »Gemeinde«, »Gemeinschaft« oder auch »Allgemeinheit« übersetzen. Für gewöhnlich geht es in Projekten mit der Community aber nicht um die Allgemeinheit, sondern um angebliche, partikulare Gemeinschaften, die durch offensichtliche Merkmale charakterisiert sind: »die« Frauen, »die« Schwarzen, »die« Latinos oder in Deutschland eben »die« Kinder mit Migrationshintergrund, »die« Türken, »die« Behinderten usw. Diese Verengung wird teilweise auch zugegeben. Die Aktivistin

Arlene Goldbard hat ein euphorisches Buch über »die Kunst der kulturellen Entwicklung« geschrieben,[23] in dem sie genau all das unterstützt, was ich an Community-based Art auszusetzen habe. Zunächst behandelt sie in ihrem Buch nicht in erster Linie Kunst, sondern Kultur bzw. kulturelle Entwicklung. Kultur betrachtet Goldbard dabei als plural und divers, wobei sie feststellt, alle Kulturen seien gleich. Zudem hält sie Kultur für einen Schmelztiegel für soziale Veränderung: Kultureller Ausdruck sei kein Selbstzweck, sondern vor allem ein Mittel der Emanzipation.[24] So werden kollaborative Praxisformen auf gutmeinende Weise aus dem Kontext der Kunst entfernt, denn offenbar geht es gar nicht um Kunst, sondern um »Kulturen«, und zwar um solche, die befreit und entwickelt werden müssen. Diese Ideen über Kultur gehen zurück auf die Erklärungen der UNESCO aus den siebziger und achtziger Jahren, in denen unter dem Eindruck der Dekolonisierung der Kulturbegriff erweitert wurde. Kultur sollte nun nicht länger als elitäre Ansammlung von Werken und Kenntnissen gelten, sondern »alle Formen der Kreativität und des Ausdrucks von Gruppen und einzelnen – sei es in der Lebensweise oder in der künstlerischen Betätigung« – umfassen.[25] Dazu zählten, wie es in einer Erklärung von 1982 hieß, »auch Lebensformen, die Grundrechte des Menschen, Wertsysteme, Traditionen und Glaubensrichtungen«.[26] Möglichst vielen Personen sollten Zugang zu schöpferischen Ausdrucksmitteln bekommen. Das sei Bestandteil einer »globalen Sozialpolitik« und solle Entwicklung anstoßen, denn Kultur galt der UNESCO als »Hauptfaktor des Fortschritts«.[27] Die »Behauptung kultureller Identität« trage zur »Befreiung der Völker bei« und sei gleichzeitig »ein Hauptelement des Entwicklungsprozesses«.[28] Die internationale Gemeinschaft sehe es »als ihre Aufgabe an, sicherzustellen, daß die kulturelle Identität eines jeden Volkes erhalten und geschützt wird«.[29]

Diese Neudefinition enthielt viele interessante Elemente und war zudem verständlich, wenn man den historischen Kontext berücksichtigt. Die zuvor quasi jahrhundertelang missachtete Kultur der Kolonisierten oder auch der Arbeiter, ihre sogenannte kulturelle Identität, sollte einerseits rehabilitiert und bewahrt werden und andererseits dem fortschreitenden Prozess der Emanzipation dienen. In diesen Ideen verbarg sich jedoch eine ganze Reihe bleibender Unklarheiten. So gibt es ja schon rein begrifflich einen Widerspruch zwischen Identität und Entwicklung, zwischen Selbstgleichheit und Veränderung. Und sind tatsächlich alle Lebensweisen gleich und erhaltenswert? Viele autoritäre Regierungen haben sich auf die Spezifik der Lebensweise berufen, um die Aushebelung der Menschenrechte zu legitimieren. Nach der oben angeführten Definition der UNESCO könnte heute etwa die Lebensweise in Saudi-Arabien als schützenswert deklariert werden, also eine feudale, korrupte, sexistische, diskriminierende Weise, das Zusammenleben der Menschen zu organisieren. Auch ist unklar, wie Kultur eine erhaltenswerte Identität begründen soll und gleichzeitig Fortschritt und Entwicklung befördern kann. Fortschritt und Entwicklung bedeuten Veränderung, und die würde notwendig Identität infrage stellen. Außerdem birgt der Begriff der Entwicklung, den Arlene Goldbard so prominent einsetzt, auch eine ideologische Komponente. Es wird implizit stets ein Abstand konstruiert zwischen der westlich-bürgerlichen Lebensweise und jener der *Anderen* – seien es damals die Kolonisierten und die Arbeiter oder heute diejenigen »mit Migrationshintergrund« oder aus »bildungsfernen Familien«. Dieser Abstand soll durch kulturelle Entwicklung überwunden werden. Als das Land Nordrhein-Westfalen 2008 ein Projekt namens interkultur.pro ins Leben rief, um die kulturelle Beteiligung der Bevölkerung mit Migrationshintergrund zu erhöhen, stammte daher fast folgerichtig ein Teil des Personals aus entwicklungspolitischen Zusammenhängen.[30]

Wenn nun die Lebensweise von Menschen als kreativ betrachtet werden kann, gibt es dann noch so etwas wie Grenzen der Kunst oder ist die Forderung der Avantgarde nach dem Ineinsfallen von Kunst und Leben erfüllt? Der Zuständigkeitsbereich von Kulturpolitik wird heute so gut wie immer als »Kunst und Kultur« definiert. Die Trennung ist also keineswegs aufgehoben. Als Kunst wird implizit immer noch das verstanden, was in den entsprechenden Institutionen produziert und konserviert wird, während Kultur in einem durchaus instrumentellen Sinne für jene reserviert ist, die von den traditionell recht exklusiven Institutionen nicht beherbergt werden. Kunst verkörpert weiter eine Welt des individuellen Ausdrucks, während die kollaborativen Projekte im Dienste von anderen Zielen angeregt werden: Entwicklung, Bildung, Inklusion, Integration, Kohäsion etc. Während für die Kunst unentwegt Autonomie beschworen wird, erwarten die geldgebenden Kokreativen[31] wie Staat und Stiftungen von der Kultur unverhohlen eine verbessernde Wirkung für die Gesellschaft – mehr Kitt oder soziale Veränderung.

Wer sich unreflektiert auf bestimmte Menschen als Community bezieht – eine Vokabel, die mittlerweile auch ins Deutsche übernommen wurde –, der läuft zudem Gefahr, sie überhaupt erst als Gruppe mit bestimmten Charakteristika hervorzubringen. Eine Untersuchung der britischen Tate-Museumsgruppe hat jüngst festgestellt, man habe in der Londoner Tate Britain in Sachen Cultural Diversity zahlreiche Fehler gemacht. Zumeist seien Sonderprogramme im Bereich

Bildung und mit ethnischem Targeting aufgelegt worden. Diese wurden aber von den sogenannten Minderheitsangehörigen nicht nur nicht genutzt, sondern aktiv zurückgewiesen. Die betreffenden Personen seien weder an einer Repräsentation »ihrer« ethnischen Identität noch an simplen postkolonialen Revisionen der Kunstgeschichte im Sinne ihrer jeweiligen Herkunft interessiert. Sie wollten schlicht und ergreifend komplexere Darstellungen.[32]

Auf die Gemeinde, die Gemeinschaft und die Allgemeinheit kann man sich nur dann wirksam beziehen, wenn die betreffenden Personen als Individuen mit unterschiedlichen Voraussetzungen, Hintergründen und Referenzrahmen wahrgenommen werden. So sagt etwa der ethnische Hintergrund noch nichts über eine Person aus. Die Frage ist, wie diese ihren Hintergrund in ihren persönlichen Referenzrahmen einpasst: Hält sie ihn für privat oder sogar irrelevant und möchte auch im Sinne der individuellen Leistungsbewertung nicht darauf angesprochen werden? Oder sieht sie ihn als überaus verhaltensrelevant an und besteht auf dessen Exposition? Betrachtet sie Ethnizität unter dem Aspekt einer geteilten Tradition oder spielt sie nur unter dem Gesichtspunkt von Diskriminierung eine Rolle? Auf den ersten Blick mag es verlockend erscheinen, eine »Zielgruppe« auszusondern, häufig wird dies aber der komplizierten Gemengelage von urbanisierten, postmigrantischen Gesellschaften nicht gerecht.

Die Aufgabenteilung zwischen der universalen Kunst und der Kultur der bzw. für die Community wirkt sich auch auf die jeweiligen Kunstschaffenden aus. Der von den Institutionen sanktionierte Künstler wird zwar nicht länger mit den Geniemythen der vergangenen Jahrhunderte beschrieben, doch er bleibt ein Individuum, welches sich um Ausdruck bemüht und sich für seine Beschäftigung mit der Welt selbst mandatiert. Um ein Beispiel aus dem Theater zu nehmen: Die Gruppe Rimini Protokoll inszeniert seit Jahren neodokumentarische Stücke mit sogenannten Experten des Alltags, die sich im Großen und Ganzen selbst spielen. So wurden unter anderem Mitarbeiter von Callcentern in Kalkutta einbezogen, bulgarische LKW-Fahrer, ehemalige vietnamesische Kontraktarbeiter in Deutschland und Polen oder Personen, die in der Ölförderung in Kasachstan tätig waren. Rimini Protokoll beruft sich auf die Aufklärung, aber nicht länger auf Emanzipation: Sie lassen nach eigener Aussage mündige Darsteller zu mündigen Zuschauern sprechen. Die Stücke gehen zumeist von einem Problemkomplex aus, nicht einfach von bestimmten, als gegeben vorausgesetzten Gruppen. Aber obwohl Rimini Protokoll zweifellos eine elegante Choreographie für ihre Projekte entwickelt hat, wird die Auswahl der Themen letztlich von den individuellen Vorlieben der Macher bestimmt, die auch die Ausgestaltung als eine Art Scripted Reality unter Kontrolle halten. Der Selbstausdruck des Künstler-Individuums hat sich so auf die Möglichkeit verlagert, bestimmte Aspekte der Welt auszuwählen. Selbstverständlich spielen auch hier die jeweiligen kokreativen Geberorganisationen eine Rolle, doch die Künstler behalten ihre Autonomie: Die Realität ist ein Spielplatz, der von Rimini Protokoll auf spezifische Weise verarbeitet wird.

Diese pseudopolitische Allzuständigkeit der universellen Künstler-Individuen wird konterkariert von der Tatsache, dass Künstler, die mit einer bestimmten Community assoziiert werden, als für diese zuständig angesehen werden. Anfang der neunziger Jahre bat die Kuratorin Mary Jane Jacob die Künstlerin Renée Green, an dem partizipativ ausgerichteten und inzwischen legendären Programm Culture in Action teilzunehmen.[33] Green wurde zu einem zweitägigen Besuch eingeladen und bemerkte bald, dass für sie bereits ein bestimmtes Thema vorgesehen war. Die Veranstalter chauffierten die afroamerikanische Künstlerin durch »schwarze« Nachbarschaften und nötigten sie zu Treffen mit Vertretern afroamerikanischer Kulturorganisationen. Greens Interesse für das Erbe des Architekten Frank Lloyd Wright als Grundlage für ein kollaboratives Projekt fand dagegen keinen Anklang – so kam es, dass Green keine Arbeit zu Culture in Action beisteuerte.[34]

In Europa ist das ein wohlbekanntes Phänomen: Künstler mit Migrationshintergrund sind scheinbar für »ihre« – wie auch immer definierte – Community zuständig, wenn es um kollaborative Projekte geht. Der Regisseur Nuran David Calis hat zum Beispiel an einer Reihe von deutschen Theatern partizipative Projekte mit unterschiedlichem Charakter inszeniert, darunter 2005 *Homestories – Geschichten aus der Heimat* über den Essener Stadtteil Katernberg, eine Trilogie über das Viertel Baumheide in Bielefeld (*Dog Eat Dog*, *Dogland*, *Café Europa*, 2003-2006) und ein Stück über das 2004 vom Nationalsozialistischen Untergrund (NSU) verübte Nagelbombenattentat in der Kölner Keupstraße (*Die Lücke*, 2014). Zwar ist er nicht ausschließlich auf »authentische« Geschichten festgelegt, weil er auch andere Stücke inszeniert hat, doch auf der Homepage des Schauspiel Köln findet man folgende biographische Angabe: Nuran David Calis »wurde als Sohn türkisch-armenischer Einwanderer in Bielefeld geboren, wo er im sozialen Brennpunkt Baumheide aufwuchs«.[35] Seine Kindheit in einem als »sozialer Brennpunkt« bekannten Stadtteil zu verbringen ist offenbar eine Art Qualifikation. Bei neunundneunzig Prozent der anderen Regisseure sucht man Angaben wie »wuchs im mittelständisch geprägten Viertel XY auf« jedenfalls vergeblich.

Tatsächlich wird auch die Partizipation unterschiedlich bewertet, je nachdem ob es um Kunst oder Kultur geht. Steht die Community im Mittelpunkt, so scheint es, als müsse der jeweilige Kunstschaffende dabei helfen, den Sprachlosen eine Stimme zu verleihen, bzw. den Ausdruck von deren »Identität« fördern. So wurde eine große Zahl von Projekten mit »bildungsfernen« Jugendlichen oder solchen mit Migrationshintergrund angeregt, deren Inhalt sich auf die Befragung dieser Jugendlichen im Hinblick auf das Leben »auf der Straße« oder auf »ihre« Kultur, Heimat, »Identität« stützt. Die meisten dieser Arbeiten setzen sich nicht mit einem aus der Wissenschaft wohlbekannten Phänomen auseinander: der Auswirkung der Erwartungen desjenigen, der die Fragen stellt. Gerade Jugendliche haben häufig gar keine genaue Vorstellung davon, was sie über ihre Lebensumstände berichten sollen oder woraus eigentlich ihre »Identität« besteht. Insofern spiegeln sie den zumeist aus einer anderen Schicht stammenden Kunstschaffenden das zurück, was diese erwarten – und das entspricht oft genug in etwa dem, was die jeweiligen Macher abstrakt aus den Medien über Jugendliche wissen.

Die partizipativen Projekte erschöpfen sich für gewöhnlich nicht im Prozess der Kollaboration. Ihre Initiatoren sind in vielen Fällen gezwungen, im Rahmen der Förderrichtlinien ein Ergebnis in einem der klassischen Formate abzuliefern, also ein Objekt, eine Ausstellung, eine Aufführung etc. Damit kommen Rezipienten ins Spiel, die mit der kollaborativen Arbeit nichts zu tun hatten. Viele von ihnen gehören einfach zum klassischen Besucherspektrum von Kulturinstitutionen. So öffnet sich eine Kluft zwischen den Personen, die mitmachen, und jenen, die zuschauen, über die sich viele Projekte wiederum keine Rechenschaft ablegen. Manches Mal vermuten sich nur die Künstler und das Publikum in der ästheti-

schen Dimension: Erstere glauben, sie würden den Ausgegrenzten eine ästhetische Entwicklungshilfe zum Selbstausdruck liefern, und Letzteres glaubt Kunst zu konsumieren, während es sich voyeuristisch an der »erfrischenden« angeblichen Authentizität der Communitys labt.

Die voyeuristische Seite entwickelt sich manchmal unverhohlen in Richtung touristischer Exkursionen, in denen die Kulturinstitutionen für ihr Traditionspublikum eine Art Guide-Funktion übernehmen. Im Jahre 2013 suchten die Münchner Kammerspiele per Mail »Spieler«, die im Rahmen des Stücks *Niemandsland* des niederländischen Regisseurs Dries Verhoeven »einen Stadtspaziergang« machen sollten, »bei dem jeweils ein Mensch mit Migrationshintergrund einen Theaterzuschauer durch ein migrantisch geprägtes Viertel (in München das südliche Bahnhofsviertel) führt«.[36] Der »Mensch mit Migrationshintergrund« fungiert als eingeborener Informant, dessen Expertise ausschließlich aus »Migration« besteht. Und das »südliche Bahnhofsviertel« wird zu einem innenstadtnahen Ausflugsgebiet in die »Geschichten der Migration«. Im Gefolge dieser Mail gründeten Kulturarbeiter mit Migrationshintergrund die Gruppe Göthe Protokoll, die diese Art von instrumenteller Reduktion zu Recht anprangerte und auf solche Vorgehensweisen im gesamten Kulturbetrieb hinwies.[37]

Auch reflektiertere Formationen wie Rimini Protokoll entgehen dem Problem nicht, dass die Authentizitätsunterstellung beim Publikum funktioniert. Das unterläuft aber den künstlerischen Akt. Suzanne Lacy verlässt die Häuser der Kunst, um den mehrdeutigen Kunstkontext für eine Rekontextualisierung der Alltagsprobleme ihrer Teilnehmenden zu nutzen. Dagegen spielen die soeben genannten Projekte in Theatern, wo die Kollaborateure von außerhalb vermeintlich die Realität abbilden, also gerade nicht künstlerisch tätig sind. Insofern bleibt die urteilende Kritik auch häufig reserviert für die traditionellen Werke der Objektkunst, während über die kollaborativen Projekte oft in einer reportagehaften Weise »berichtet« wird. Zweifellos waren »Qualität« und »Anspruch« lange Zeit Kategorien, die dazu dienten, bestimmte Personengruppen und Kunstarten aus der Welt der »Hochkultur« herauszuhalten, aber auch die kollaborativen Arbeiten können beurteilt werden, wobei die Kriterien dem Kontext angepasst werden müssen.[38]

Nun gelten die »Mitmacher« in vielen Fällen als so authentisch, dass ihnen sogar die Fähigkeit abgesprochen wird, sich freiwillig für die Mitarbeit an einem Kunstprojekt zu entscheiden. Man schaue sich nur an, wie über die Arbeiten von Santiago Sierra auf der einen Seite und über jene von Vanessa Beecroft oder Francis Alÿs auf der anderen geschrieben wurde. Sierra engagierte Personen, die sich für seine Projekte ihre Haare färben ließen, tätowiert wurden oder stundenlang in Pappkartons ausharrten. Für diese Tätigkeiten bezahlte Sierra sie, was im Vergleich zu anderen Kollaborationsprojekten, die in der Regel auf ehrenamtliche Teilnehmer setzen, durchaus positiv zu sehen ist. Selbst Suzanne Lacy handelte sich jüngst einen offenen Brief ein, in dem sich Teilnehmende darüber beklagten, sie würden ausgerechnet in einem Projekt über Arbeit und Klassenzugehörigkeit (Between the Door and the Street, 2013) nicht entlohnt. Doch gerade die Bezahlung scheint für besonders viel Unmut bei den Kritikern zu sorgen: Sierras Projekte seien unethisch, heißt es, weil er die betreffenden Personen ausbeuten und nichts für sie ändern würde.[39] Möglicherweise wollen die Mitwirkenden aber bewusst Bestandteil eines Kunstprojekts werden. Die Tatsache, dass sie arm sind oder Flüchtlinge, macht sie nicht willenlos. Dieser Wille wird jenen Frauen zugebilligt, die während Beecrofts Performances zusammenbrechen. Und selbst jenen fünfhundert, die in einem armen Außenbezirk der peruanischen Hauptstadt Lima dem Künstler Francis Alÿs unentgeltlich dabei halfen, eine Sanddüne an einen anderen Ort zu schaufeln (When Faith Moves a Mountain, 2002).

Die Kunsthistorikerin Miwon Kwon hat zu Recht bemerkt, selbst bei den Verteidigern einer kollaborativen Ästhetik wie Grant Kester blieben die Community-Akteure häufig passive, üblicherweise schweigende Wesen, »über die der Künstler angeblich seine transformative Magie ausbreitet«.[40] Wenn Kunst der Bereich ist, in dem Personen *funke wisdom* vermitteln oder erwerben, dann sollte nicht bloß der Künstler als wütendes und suchendes Individuum betrachtet werden, sondern vor allem die Kollaborateure der Kunst. Eine wesentliche Voraussetzung einer kollaborativen Kunst als soziale Praxis besteht darin – ich werde unten darauf noch zu sprechen kommen –, die Subjekte als aktiv Handelnde zu begreifen. Die Community Arts haben sich im Vereinigten Königreich und in den USA auch deswegen entwickelt, weil Avantgarde-Formationen etwa im Bereich Tanz auf der Suche nach Publikum in ihren Vierteln auf Leute trafen, die selbst tanzen wollten, anstatt als passive Rezipienten rekrutiert zu werden. Tatsächlich wird der Wille »der Leute«, aktiv zu werden und sich zu beteiligen, mit schöner Regelmäßigkeit auf groteske Weise unterschätzt. Im Frühjahr 2013 rief der Kurator René Block alle Berliner dazu auf, ihre (zweidimensionalen) künstlerischen Arbeiten zur neu eröffneten Kunsthalle der Deutschen Bank zu bringen, wo sie dann für vierundzwanzig Stunden zu sehen sein würden. Es bildete sich eine mehrere hundert Meter lange Schlange; die Wartenden mussten mehrere Stunden anstehen, wurden zwischenzeitlich mit heißen Getränken versorgt und kamen miteinander ins Gespräch. Zweitausend Werke wurden eingereicht. Viele von ihnen waren alles andere als gut, aber darum geht es nicht.

Wie Asco die Community geärgert hat

Es geht um die Position der Subjekte. Der »neue Geist des Kapitalismus«[41] ist bekanntlich einer von Eigenverantwortung und Kreativität – und das macht sich bemerkbar. Zweifellos muss man Menschen hin und wieder aktivieren, aber das kann nicht die Voraussetzung von kollaborativer Kunstproduktion sein. Der im Kapitel über Bildung bereits erwähnte Pädagoge Jean Joseph Jacotot betrachtete die Gleichheit der Intelligenz als Ausgangspunkt für jegliche Art von Lernen. Intelligenz stamme von *inter legere*, wörtlich: »wählen zwischen«, bezeichne also das Vermögen, zu unterscheiden: »Ich behaupte nicht, dass jeder Mensch auf die gleiche Weise unterscheide: ich behaupte, das Vermögen, es zu tun, sei dasselbe.«[42] Einen Lehrer, der dies nicht glaube, so Jacotot weiter, gehe das Unterrichten nichts an.[43] In diesem Sinne wäre auch die Community aus aktiven Individuen zu konzipieren, die ihr Leben gestalten und die in jeder Beziehung ernst zu nehmen sind. Niemand muss einfach nur befreit, aufgeklärt, belehrt werden – es gibt keine »Vermittlung«, die ausschließlich in eine Richtung verläuft. Das ist kein moralisches Urteil. Es bedeutet nicht, diese Individuen seien »gut« oder auch nur freundlich. Aber jenen Künstler-Aktivisten, die kollaborativ arbeiten, gibt diese Konzeption die Möglichkeit, bestimmte Personen im Arbeitsprozess auch einmal herauszufordern. Jede gemeinsame Arbeit, die nicht primär darauf ausgerichtet ist, Geld zu verdienen, ist mit Personen konfrontiert, die, obwohl sie aktiv teilnehmen, zerstörerisch wirken, etwa mit andauernder Fundamentalkritik. Gutmeinendes Zureden von oben herab kann in solchen Fällen äußerst autoritär wirken, zumal wenn die Teilnehmer ohnehin nicht viel zu entscheiden haben. Ein handfester Streit wiederum kann die Künstler zu echten Bestandteilen des eigenen Projekts machen – weil sie mit den Leuten auf Augenhöhe kommunizieren.

Offenbar haben kollaborative Arbeiten als soziale Praxis im Feld der Kunst eine komplizierte Aufgabe: Ihr Kunst-Stoff sind Subjekte, ihre Herangehensweise ist aktivistisch-subjektiv; sie müssen darauf bestehen, Kunst zu betreiben und nicht Kultur zu sein; sie brauchen »die Leute«, müssen aber eine identitäre Idee der Community zurückweisen. 2014 fand in Marseille zum ersten Mal in Europa eine Einzelausstellung mit Arbeiten der Künstlergruppe Asco statt.[44] Zu

Beginn der siebziger Jahre gegründet, war Asco eine »umbrella collaborative structure«, eine kollaborative Dachstruktur.[45] Den Kern bildeten vier Künstler aus den Vereinigten Staaten: Harry Gamboa, Jr., Gronk, Willie Herrón III und Patssi Valdez. Während des Bestehens der Gruppe (1972-1987) stießen aber immer wieder andere Personen vorübergehend dazu. Im Grunde existierte so etwas wie ein permanentes Asco-Umfeld. Es war geprägt von La Causa, dem Kampf der US-Amerikaner lateinamerikanischer Herkunft; Asco war dem Chicano Movement für gleiche Rechte, Chancengleichheit und gegen Rassismus assoziiert. Allerdings waren die Mitglieder so etwas wie eine zweite Generation dieser Bewegung. Sie sahen sich konfrontiert mit den Klischees des US-Mainstreams über Latinos, zugleich aber auch mit Klischee gewordenen Vorstellungen mancher Aktivisten aus der Community. Für den Namen Asco entschieden sich die Künstler, weil einige Vertreter des traditionalistischen Flügels der Chicano-Bewegung der Meinung waren, der Ausdruck bezeichne genau das, was die Aktionen der Gruppe bei ihnen auslöse: *el asco* bedeutet Ekel oder Übelkeit.

Ekel löste beispielsweise 1971 Stations of the Cross aus, die erste Performance des Künstlerkollektivs. Eine kleine Prozession zog damals durch die dicht gedrängte Menschenmenge auf dem Whittier Boulevard in Los Angeles. Die Teilnehmenden trugen ein Kreuz aus Karton und Abfällen. Die Kostüme erinnerten an den traditionellen Tag der Toten in Mexiko, aber das Finale am Rekrutierungsbüro der US-Marines machte deutlich: Es handelte sich um einen Protest gegen das sinnlose Sterben im Krieg in Vietnam. Allerdings kritisierte die Performance ganz offensichtlich auch die Glorifizierung sinnloser Tode im mexikanischen Katholizismus: Stations of the Cross hinterließ »einen widerhallenden Eindruck von spirituellem Zweifel und fragwürdiger Spiritualität«, schrieb Harry Gamboa, Jr. später.[46]

Die Kritik sowohl am Mainstream als auch an den traditionalistischen Teilen der Community setzte Asco konsequent fort. 1972 erstellte Willie Herrón das bekannte Wandbild The Door that Cracked Open. Doch die Gruppe bemerkte, dass man die Chicano-Künstler zunehmend auf die mit der mexikanischen Kultur identifizierten Murales festlegte. Darauf reagierte Asco mit Performances und wandte sich zugleich gegen das kulturelle Establishment: Die männlichen Mitglieder der Gruppe sprühten ihre Namen auf die Wände des Los Angeles County Museum of Art, und Patssi Valdez wurde in Person davor abgelichtet, ein wenig unscharf, zur Seite schauend, als warte sie auf die herbeieilenden Polizisten, aber auch ein wenig desinteressiert, bereits auf dem Weg irgendwo anders hin (Spray Paint LACMA, 1972). Eine weitere Performance, Walking Mural, war wieder eine Prozession. Die Mitglieder verkleideten sich als Charaktere eines typischen Wandbildes und setzten sich symbolisch in Bewegung. Sie wollten eben nicht in der von außen übergestülpten Tradition festgemalt werden. In einer ähnlichen Arbeit wurden zwei Jahre später Patssi Valdez und Humberto Sandoval als Instant Mural mit einfachem Klebeband an eine Häuserwand geheftet, auch diese Aktion war gegen das Einfrieren der eigenen Kunst im ethnischen Gewand gerichtet. Als sich die Bilder von den beiden Akteuren von der Wand lösten, an der sie bewusst nur lose befestigt waren, setzte Asco die Festlegung in Bewegung.

Ein wenig später wandte sich Asco dem Film zu, allerdings auf die übliche ambivalente Weise. Da sich die Gruppe das damals noch sündhaft teure Equipment für Kino-Bewegtbilder nicht leisten konnte, erstellte sie sogenannte No Movies – dramatische und äußerst glamouröse Stills aus imaginären Filmen. Das Großartige an den No Movies war die permanente Referenz auf mehrere Bedeutungsebenen und Kontexte. Je nach ethnischem und sozialem Blickwinkel der Betrachter ergaben sich höchst unterschiedliche Interpretationen. Das offensichtlich inszenierte Bild eines Männerkörpers auf der Straße, Decoy Gang War Victim (1975), sandte die Gruppe an die Presse, die es für authentisch hielt: Die Journalisten beklagten die Gewalt im Osten von Los Angeles. So kommentierte Asco die erwähnte Echtheitserwartung an Künstler anderer Herkunft – sie scheinen keine Kunst zu machen, sondern aus der Realität zu berichten. Die No Movies waren aber auch von einem unverhohlenen Spaß am Verkleiden und an der Inszenierung geprägt und von einem grellen Humor, der keine Angst vor Peinlichkeiten hat. Schließlich verliehen sich die Mitglieder auch noch eigene Preise, die Aztlán oder No Movie Awards. Ausgezeichnet wurde ganz unerwartet etwa Patssi Valdez als Best Actress.

Trotz der Kritik an der Community hat sich Asco immer der Chicano Culture zugerechnet. Damit kritisierte die Gruppe auch eine Idee von Kunst, die das Schaffen westlicher Individuen für universal erklärte und »ethnische« Kunst als partikular aus dem Kreis der ernst zu nehmenden ästhetischen Betätigung ausschloss. Zugleich hatte sich gerade die Avantgarde aus dem Fundus des »Ethnischen« bedient, was bedeutete: Kunst durfte, Kunst sollte sogar »hybrid« sein, aber eben nicht »ethnisch«. Harry Gamboa, Jr. verweist auf eine Bemerkung seines Mitstreiters Gronk, der betonte, manche Leute dächten, die Kunst sei ein »Melting Pot«, aber wenn man stets Schokolade mit Vanille mische, dann erhalte man eben niemals Vanille:

»Der Künstler ist beteiligt an der Erzeugung von Bildern und Konzepten, die trotzig den popularisierten falschen Mystifikationen und Negativismen über die Chicano-Kultur entgegentreten. Er partizipiert so an einer Form des selbst auferlegten urbanen Exils. Der Künstler im Exil ist frei, zu hinterfragen, bloßzustellen, falsch auszusprechen (*mispronounce*) und hässliche Wahrheiten an die Oberfläche zu befördern.«[47]

Keine Genies und keine unbeteiligten Dritten

Zweifellos ist die Romantik des Exils und der Wahrheit dem Zeitkontext geschuldet, aber Asco konnte in der Praxis die Ausgangspunkte des künstlerischen Schaffens ziemlich klar ausdrücken. Das ist heute nicht selten anders. Ich saß drei Jahre in der Jury des Hauptstadtkulturfonds, einer Förderinstitution, durch die der Bund der »freien Szene« seiner Hauptstadt jährlich einen Betrag von bis zu zehn Millionen Euro zur Verfügung stellt. Als Bundestopf hat der Fonds den Anspruch, nur ganz ausgezeichnete Künstler aus allen Sparten zu fördern. Sicher war auch eine Reihe guter Projekte dabei, aber das Gros der beantragten und letztlich geförderten Projekte blieb auf einem, nun ja, unbestimmten Niveau. Ich will mich nicht beklagen über die Qualität der ästhetischen Mittel, die war durchaus gewährleistet. Vielleicht könnte man es mit Gronk so formulieren: Viele Projekte wollten Melting Pot sein, ohne Vanille jemals auch nur gekostet zu haben. Man wollte etwas ausdrücken, ohne genau zu wissen, was. In vielen Anträgen spielten die Namen einiger französischer Denker eine wichtige Rolle, wobei in vielen Fällen nicht deutlich wurde, in welchem Zusammenhang die Arbeiten (post-)marxistischer Philosophen wie Jacques Rancière oder Alain Badiou eigentlich mit dem jeweiligen Projekt standen. Darüber hinaus wollte eine nicht unbeträchtliche Anzahl von Künstlern zu bestimmten Themen »forschen«, wobei völlig unklar blieb, warum und wie das Thema gewählt wurde und worin eigentlich der Vorteil des Artistic Research gegenüber der traditionellen Forschung bestehen sollte.

Je nach der aktuellen Konjunktur zogen sich bestimmte Themenkomplexe durch zahlreiche Anträge: in einer Saison die Arabellion oder der Aufstand allgemein, in einer anderen der Postkolonialismus, wie gesagt, ohne dass genau erläutert wurde, warum in der Kunst zu jenen Themen geforscht werden sollte. »Man rechnet immer schon damit«, meint mein Freund Tom Holert, »dass Kunst, Gegenwartskunst zumal, alle möglichen Aufgaben erfüllt und Aufträge annimmt, auch denjenigen, das Publikum über bestimmte Sachverhalte in der Welt zu informieren oder aufzuklären.«[48] Nun mag man sagen, es handele sich um die berühmte »Antragsprosa«, doch der Hauptstadtkulturfonds macht vergleichsweise wenige Vorgaben für die Antragstellung. Und die angesprochenen Punkte wurden auch in vielen realisierten Projekten nicht geklärt. Tatsächlich tauchte die Frage des genuin künstlerischen Beitrags zu dem im jeweiligen Werk behandelten Thema gar nicht auf. Vieles verblieb auf der Ebene eines »ästhetisierten Wikipedia-Artikels«.[49] Die ästhetische Ambition erschöpft sich gerne in Verklausulierungen, die schlicht und ergreifend auf analytische Schwächen und Unklarheiten zurückgehen.[50]

Kollaborative Projekte wurden äußerst selten eingereicht, vielleicht auch deswegen, weil sie wie erwähnt in Deutschland als Entwicklungsarbeit für Zurückgebliebene verstanden und entsprechend aus Mitteln für Arbeit, Soziales, Familie oder Bildung finanziert werden. Oder auch aus Sonderprogrammen, die so inspirierte und zweifelsohne inspirierende Titel tragen wie »Vielfalt tut gut« oder »Kultur macht stark«. Diese Projekte sind für gewöhnlich auch weniger kollaborativ als vielmehr öffentlich: Künstler installieren Gegenstände an öffentlichen Plätzen, und Passanten können sie verwenden. Im Berliner Bezirk Neukölln sind in den letzten Jahren viele solche Installationen gemacht worden, in übergreifenden Paketen wie Areale Neukölln (2001) oder Okkupation (2004-2006).[51] Ein Beispiel: Der Künstler Christian Hasucha legte auf einer drei Meter hohen Plattform eine kleine Rasenfläche an (Die Insel, 2006). Über eine Leiter konnten Vorbeigehende hinaufgelangen und sich in der provisorischen Parzelle die Zeit vertreiben.

Zur Ehrenrettung der Künstler muss betont werden, wie sehr solche Projekte als Sozialarbeit betrachtet werden und wie sehr die Fördertöpfe sie genau in diese Falle bugsieren. Im Grunde ist es angesichts der Reputation dieser Art von

Kunst und der Begrenzungen durch die Förderrichtlinien kaum möglich, als unabhängiges Projekt interessant oder innovativ zu arbeiten. Für Experimente ist kein Platz. Die unterdessen üblichen Evaluationen, welche die Förderer vornehmen, sollen ja stets nur den Erfolg eines Vorhabens belegen. Bei kollaborativen Projekten wäre es aber viel produktiver, etwas über die hemmenden Aspekte zu erfahren oder über die Fehler, die gemacht wurden. Danach sucht man in den einschlägigen Best-Practice-Datenbanken aber vergeblich.

Das Fehlen kollaborativer Ansätze ergab sich auch aus dem ungeklärten Verhältnis zum Publikum. Während meiner Zeit in der Jury des Hauptstadtkulturfonds wurde nach Diskussionen innerhalb des Gremiums eine neue Frage an die Antragsteller eingeführt: »Welches Publikum will Ihr Projekt erreichen?« Schon eine solche Frage wird in Deutschland häufig als neoliberale Zumutung empfunden. Doch die Antworten offenbarten eine Leerstelle: Theaterprojekte gaben an, sie wollten ein Theaterpublikum ansprechen, andere betonten, sie wollten neben dem Theaterpublikum auch noch ein Kunstpublikum anlocken. Wieder andere begnügten sich damit, eine bloße Zahl anzugeben: »Zu unserer letzten Ausstellung kamen fünfzehntausend Menschen.« Zwischen dem jeweiligen Spezialpublikum und der Masse schien es nichts zu geben. Folgendes Szenario erwies sich fast durchweg als implizite Voraussetzung: Es wird etwas produziert, das Publikum wird sich dann schon finden. Kulturelle Mythen halten sich trotz aller Kritik hartnäckig. Ganz ohne Genies bewahrte man das alte Prinzip der unabhängigen und letztlich verantwortungslosen Schöpfung. Solche Auffassungen werden tradiert, denn der überwiegende Teil der Bewerber stammte aus einem bestimmten Milieu und brachte dementsprechend dessen implizite Konventionen mit. Der Kreis der Antragsteller blieb begrenzt – auf fast wundersame Weise ging in jedem Jahr in etwa dieselbe Anzahl Anträge ein.

Die quasi genialische Produktion, für die sich das (passive) Publikum schon finden wird, steht auch oft genug Pate bei den gängigen Konzepten von Kunstvermittlung. Das ist keine neue Erkenntnis. Anlässlich der documenta 12 wurde die Konzeption der Vermittlung ausführlich beschrieben, und vor allem wurden die Probleme schonungslos benannt: mangelnde finanzielle Mittel, das Bauen auf die freiwillige Teilnahme der lokalen Beiräte, die Schwierigkeiten mit kritischer und experimenteller Vermittlung, der Rassismus und Sexismus der vorwiegend bildungsbürgerlichen Besucher der Ausstellung.[52] Die Künstlerin und Kunstvermittlerin Carmen Mörsch hat darauf hingewiesen, dass Vermittlung für gewöhnlich als schlecht angesehene Serviceleistung »feminisiert« wird. Die meisten Tätigkeiten in diesem Bereich erledigen Frauen.[53] Das Subjekt bleibt jedenfalls allein die Ausstellung, sie wird unabhängig und »verantwortungslos« kuratorisch geplant und ausgeführt. Das Publikum ist als Phantom vorgesehen: Man denkt über es nach, man muss es ja ansprechen, abholen und mitnehmen, schließlich steht das Subjekt unter Erfolgsdruck. Doch ungeachtet der in jüngerer Zeit hin und wieder lustlos einberufenen Beiräte hat es keine Stimme, geschweige denn etwas zu entscheiden.

Dabei gibt es erfolgreiche Modelle, in denen »die Leute« in die Programmgestaltung, etwa an Theatern, einbezogen werden. Als Ruud Breteler 1998 die Leitung des daniederliegenden Theaters Zuidplein in einem Rotterdamer »Problemviertel« übernahm, setzte er eine Kommission ein, bestehend aus Personen aus der Nachbarschaft. Breteler unterbreitete diesem Gremium seine Vorschläge und diskutierte sie, wobei die Kommission auch Programmentscheidungen treffen konnte.

Diese Arbeitsweise sorgte nach zwei Jahren für Erfolg, weil die Mitglieder der Kommission ihre Entscheidungen im Viertel entsprechend vertraten und auch bewarben.[54] Das potentielle Publikum muss übrigens keineswegs immer intellektuell mit einbezogen werden, eine Diskussion mit Kulturexperten würde viele überfordern. Aber Kunst hat auch immer etwas mit Bauen, Einrichten und Anbringen zu tun, was für viele Personen mit haptischen und handwerklichen Fähigkeiten interessant sein kann. Verschiedene Kompetenzen können so gleichberechtigt eingebracht werden. In der Realität sind aber nicht immer die Zeit und die Mittel vorhanden, um das potentielle Publikum am Kunstschaffen teilhaben zu lassen. Allerdings sollte dann zumindest die Vermittlung ein permanenter Bestandteil des kuratorischen Prozesses sein. Die für Vermittlung zuständigen Personen sollten in jedem Schritt der Planung repräsentiert sein und an den Entscheidungen beteiligt werden.

Asco hatte nicht nur klare Vorstellungen von den Gründen für ihr Kunstschaffen, auch Leute, die nicht mit den Kunst-Codes vertraut waren, konnten mit ihren Performances etwas anfangen. Aufgrund meines familiären Hintergrunds als auch meiner Erfahrungen im politischen Bereich leuchteten mir Ascos Aktionen gleich ein. Meine Eltern sind zwar mit mir in historische Museen gegangen, zum Beispiel wenn der Sonntagsausflug anstand, aber nicht ins Theater oder in die Oper, zu Lesungen oder zu Konzerten. Ich konnte meinen Vater zu Kinobesuchen überreden, als ich noch zu jung dafür war (selbst nach für seine Verhältnisse sexuell recht offenherzigen Filmen wie *Saturday Night Fever* stellte er sich weiter zur Verfügung, so lange, bis ich alt genug aussah). Meine ersten Erfahrungen mit Galerien sammelte ich in den frühen neunziger Jahren, als ich Redakteur bei *Spex* wurde. Dort unterhielt man in jenen Tagen ein enges Verhältnis zur damals noch sehr internationalen Kunstszene in Köln. Nach Arbeitsende unternahmen die Redaktionsmitglieder oft noch gemeinsam etwas, und so landete ich auf Ausstellungseröffnungen, bei denen ich unbehaglich und stumm herumstand. Da ich aus dem Umfeld von *Spex* kam, vermutete ein Teil der Leute, mein grimmiger Ausdruck müsse etwas mit einer in Köln zu jener Zeit verbreiteten Post-Kippenberger-Antihaltung gegenüber dem Kunstbetrieb zu tun haben. Selbst zugängliche Räume wie zum Beispiel der von Josef Strau und Stephan Dillemuth betriebene Projektraum Friesenwall 120 blieben mir weitgehend fremd. Ich war dankbar, als ein Redakteur mich beiseitenahm und mir erklärte, dass wir zu diesen Eröffnungen gehen würden, um Bier zu trinken und zu plaudern – was wir sonst in der Kneipe getan hätten.

Wenn man eine künstlerische Genealogie von Asco zeichnen würde, dann käme einiges an Kunstgeschichte zusammen: Surrealismus, Konzeptkunst, Performance Art, Muralismo, Avantgarde-Film usw. Aber man braucht das nicht, um sich für Asco zu begeistern. In erster Linie handelte es sich um eine Gruppe aktivistischer Mutanten; Leute, die sich fehl am Platz fühlten, unrein, halb- oder doppelt gebildet, immer »nicht genug« oder »zu viel«, und die nach Kommunikationsmöglichkeiten suchten, in Solidarität mit La Causa. Als ich gemeinsam mit anderen Ende der neunziger Jahre begann, unter dem Namen Kanak Attak eine andere Version antirassistischer Politik zu diskutieren und zu gestalten, standen künstlerische Ausdrucksmittel sofort im Raum. Selbstredend hatte das nie auch nur annähernd die künstlerische Qualität oder die Eleganz von Asco. Wir stürzten uns ohne Expertenwissen über Genres auf eine Reihe leicht zugänglicher, quasi herumliegender Formen wie Revuen, Satiren, Konzerte, Kurzfilme,

Mixed-Media-Veranstaltungen etc. Die spielerische Grenzüberschreitung ist durchaus ein allgemeines Element, auf das Außenseiter in einem bestimmten Feld zurückgreifen, um sich auszudrücken, etwa Künstler, die eine Einwanderungsgeschichte haben. Wahlweise kennen sie die Grenzen nicht, oder sie sind ihnen schlicht gleichgültig, weil ihnen keine Bedeutung innewohnt.[55] Kanak Attak setzte sich einerseits aus Leuten zusammen, die aus der Linken kamen und den dort fehlenden Antirassismus genauso satthatten wie den gängigen Paternalismus gegenüber Einwanderern. Andererseits waren Personen aus der sogenannten Migrantenselbstorganisation dabei, die im Grunde dasselbe kritisierten: einen Mangel an einer auf Deutschland bezogenen antirassistischen Politik sowie den Paternalismus gegenüber den jüngeren Aktivisten. Ähnlich wie Asco wendeten wir uns sowohl gegen das Bild von Migration und Migranten im Mainstream als auch gegen traditionalistische Selbstorganisation. Die Produktionen waren anlassbezogen und ephemer (ein kleines Archiv findet man noch unter www.kanak-attak.de oder www.kanak-tv.de).

Ich erinnere mich gut daran, welche erstaunliche Selbstermächtigung die kollektive Arbeit mit Filmkameras mit sich brachte. Als die Ford-Werke in Köln 2001 in der Philharmonie ein Fest begingen, um vierzig Jahre Einwanderung aus der Türkei zu feiern, rief das bei uns ambivalente Gefühle hervor. Zum einen fanden wir es gut, dass überhaupt gefeiert wurde, zum anderen aber befremdlich – wie die rechtliche Lage, die sich zu diesem Zeitpunkt noch verschlechtert hatte, Benachteiligung und Rassismus wurden ausgeblendet. Wir verteilten Flugblätter, aber wir riefen auch Kanak TV ins Leben. Ein Haufen Aktivisten rüstete sich mit drei Kameras und Kanak-TV-Branding aus. Als »Leute vom Fernsehen« erhielten wir

nicht nur schnellen Einlass, sondern auch Plätze in der ersten Reihe. Einige glaubten, wir seien ein türkischer Fernsehsender, andere fragten nach Praktika, aber alle nahmen Kanak TV völlig ernst. Wir führten Interviews mit Besuchern, vor allem mit anwesenden Honoratioren wie ehemaligen oder amtierenden Bürgermeistern. Diese Gespräche waren auf Englisch, um die Personen zu zwingen, sich (unsicher) außerhalb ihrer Muttersprache auszudrücken. Wir legten ihnen Rechtfertigungsfragen vor, die sonst nur Migranten gestellt wurden: »Dieter Bohlen wird verdächtigt, seine Frau geschlagen zu haben – ist ein solches Verhalten Teil der deutschen Kultur?« »Können Sie uns die Stelle aus der Bibel vorlesen, in der gesagt wird, die Frau solle dem Manne untertan sein?« Die Reaktionen waren entsprechend: Die Befragten stotterten in etwa das vor sich hin, was Personen mit Migrationshintergrund von sich geben, wenn sie sich wieder einmal zu den nach Belieben aus Jahrtausenden zusammengeklaubten Defiziten »ihrer« Kultur äußern müssen.

Performance war als Artikulationsmöglichkeit von Beginn an ungeheuer attraktiv für sogenannte Minderheiten. Konzeptkunst, Performance-Art, Fluxus oder die heute zu Unrecht etwas unterbewertete kinetische Kunst betonten das Ephemere oder den Prozess gegenüber dem Gegenstand und werteten damit das Subjektive auf. Indem sich diese Richtungen vom Objekt entfernten, lösten sie sich auch von der Idee der »Objektivität«. Minoritäre Subjekte sind stets damit konfrontiert, vergegenständlicht zu werden. Ihre sogenannte Identität erfährt eine Festlegung; es wird behauptet, sie seien »objektiv« so oder so, näher an der Natur, weniger rational, affektgesteuert. Die genannten Kunstrichtungen kritisierten nun den Mythos vom (männlichen, weißen) genialen Individuum, welches aus sich selbst heraus Kunst schöpft. Stattdessen widmeten sie sich sehr persönlichen Erfahrungen, die bis dahin als »privat« galten, Erfahrungen, die es nicht wert zu sein schienen, zu Kunst zu werden. Das war mit hohem Risiko verbunden. Es ist kaum noch vorstellbar, welche Anfeindungen Künstlerinnen wie Hannah Wilke oder Judy Chicago auszuhalten hatten. Ihre Kunst diente allerdings nicht mehr dazu, dem Kunstschaffenden quasiidentitäre Repräsentationsobjekte zu schaffen, sondern Subjektivität als kollektiv »gemacht« und als parteiische Perspektive zu präsentieren: Sie thematisierten Verhältnisse und Beziehungen und entwickelten forschende Analysen. Die Kunst konnte zugleich herausfordern, entwerfen, erproben; neue Räume entstanden, gleichberechtigt und ohne Gefahr für Minderheiten. Dabei wurde das Publikum als eines verstanden, das stets teilnahm, auch wenn es nichts sagte: *No Innocent Bystanders*, keine unbeteiligten Dritten, lautet der Titel eines Buchs über Performance Art.[56]

Hier ist so viel von minoritären Erfahrungen die Rede, weil sie – ich habe im zweiten Kapitel davon gesprochen – heute ins gesellschaftliche Zentrum gerückt sind. Selbstverständlich gibt es weiterhin Klassenklischees, Sexismus und Rassismus. Ich möchte nicht behaupten, es gebe keine Ausgrenzung mehr. Doch in der Parapolis ist die Mitte leer geworden, es gibt keine genaue Vorstellung mehr davon, wie ihre »Identität« definiert ist und wer eigentlich zu ihr gehört und wer nicht. »Was sich abzeichnet«, schrieb Jean-François Lyotard bereits 1976, »ist eine (noch zu definierende) Gruppe von heterogenen Räumen, ein großes patchwork aus lauter minoritären Singularitäten; der Spiegel, in dem sie ihre nationale Einheit erkennen sollten, zerbricht.«[57] Selbst die populistischen Bewegungen in Europa sprechen heute gewöhnlich aus einer minoritären Position. Tatsächlich stellen auch sie eine seltsame Art von Minderheit dar, denn in keinem Land repräsentieren sie die Mehrheit. Im Gegenteil, ihrer treuen Anhängerschaft von bis zu dreißig Prozent der Bevölkerung steht eine große Gruppe gegenüber, die je nach Thema vielleicht sympathisiert, aber ansonsten strikt gegen die als extrem empfundenen Haltungen dieser Parteien eingestellt ist. Die Bewegung, der Zweifel, die Unsicherheit, die Affektivität, die Sprachlosigkeit, die Wut, die Suche – all dies ist heute präsent in den unterschiedlichen Subjektivitäten der »Mitte«. Populisten, die »ihren« Nationalstaat als identitäre Hülle wieder allen Bewohnern in Großbuchstaben vorschreiben wollen, sind gefährlich, doch sie können nicht mehr hinter die selbstbewusste Vielheit der Verhältnisse zurück. Diese ist nicht mehr durch Disziplinierung zu bändigen, sie muss durch Formen von Kollaboration vermittelt werden.

Angesichts von kollaborativer Kunst als sozialer Praxis wird stets die Frage aufgeworfen, ob Kunst etwas zur gesellschaftlichen Befriedung oder Veränderung beitragen könnte. Ich halte es für falsch, Kunst zu instrumentalisieren und eine direkte politische Wirksamkeit in Richtung Wandel zu erwarten. Die Kunst geht auch nicht in kulturellen Repräsentationsaufgaben für die Community oder die Gemeinschaft auf, ebenso wenig wie in Auktionspreisen oder den Besucherzahlen von Ausstellungen oder Theaterstücken. Nun wird Kunst im »alten Europa« staatlich gefördert, ein Erbe der Funktion, die sie früher einmal für die Gemeinschaft übernahm. Sie wurde beauftragt, die religiöse, dann absolutistische, dann nationale Gemeinschaftlichkeit darzustellen. Der Nationalstaat basierte auf einem Programm zur kulturellen Vereinheitlichung des Territoriums: Eine schriftliche Hochsprache wurde etabliert, ein schulischer Bildungskanon und rückwirkend auch eine Geschichte des Territoriums. Darüber hinaus wurden Traditionen regelrecht erfunden, es entstand jene »imagined community«, die der im ersten Kapitel bereits erwähnte Benedict Anderson so anschaulich beschrieben hat. Der ästhetische Akt der Kunstrezeption vermittelte zwischen Individuum und Gemeinschaft. Das Anschauen von bildender Kunst, der Besuch eines Theaters, selbst das Lesen eines Buches hatten den Charakter eines sehr privaten Erlebnisses, das aber gleichzeitig immer mit einer anwesenden oder abwesenden Gemeinschaft von Zuschauern oder Lesern geteilt wurde.

In den bürgerlichen Revolutionen ab dem 18. Jahrhundert bemächtigte sich eine neue Schicht der Kunst; ihr Zweck war nun der Genuss, die Verfeinerung des Einzelnen und die Selbstvergewisserung der Eigentümer als dominante Klasse im jeweiligen Nationalstaat. Diese Aneignung verlief in Sprüngen und Exzessen. Der künstlerische Kult um den genialen und tendenziell antisozialen Einzelnen war ebenso ihr Ergebnis wie die Einhegung der künstlerischen Produktion in Museen oder Theatern. Diese Einrichtungen gaben sich stets als Bewahrer der künstlerischen Autonomie, doch in Wirklichkeit amalgamierten sie die unterschiedlichsten Eigenschaften: Es handelte sich um schichtspezifische Treffpunkte, ästhetische Bildungsorte, Container für selbstbezügliche Kanons, aber auch für kritisch-utopische Gesellschaftsentwürfe. Im späten 18. Jahrhundert diente Kunst zudem einer kollektiven Selbstbildung. In Deutschland kam an den Höfen und in den Salons der Bürger »Kultur zum Selbermachen« in Mode. Man spielte Instrumente, sang gemeinsam, gab kleine Theateraufführungen, malte, hörte Vorträge und übte sich in Diskussionen.[58] Mit diesem Selbstmachen eigneten sich die Personen, die über die entsprechenden Mittel verfügten, die Repräsentationsfunktion von Kunst als Darstellung und Vertretung an. Es war nun nicht mehr der Herrscher, der die Kunst mit der ästhetischen Abbildung der Gemeinschaft beauftragte, sondern die Bürger wurden repräsentativ aktiv, experimentierten, füllten Räume und schufen sich ihren eigenen Widerhall.

Das Erbe dieser Aneignung war wiederum die Exklusivität von Kunst. Während das Bürgertum behauptete, in der Kunst die Dimension des Menschlichen zu behandeln, ging es letztlich zumeist um die Erfahrungen und Bedürfnisse der eigenen Schicht. Die Proletarier erfanden eigene, kollektive Formen von »populärer Kultur«, eine »moralische Ökonomie« (Edward P. Thompson) des eigenen Lebenszusammenhangs und bestimmte Arten von Vergnügungen irgendwo zwischen Sport, Singen und Hahnenkampf. Im 20. Jahrhundert diente dann die aufkommende Massenkultur diese Bedürfnisse.

Die Exklusivität des Kunstbetriebs war lange das Distinktionsmerkmal gegenüber den proletarischen Vergnügungen – die anspruchsvolle Kunst hier, der verallgemeinerte Rummelplatz dort. Inzwischen sind die Grenzen fließend geworden. Spezifische »moralische Ökonomien« sind nicht mehr eindeutig in Klassen, Schichten, Ethnizitäten oder Milieus zu verorten. Die Angehörigen der Mittelschichten füllen inzwischen die ehedem von Proletariern besuchten Fußballstadien, während Hochkultur-Produktionen über die Kanäle der Massenkultur (Abbildungen, Tonträger, Shows, Events etc.) immer mehr Menschen erreichen. Die Anzahl der Kunstbetrachter etwa ist dramatisch gestiegen, Mondrian-Drucke sind so verbreitet wie Panini-Sammelbilder, Zehntausende pilgern zu einer Best-of-Ausstellung des New Yorker Museum of Modern Art. Klassische Musik hat keine Bildungsvoraussetzungen mehr, wenn sie in emotionale Häppchen zerschnitten und von gut aussehenden Musikern vorgetragen wird.

Welche Funktion hat Kunst heute und an wen sollte sie sich richten? Zunächst müsste Kunst befreit werden von den Überresten der impliziten Koppelung an das bürgerliche Individuum und die nationale Gemeinschaft. Im Kunstbetrieb wirkt das Erbe der Exklusivität nach, die Angebote werden weiterhin implizit für das Bildungsbürgertum gemacht. Und obwohl der Betrieb vielfältiger geworden ist, beziehen sich die meisten Kunstinstitutionen wie Museen, Theater, Opern etc. nach wie vor unausgesprochen auf einen nationalen Rahmen. Um an dieser Stelle einen anderen Weg einzuschlagen, erscheint es mir sinnvoll, Kunst und Lebensweise wieder deutlicher voneinander zu trennen. Oben wurde beschrieben, welchen Zweck die Annäherung von Kunst und Lebensweise in der Zeit nach dem Zweiten Weltkrieg hatte. In der Parapolis ist es hingegen angebracht, die Unterschiede herauszuarbeiten. Dazu braucht es eine doppelte Stoßrichtung. Zum einen müssen die Kunsteinrichtungen von der Lebensweise der Mittelschicht gelöst werden. Zum anderen sollte die »Kultur« von Communities nicht von staatlicher Seite unter dem Deckmantel der Kunst konserviert oder gefördert werden. Die Parapolis ist fundamental vielheitlich, sowohl was ihre Individuen als auch was die Zusammenhänge von Individuen betrifft, und diese Vielheitlichkeit benötigt einen Rahmen, in dem Anliegen, Interessen und Konflikte verhandelt werden. Der demokratische Staat stellt diesen Rahmen grundsätzlich zur Verfügung, aber es werden mehr Kollaborationsangebote an spezifisch dafür geeigneten Orten benötigt. Beispiele kann man im Bildungsbereich finden, denn in Kindergärten, Schulen oder Bibliotheken treffen tagtäglich unterschiedliche Menschen aufeinander. Ebenso wie Bildung kann Kunst wie auch immer ephemere Gemeinschaften schaffen – eben nicht nur auf intellektuelle, sondern auch auf körperlich-sinnliche Weise. Ziel dabei ist, wie der Journalist und Philosoph Francis Jeanson schon in den siebziger Jahren schrieb, den Menschen »das Maximum an Mitteln zu liefern, um gemeinsam ihre eigenen Ziele zu erfinden«.[59]

Funke wisdom war die positive Form von Wissen, die in den marginalen, disqualifizierten Räumen von Kultur erworben wurde, in der Gesellschaft der Machtlosen, im Klatsch der Frauen,[60] in proletarischer Geselligkeit, in jugendlichen Subkulturen, in den »ethnischen« Zusammenhängen von Minderheiten und Einwanderern. Diese Art von Weisheit hatte manchmal auch Namen: In der Mythologie existieren seit je die Trickster; Cheikhates nannte man die Vorsängerinnen der frühen Rai-Orchester, Manges die Protagonisten des griechischen Rebetiko; Rasquache hieß eine besondere Chicano-Empfindlichkeit, Camp eine Art der Weltaneignung durch Homosexuelle. Die Worte *cool* und *hip* sind von der Jugendkultur in den allgemeinen Wortschatz übergegangen und haben bereits einen leicht abgenutzten und pejorativen Klang bekommen. Für das diasporische Judentum hat Emmanuel Lévinas dieses Wissen einmal als »unbestimmte Sensibilität« bezeichnet, »bestehend aus einigen Vorstellungen und Erinnerungen, einigen Bräuchen und Gefühlen, aus einer Solidarität mit den wegen ihres Judentums verfolgten Juden«.[61]

In der Philosophie von Lévinas spielt die Sensibilität eine große Rolle, denn ihm zufolge handelt es sich dabei um eine Kategorie, die nicht in Bewusstsein oder sinnlichem Erleben aufgeht. Sensibilität meint eine Art fundamentale Passivität des Selbst. Die »Ichbezogenheit des Ich« wird umgestürzt, das macht die Erfahrung des Anderen und die Verantwortung für den Anderen möglich. In diesem Sinne geht Lévinas auch nicht von einem schlichten Austausch oder Dialog zwischen Personen aus, sondern von Begegnungen, in denen jeweils eine »dritte Person« geschaffen wird, die »die ganze Ungeheuerlichkeit, die ganze Maßlosigkeit, die ganze Unendlichkeit des absolut Anderen« darstellt.[62]

Das mag esoterisch anmuten, ist es aber nicht. Zum einen denke ich, dass Sensibilität eine allgemein wichtige Kategorie für die gesellschaftliche Entwicklung geworden ist, als Amalgam jener Bestandteile, die Lévinas benennt: Vorstellungen, Erinnerungen, Gefühle, Bräuche, Solidarität. Sie definiert den Menschen als Sozialwesen und lässt ihn Verantwortung für Andere und auch für seine Umwelt übernehmen. Der Soziologe Jeremy Rifkin hat ein Buch über den Homo empathicus geschrieben, in dem er sich gegen die Vorstellungen vom Menschen als einem utilitaristischen Egoisten wendet und sich an einer Evolutionsgeschichte des Einfühlungsvermögens ver-

sucht.[63] Die Neurowissenschaft hat jüngst die Bedeutung der sogenannten Spiegelneuronen betont, die dafür sorgen, dass Menschen nicht nur dann Reaktionen zeigen, wenn sie selbst etwas erleben, sondern auch, wenn sie nur beobachten, wie anderen etwas zustößt.[64]

Die von Lévinas beschriebene »dritte Person« wurde auch im Rahmen der Psychotherapie zum Thema. Der Psychiater Thomas Ogden hat erläutert, wie in tiefenpsychologischen Sitzungen ein »analytisches Drittes« entsteht, eine Intersubjektivität, die Therapeuten und ihre Gegenüber im Gespräch kreieren. Bildung, formell wie informell, erzeugt ebenfalls »dritte Personen«, kollektive Subjekte des Wissens und Könnens, an denen gemeinsam gearbeitet wird, aber auch dritte Personen, die imaginäre Vorbilder sind oder auf die hin die Lernenden sich entwerfen: »Ich bin dieser oder jener, den ich imitiere«; »Später werde ich mal etc.«. Die kollaborative

Kunst als soziale Praxis ist ebenfalls ein Prozess, in dem solche dritten Personen hervorgebracht werden.

Kollaborative Kunst gehört nicht den Individuen, sondern den dritten Personen. In einem Großteil der künstlerischen Artikulationen der sechziger Jahre und vor allem der postoptimistischen, aber höchst produktiven siebziger Jahre ging es darum, die Kunst vom Mythos des individuellen Ausdrucks zu befreien und näher an die demokratische Öffentlichkeit heranzurücken. Dieses Vorhaben verbindet so unterschiedliche Ausdrucksformen wie John Cages Ausflüge ins Unbestimmte, Cy Twomblys Strichzeichnungen, die Skulpturen der kinetischen Kunst, die Instrumente der Brüder Baschet, Allan Kaprows Miniperformances, Carolee Schneemanns Entblößungen, David Medallas Signals-Galerie und seine Participation-Production-Propulsions, Lygia Clarks Interaktionsrituale, die Destruktionen Gustav Metzgers oder auch die Video- und Soundexperimente Nam June Paiks.

Trost in Ruinen

Alle Kunst ist ein formgebender Prozess, der Gegenstände, Erkenntnisse, Erfahrungen und Anlässe für Erfahrungen, Lernen und Anlässe für Lernen, Raum für Experimente und unkonventionelles Vorgehen, Zusammenhang (im Sinne von Orientierung) und Gemeinschaft schaffen kann. Angesichts dessen erscheint mir die Frage nach der gesellschaftlichen Verantwortung von Kunst nicht nur erlaubt, sondern es wirkt nachgerade absurd, sie nicht zu stellen. Kunst ist mit dem Handwerk, dem Design, der Bildung und der Wissenschaft verwandt. Sogar mit der Politik, denn alle Politik wird ästhetisch vermittelt, weil sie sich in und durch Form ausdrückt.

Kunst ist nicht autonom, ist aber auch nicht Kultur und schon gar nicht »Leben«. Und auch wenn sie Träume artikulieren kann, in durchaus eskapistischster Art, ist sie gerade deswegen nicht Alltag und soll es auch nicht werden. Ich betrachte Kunst als den Bereich, in dem *funke wisdom*, unbestimmte Sensibilitäten und dritte Personen entstehen.

Im ersten Manifest der japanischen Performance-Gruppe Gutai spricht Jiro Yoshihara von einem gewissen Trost, den die Mitglieder in Ruinen fanden: »Unerwartet begrüßen uns die Ruinen mit Wärme und Freundlichkeit; sie sprechen zu uns durch ihre schönen Risse und Brüche, die vielleicht eine Rache der Materie darstellen, die so ihr angeborenes Leben wiedergewinnt.«[65] Die Ruinen, von denen Gutais wundervolle kollaborative Projekte ausgingen, waren jene, die der Zweite Weltkrieg hinterlassen hatte. Heute haben wir unsere eigenen. Es sind die eines nicht eingelösten Zukunftsversprechens. Die *trente glorieuses*, die dreißig glorreichen Jahre nach dem Krieg, wie sie in Frankreich genannt werden, standen unter dem Stern des unbegrenzten Fortschritts, der seit Mitte der siebziger Jahre ins Stocken geraten ist. In der Parapolis steht alles zur Disposition: Wir sind frei, aber das Leben überfordert uns; wir sind reich, aber die »Lebensmittel« wie Wohnung, Energie etc. werden knapp; wir sind kosmopolitisch, aber der Nationalstaat tut uns weh; wir wachsen, aber zugleich kämpfen wir unentwegt mit den negativen Folgen des Wachstums usw. Unsere Kategorien sind völlig unklar. Wenn nicht Befreiung, was dann? Wenn nicht Nation, was dann? Wenn nicht Fortschritt, was dann? Die viel beschworene Krise ist auch mental, weil wir nicht wissen, nach welchen Maßgaben wir die Richtung bestimmen sollen, die wir demnächst einschlagen. Am ehesten wissen wir, was wir nicht wollen.

Mit der Kollaboration als ethischer Leitidee könnte Kunst

einen Raum öffnen, der Erkenntnis- und Aushandlungsprozesse über affektive Zusammenhänge und unbestimmte Sensibilitäten ermöglicht. Zum einen geht es dabei um die sozusagen hedonistische Seite von Wissenserwerb und -erweiterung. Erkenntnis kann mit Lust, gar mit Euphorie verbunden sein. Wissenschaftler kennen das Gefühl, aber sie sprechen selten darüber. Gerade der sinnliche Aspekt der Kunst wäre ein Durchlauferhitzer für diese sentimentale Seite des Wissens. Zugleich ist gute Kunst, auf diesen Aspekt haben die Theoretiker der Postmoderne stets hingewiesen, auch eine Form des aus der Psychoanalyse bekannten »Durcharbeitens« von Assoziationen, Träumen, Erinnerungen, Materialien, Versatzstücken, Ruinen etc. »Du wirst verstehen«, schrieb Jean-François Lyotard in seiner Essay- und Briefsammlung *Postmoderne für Kinder*, »daß das post- von postmodern – so verstanden – keine Bewegung des come back, flash back, feed back, das heißt der Wiederholung bedeutet, sondern einen Ana-Prozeß der Analyse, Anamnese, Anagonie und Anamorphose.«[66]

Kunst ermöglicht auf der Ebene von Affekt und Sensibilität die erwähnten Aushandlungen. Tatsächlich hat das ihre Attraktivität in den minoritären Kämpfen ausgemacht: dem *Widerstreit* eine Plattform zu geben, um noch einmal Lyotard zu bemühen. Der Ausgangspunkt für sein gleichnamiges Buch war die Behauptung des französischen Literaturwissenschaftlers Robert Faurisson, die Shoah könne nicht bewiesen werden.

> »Widerstreit möchte ich den Fall nennen, in dem ein Kläger seiner Beweismittel beraubt ist und dadurch zum Opfer wird. [...] Zwischen zwei Parteien entspinnt sich ein Widerstreit, wenn sich die ›Beilegung‹ des Konflikts, der sie miteinander konfrontiert, im Idiom der einen vollzieht, während das Unrecht, das die andere erleidet, in diesem Idiom nicht figuriert.«[67]

Der habermassche Austausch von Argumenten im konsensorientierten Gespräch privilegiert diejenigen, die für das »rationale« Argumentieren die richtigen Voraussetzungen mitbringen. Zudem ist die Sprache selbst kein neutrales Medium; das zeigt das Beispiel der Sprachen, die viele Staaten erst durch den Kolonialismus aufgenommen haben. Wenn man seine Anliegen nur in der Sprache ausdrücken kann, die vom Gegenüber dominiert wird, bietet Kunst eine Alternative. Sie kann helfen, bestimmte Probleme in einer anderen Sprache zu vergegenwärtigen, sie bietet die Möglichkeit, die oft auch sprachlosen Affekte, die Wut, das Suchen als Nicht-Darstellbares zu artikulieren.

Widerstreit betrifft heute keineswegs nur noch Minderheiten, weil die Gesellschaft insgesamt von einer Art Sprachverlust geprägt ist. Schon Ende der siebziger Jahre beobachtete Lyotard – es wurde im vorigen Kapitel bereits angesprochen – das Ende der »großen Erzählungen« über das Wissen. Seit Beginn der Moderne werde Wissenschaft letztlich mit Wissen gleichgesetzt. Lyotard hingegen betont, Wissen und Wissenschaft seien keineswegs identisch.[68] In allen Gesellschaften habe man sich mittels Erzählungen über sich selbst verständigt. Diese definieren »die Gruppe pragmatischer Regeln, die das soziale Band ausmachen«.[69] Nun behauptet Lyotard, die Erzählungen seien in der Moderne keineswegs verschwunden, sondern sie hätten dazu gedient, den Anspruch der Wissenschaft zu legitimieren, das »wahre Wissen« darzustellen. Heute aber funktionieren diese legitimatorischen Kategoriensysteme offensichtlich nicht mehr.

Woran kann man sich also festhalten? Als neue Legitimation sah Lyotard wie gesagt die schlichte »Performativität«, »das bessere Verhältnis von Input/Output«.[70] Ich halte diese Beobachtung für zutreffend. Über die Legitimation des

Wissens wird aktuell nicht mehr viel nachgedacht, für gewöhnlich wird ein anwendungsbezogenes Wissen produziert, das sich in der Praxis bewährt und sich maßgeblich in einem geradezu atemberaubenden technischen Fortschritt niederschlägt. Das hat die Wissenschaft als Instanz der Unterscheidung zwischen wahr und falsch infrage gestellt und dezentriert. Heutzutage erheben auch die sogenannten Laien, die teilweise sehr spezielle Interessen verfolgen, Anspruch auf die Wissenschaft und fordern mehr Dialog und Einbeziehung, Kollaboration: Das Stichwort lautet Citizen Science.[71] Künstlerische Arbeitsweisen werden in epistemischer Hinsicht für die Wissenschaft interessant: »Kunst fördert Wissenschaft. Non-lineares Denken als innovative Verunsicherung für Wissenschaft«, so die Bezeichnung eines Symposiums, ausgerichtet unter anderem von der Technischen Universität Dortmund.[72] Kunst muss im Hinblick auf das Fehlen einer verbindlichen Legitimation für das Wissen als epistemische Alternative anerkannt werden. Versuche in dieser Richtung hat es bereits in den sechziger Jahren gegeben. Die Künstler Barbara Steveni und John Latham gründeten die sogenannte Artist Placement Group.[73] Künstler wurden in den verschiedensten Zusammenhängen als Residenten »platziert«, in Wirtschaftsunternehmen, Verwaltungen, Forschungseinrichtungen, um andere Perspektiven, aber auch unkonventionelle Lösungsansätze einzubringen.[74]

Allerdings beantwortet das nicht die Frage, woran man sich festhalten kann. Vielen Menschen reicht die Performativität nicht, sie verspüren angesichts des Sprachverlusts eine unbestimmte Sehnsucht nach »großen Erzählungen«. Die Ruinen sind nicht immer tröstlich. Das Fehlen wird in mannigfaltigen, lokalen Sinnzusammenhängen kompensiert: Lebensstile, Community, Religion, Fundamentalismus. Viele sind wütend und auf der Suche. Kunst bietet keinen Unterschlupf in einer großen Erzählung, aber sie stellt eine affektive Ausdrucksweise zur Verfügung, welche die Wut, das Suchen und den Widerstreit zur Sprache zu bringen vermag. Sie kann *funke wisdom* generieren und einen Raum zur Aushandlung bereitstellen, in dem eine dritte Person entsteht. So kann Kunst einen Gemeinsinn erzeugen, den Sinn, der »wir« sind, aber nur dann, wenn Kollaboration als ethische Leitidee fungiert.

Wenn es um Ausdrucksweisen geht, bleibt noch zu ergänzen: Die Kunst der Parapolis artikuliert ein Fehlen, aber keinen Mangel. In den sechziger Jahren suchten die Jüngeren in der Kunst nach neuen, erweiterten Ausdrucksmitteln, weil sie einen Mangel verspürten. Sie fühlten sich eingesperrt von der Disziplin, den Körpern, den Räumen, den Gebäuden, den bürgerlichen Gepflogenheiten. Heute dagegen besitzen Mangel und Beschränkung nicht dieselbe Relevanz: In der Kunst ist man ständig mit einer Überfülle konfrontiert, die bewältigt werden will. Interessierten Personen steht in Datenspeichern, der Cloud oder bei Spotify mittlerweile mehr Musik zur Verfügung als früher passionierten Plattensammlern. Phänomenale Archive aller Art sind frei zugänglich. Sie zeigen, was vor einem alles geschaffen wurde. Zweifellos gibt es die Digital Divide, es gibt Bildungsunterschiede und andere Barrieren, welche die Nutzung der Archive einschränken. Doch man kann nicht länger von einem Mangel ausgehen, sondern von der Fülle. Ruinen inmitten von Performativität, ein Fehlen inmitten der Fülle – niemand hat gesagt, wir hätten es leicht.

Die meisten künstlerischen Initiativen, von denen bislang die Rede war, haben sich außerhalb von Institutionen und oft im Rahmen politischer Bewegungen gebildet. Sie beerben damit die oben erwähnte »Kultur des Selbermachens«, in der sich Personen die Techniken und Ausdrucksweisen künstlerischen Schaffens aneigneten. Im Gegensatz zu Nordamerika wurde Kunst im kontinentalen Europa stark institutionalisiert; der Staat unterhielt bzw. unterhält häufig die Häuser, in denen Künstler arbeiten, ausstellen oder aufführen. Die Frage ist, wie dieser Betrieb die Kollaboration als ethische Leitidee implementieren könnte. Die Institutionalisierung hat zu Professionalisierung und Absicherung geführt, aber auch zu Bürokratie und Starre. Dieser institutionelle Komplex hätte längst eine Reform benötigt. Schon seit den sechziger Jahren entspricht er der sich rasant verändernden Gesellschaft nicht mehr. Doch das Beharrungsvermögen ist enorm, was vor allem an dem internen, relativ geschützten Arbeitsmarkt liegt: Der Apparat der Häuser, von der Gebäudebetreuung über die Technik bis hin zum Ensemble, verschlingt bis zu achtzig Prozent der verfügbaren Mittel. Für die künstlerische Arbeit im eigentlichen Sinne bleibt wenig übrig, was zu einer Entourage von schlecht bezahlten und unzureichend abgesicherten, aber hochgradig idealistischen Mitarbeitern geführt hat. Für den Kern der Beschäftigten, von den Handwerkern bis zu den Leitern und Direktoren, liegen strukturelle Reformen jedoch nicht im eigenen Interesse, und so hält die Krise dieses Betriebs im Grunde schon über Jahrzehnte an.

In Deutschland steht auch heute noch das Theater im Zentrum dieses Komplexes, das ja schon in der jeweiligen Bezeichnung den eigenen Repräsentationsanspruch betont, sei

es Stadt-, Landes- oder eben Staatstheater. Seit den sechziger Jahren hat es zahlreiche Versuche gegeben, den Betrieb zu verändern. Neue Ausdrucks- und Produktionsformen wurden von der unabhängigen Kunst gefordert; mehr Nähe zu den Leuten in der sogenannten Soziokultur. Als Reaktion darauf verschrieb sich die fortschrittliche Kulturpolitik neuen Devisen: »Kultur für alle«[75] oder »Bürgerrecht Kultur«.[76] Doch im Ergebnis kam es auch hier zu einer »Überplanung«: Die Grundstruktur blieb intakt, an verschiedenen Stellen wurden Sonderbereiche hinzugefügt, die Reformwünsche erstarrten innerhalb des relativ unveränderten Rahmens. Im Zuge der »neuen Kulturpolitik«, die den Kunstbegriff in Richtung auf Lebensweise erweiterte, wurden Fördermittel für die »freie Szene« und die soziokulturellen Zentren bereitgestellt. Das hat die Aufbrüche eingehegt und gewissermaßen verdinglicht: Seit den späten siebziger Jahren gibt es für sie einen Raum, einen kleinen Raum im Vergleich zu den Institutionen, einen schlecht ausgestatteten Raum. So klagt vor allem die »freie Szene« regelmäßig über ihre schlechte Ausrüstung. Aber es handelt sich um einen Raum, den es mittlerweile wegen Krise und Prekarisierung sogar zu verteidigen gilt.

In dieser Gemengelage sind die Rollen fest verteilt: In den Häusern erstellen die Profis einen ästhetisch »anspruchsvollen« Mainstream, die »freie Szene« sorgt für die angebliche Innovation, und die soziokulturellen Zentren betätigen sich im Feld der kulturellen Sozialarbeit. Dazwischen oszillieren »Vermittlung« und »kulturelle Bildung«. Instanzen wie die Kulturstiftung des Bundes legen Programme auf, um die immer wieder aufklaffenden Lücken in diesem Arrangement zu füllen. So soll etwa der Topf Doppelpass – Fonds für Kooperationen im Theater im Jahre 2014 die Zusammenarbeit zwischen festen Tanz- und Theaterhäusern sowie freien Gruppen fördern.[77] In der Realität werden die Grenzen natürlich immer wieder überschritten, doch die starren Einteilungen und die Förderstrukturen unterfüttern unentwegt die Separierung der Bereiche; der »Reformstau« bleibt. Zudem stammt das Personal ganz überwiegend aus der bürgerlichen Schicht. Für die Häuser gilt das ohnehin, aber nicht nur für sie: Die »freien« Kunstschaffenden mit ihren prekären Arbeitsverhältnissen benötigen Subventionen über die staatliche Förderung hinaus, und die kommt oftmals aus den jeweiligen bürgerlichen Elternhäusern. »Etwas mit Kunst zu machen« hat dort einen positiven Klang. Die soziokulturellen Zentren haben ihren Ursprung in der sogenannten Alternativkultur der siebziger Jahre und in den Neuen Sozialen Bewegungen. Die Aktivisten rekrutierten sich zu einem Großteil aus der Mittelschicht, was bei einem Besuch heute noch unschwer erkennbar ist. Das sagt allerdings zunächst einmal nicht viel aus, entscheidend ist, ob die Institutionen durchlässig sind. Und das ist selten der Fall. Man kann fragen, ob sich dieses Arrangement nicht nach wie vor implizit von bürgerlichen Kulturidealen leiten lässt. Auch wenn die »neue Kulturpolitik« den damals noch engen Rahmen der Kunst in Richtung Lebensweise überschritt, so definierte sie ihre Aufgabe dennoch weiter, wie der Kulturfunktionär Hilmar Hoffmann schrieb, als »emanzipatorische Weiterbildung« im Dienste der »Selbstverwirklichung« des Bürgers.[78]

Die »freie Szene« hat sicher am wenigsten Bindung an solche Ideale, aber die herkömmlichen Vorstellungen von Emanzipation, Freiheit der Kunst, Anspruch und Qualität verhindern, dass Kollaboration als ethische Leitidee etabliert wird. Dabei ist im Kunstbetrieb in den letzten Jahren viel über Partizipation debattiert worden. Der Betrieb ist unter politischen Druck geraten, seine Angebote auf andere Bevölkerungsschichten zu erweitern. Allerdings hört man beim Thema Partizipation selbst bei den Wohlmeinenden heraus, wie sehr sie die ästhetische Qualität gefährdet sehen. »Der Begriff der Qualität«, schrieb Lucy Lippard schon 1990 in ihrem Kompendium über die missachtete Kunst der vielheitlichen USA, »war immer schon die effektivste Keule im Dienste der Homogenität sowohl in der modernen als auch der postmodernen Ära.«[79]

In der englischsprachigen Welt werden die Community Arts jedoch ernst genommen. Lippard ist eine prominente Fürsprecherin, die immer wieder darauf hinweist, dass die kollaborativen »Community Arts with an edge« das Erbe der Konzeptkunst angetreten haben. Künstler müssen zwar über ein Ego verfügen, meint sie, um überhaupt irgendwohin zu kommen und Aufmerksamkeit zu erregen, doch die Kollaboration sorge für Kontrolle: »Das Ego des Künstlers spielt keine so große Rolle.« Zudem habe der Feminismus eine Generosität, eine Ethik des Teilens und der Sorge in die Kunst gebracht: »Das war eine komplett andere Art, auf die Welt zu schauen.«[80] Darüber hinaus existiert ein kritischer Diskurs über Community Arts. So hat zum Beispiel Miwon Kwon den Begriff hinterfragt, weil er sich auf die vorgebliche Identität von bestimmten Gemeinschaften bezieht. Den Ansatz unterstützt sie aber weiterhin. Sie schlägt die weniger ideologiebelastete Bezeichnung »kollektive Kunstpraxis« vor.[81]

Ganz anders ist die Situation im deutschsprachigen Kulturbetrieb. Hier sind die konservierenden Kräfte häufig Gesetzgeber, Ankläger, Richter und Distinktionsgewinnler in einem. Kollaboration wird oftmals nur als »Mitmach«-Dimension oder als pädagogisch-integrative Maßnahme für die Marginalisierten gedacht. Wenn es um Community Arts geht, dann erzählen Experten mit besorgtem Gesicht, sie seien ja gerade in England gewesen und hätten sich dort eine Inszenierung in einem Community-Theater angesehen. Die Qualität sei schon ein Problem. Ein Stück reicht stellvertretend, um die Güte jahrzehntelanger Praxis bewerten zu können. Ein anderer Einwand gegen Kollaboration, der mir zu Ohren kam, betraf die Literatur, da könne man nicht zusammenarbeiten. Dabei müssen in den professionellen Schreibprozessen, in denen tolstoihaft epische Serien unterschiedlichster Art wie *The Sopranos*, *Picket Fences*, *Queer as Folk*, *The Wire* oder *Breaking Bad* entstehen, längst zahlreiche Tätigkeiten integriert werden: Die Macher müssen Themen recherchieren, Charaktere entwickeln, die Handlung entfalten und Kontinuität herstellen. Allein aufgrund des Rechercheaufwands müssen viele Personen und auch gemeinhin disqualifizierte Wissensarten einbezogen werden. So muss man sich im Drogenmilieu auskennen, um für eine Serie wie *The Wire* eine akkurate Geschichte erzählen zu können.

Tatsächlich gibt es in Deutschland immer noch keinen Ort für so etwas wie Community Arts oder kollaborative Kunst als soziale Praxis. Zwar ist ein Zampano wie Joseph Beuys schon auf der zweifellos den Kunstkontext erweiternden documenta 5 (1972) mit Ideen von verallgemeinerter Kreativität und Selbstverwaltung hausieren gegangen, doch am Ende meinte er mit »sozialer Plastik« vor allem eine, auf der mit großen Lettern sein eigener Name stand.[82] Auf derselben documenta stellte der damals explizit linke Jörg Immendorff auf einem Bild die Frage: »Für was? Für wen? Diese Fragen an die Künstler stellen – auf Antwort bestehen!«, aber auch er gab nur wenig später die Antwort: für mich. Ein wesentliches Problem im Nachkriegsdeutschland war immer das Fehlen bzw. die Marginalisierung der »Mutanten«. Die Kunstproduktion kam nur selten organisch aus einem Fundament der Differenz. Das zeigte sich auf dem Feld der sogenannten Hochkultur ebenso wie auf jenem der Populärkultur. Die jüdischen Künstler waren ermordet worden oder emigriert. Zwar konnten sich manche eingewanderte Künstler wie Nam June Paik durchsetzen, doch die Werke vieler anderer wie etwa die des Frankfurter Zeichners Dragutin Trumbetas wurden nicht als Kunst, sondern unter soziologischen Gesichtspunkten betrachtet. Als in den siebziger Jahren ein Band mit Zeichnungen von Trumbetas erschien, attestierte der Schriftsteller Gerhard Zwerenz dem »Künstler, der unter uns lebt und dennoch fremd ist«, seine Bilder enthielten »mehr Wahrheit als eine Photographie«.[83] Wer nicht zu »uns« gehört, der schafft offenbar keine Kunst, sondern Sozialreportagen vom angeblichen Rand der Gesellschaft. Diese sollten dann die letztlich wiederum bürgerlichen Betrachter auf das Schicksal des Proletariats aufmerksam machen. Eine aktuelle Retrospektive fand 2013 nicht in einem Kunstmuseum oder einer Galerie statt, sondern im Historischen Museum der Stadt. Der Titel der Ausstellung lautete »Drago Trumbeta. Gastarbeiter in Frankfurt«.

Was die Populärkultur betrifft, so existierte etwa im Vereinigten Königreich eine durchaus eigenständige Arbeiterkultur, deren Erbe sich in die nach dem Zweiten Weltkrieg aufkommende Massenkultur hinein vermittelte. So konnten sich Jugendkulturen wie etwa die Mods entwickeln, die sich durch kreativen Konsum, also via Stil und Musik, artikulierten und die ein symbolisches Zwischenreich errichteten, weil sie sich sowohl von ihrer proletarischen Herkunft als auch vom normsetzenden Bürgertum distanzierten. In Deutschland war die politische Organisation der Arbeiterschaft zwar traditionell stark. Die Sozialdemokratie und die Gewerkschaften sicherten ihrer Klientel einen bedeutenden Platz im Korporatismus. Die kulturellen Aktivitäten wurden jedoch im Namen des Kampfs politisch vereinnahmt, oder sie lehnten sich erstaunlich unreflektiert an die bürgerlichen Kulturideale an. So galt den Wortführern der Arbeitersängerbewegung das Arbeiterlied in den entsprechenden »Tendenzchören« als »rote Feldmusik«.[84] Die Geselligkeit der weniger politisch ausgerichteten Chöre spielte sich wiederum in denselben Bahnen ab wie jene der bürgerlichen Kontrahenten. Ähnliches gilt für die Lieder, die gesungen wurden, wie der Deutsche Arbeiter-Sängerbund hervorhob: »Die Arbeitergesangsvereine bezwecken die künstlerische, die ästhetische Bildung des Proletariats über den engeren Kreis ihrer Mitglieder hinaus.« Da wäre es doch zweckwidrig, wenn die Arbeitersänger nicht teilnähmen an der Entwicklung der allen Menschen gemeinsamen Kunst.[85]

Nur: Was ist der Mensch? Indem sich der Vorstand des Sängerbundes einer scheinbaren Universalität verschrieb, landete er am Ende eben beim bürgerlichen Ideal, welches sich mit dem allgemein menschlichen kongruent wähnt. Diese Sichtweise setzte sich fort, bis hin zur alternativen *Soziokultur*. Noch 2000 stellte sich der Kulturhistoriker und Publizist Hermann Glaser emphatisch hinter das Toleranzgebot der Aufklärung, wie es etwa in der Ringparabel von Gotthold Ephraim Lessing zum Ausdruck kommt. Nötig sei eine plurale Identität, »welche Verwurzelung in der Heimat – als Sprache, als geschichtliche und kulturelle, regionale und landsmannschaftliche Zugehörigkeit – mit einer ›radikalen‹ Offenheit für den menschlichen Menschen jenseits aller Begrenzungen zu verbinden weiß«.[86] Die Differenz darf zwar auftauchen, allerdings nur, wenn sie sich gleich wieder in den »menschlichen Menschen« auflöst, der sich aber immer wieder als extrem voraussetzungsreich und letztlich partikular entpuppt.

Tatsächlich wusste jemand wie Dragutin Trumbetas um die Exklusivität des »menschlichen Menschen«, denn wie viele Einwanderer war er ja »Ausländer«, kein deutscher Staatsbürger, was ihn rechtlich gesehen im Niemandsland zwischen den allgemeinen Menschenrechten und dem Ausländergesetz verortete. Diese Position im Dazwischen bringt penetrante und widersprüchliche Verhaltenszumutungen mit sich. Herta Müller, Nobelpreisträgerin für Literatur und deutschstämmige Aussiedlerin aus Rumänien, hat in einem Aufsatz beschrieben, wie sie sich in Deutschland ständig mit paradoxen Erwartungen konfrontiert sah: Auf der einen Seite wurde sie aus der Normalität herausgerissen, da sie wie so viele Menschen mit Migrationshintergrund gefragt wurde »Woher kommst du?« – und sich in der Antwort als »Fremde« identifizieren sollte. Auf der anderen Seite wurde im Feuilleton eine Normalität in Bezug auf den nationalen Rahmen eingefordert. Sie sei eine großartige Schriftstellerin, zweifellos, aber sie solle doch endlich von Rumänien ablassen und ihre Geschichten stattdessen in Deutschland ansiedeln.[87]

Noch 2007 wurde ein Text von Herta Müller im renommierten Reclam Verlag in einem Sammelband für den Schulunterricht veröffentlicht, der tatsächlich *Migrantenliteratur* heißt. Der Band beinhaltet einen Anhang, in dem sich kein einziger literaturwissenschaftlicher Text findet, sondern ausschließlich soziologische Abhandlungen zu »migrationsbedingter Entwurzelung«, »Systemintegration« und – kein Scherz – »Migration und Kriminalität«.[88] Nur zwei Jahre bevor ihr der Nobelpreis für Literatur verliehen wurde, sperrte man die deutsche Preisträgerin also in ein Getto namens Migrantenliteratur. Nun gehen die Veränderungen langsam, aber doch unaufhaltsam voran. 2014 führte der deutsche Literaturbetrieb eine hitzige Debatte über den Stand der Dinge im eigenen Haus. Zunächst hatte Florian Kessler in der *Zeit* den Vorwurf erhoben, in den Ausbildungsstätten für deutsche Gegenwartsliteratur reproduziere sich das Bildungsbürgertum, was wiederum zu einer »satte[n] Form von ästhetischer Bürgerkinder-Anspruchslosigkeit« führe.[89] Kurz darauf polterte Maxim Biller in derselben Zeitung, Autoren mit Migrationshintergrund würden sich dem allgegenwärtigen Konformismus des Literaturbetriebs beugen und dabei häufig »Onkel-Tom-Literatur« hervorbringen. Bei Biller erscheint die durch die Migration eingebrachte Differenz allerdings als klischeehafte vitalistische Ressource: hier der zombiefizierte einheimische Literaturbetrieb, dort das pralle Leben des Einwanderermilieus.[90]

Man kann mir vorwerfen, ich würde Ressentiments gegen

eine Bürgerlichkeit pflegen, die heutzutage ja heterogener kaum noch sein könnte. Allerdings spreche ich nicht von einer Personengruppe, in der alle gleich aussehen, sich gleich benehmen oder über das Gleiche reden. Der bürgerliche Charakter macht sich bemerkbar, wenn es um die Grenzen des Betriebs geht: wenn ein exklusiver »Anspruch« behauptet, das eigene »Haus« verteidigt oder Kollaboration denunziert wird, wenn Reformen verweigert, bestimmte Gruppen durch Zuschreibungen marginalisiert werden oder ein Mangel an Kenntnis über die Vielheit in der Gesellschaft zu erkennen ist. Ich bin oft genug selbst an diese Grenzen gestoßen. Manchmal kommt eine subtile »Glasdecke« ins Spiel, aber beim Thema Migration mindestens genauso häufig unverhohlener Rassismus.

Die Kritik am bürgerlichen »menschlichen Menschen« zielt weder auf einzelne Personen, noch hat sie es darauf abgesehen, das oft sehr interessante bürgerliche Erbe auszuschließen. Die Forderung lautet, diese Personen und dieses Erbe als partikular zu betrachten, nicht als allgemein, und damit quasi »einzurücken« in einen prozessualen, gemeinsamen Raum, der es wiederum ermöglicht, dritte Personen zu erzeugen. Ich will aber auch nicht die Differenz um der Differenz willen glorifizieren oder sie gar vitalistisch verbrämen. Es gilt, sie zu aktivieren. Der Ausgangspunkt in der Kunst ist der bestimmte, singuläre Mensch, das suchende und wütende Individuum mit seinen spezifischen Hintergründen, Voraussetzungen, Referenz- und Resonanzrahmen. Die Allgemeinheit wäre als eine Versammlung von »Mutanten« zu denken, deren »unbestimmte Sensibilitäten« in der Kunst entwickelt werden sollen. In diesem Sinne schreibt der Kulturwissenschaftler Nikos Papastergiadis im Vorwort zu einem von ihm herausgegebenen Buch zu Kunst und Differenz, das Ziel des Bandes sei nicht, »das Kunstwerk herauszustellen oder das Leiden zu dokumentieren, sondern die Energie zu betrachten, die in der Arbeitspraxis und den Bedeutungen der Verrückung (*displacement*) zum Ausdruck kommt«.[91] Diese Energie muss fließen können.

Obwohl den Community Arts im Ensemble des deutschsprachigen Kunstbetriebs kaum Raum gegeben wird, gibt es zu dem Zeitpunkt, an dem ich diese Zeilen schreibe, eine Myriade von Projekten, die zumindest ansatzweise einen kollaborativen Charakter haben und Kunst als soziale Praxis verstehen. Ich liste einfach auf, was ich in dieser Woche ohne viel Recherche mitbekommen habe: Im Ruhrgebiet kuratiert Markus Ambach eine zweite Folge seines im Zuge von RUHR.2010 begonnenen Projekts B1/A40. Die Schönheit der großen Straße – eine Exploration des erstaunlichen Lebensraums zwischen den Schnellstraßen der Ruhrregion. Im Kölner Schauspiel läuft *Die Lücke* von Nuran David Calis, ein Stück über die Folgen des NSU-Nagelbombenattentats in Köln im Jahr 2004. Der Pressetext behauptet: »So entsteht ein Bild der Keupstraße aus der Sicht der Menschen, die dort leben. Und es wird erzählt von ihnen selbst. Denn Anwohner und Geschäftsleute stehen gemeinsam mit Schauspielern auf der Bühne.« Im Aachener Ludwig Forum inszenieren Paweł Althamer und die Künstlergruppe Reactor – Sculpture Lab mit Hunderten von Kindern ein »Kinderkönigreich«. Am Schauspiel Stuttgart findet eine Stadtexploration statt (*Nord – ein Stadtteil dreht sich*), in der Jugendliche aus allen Ecken des heterogenen Stadtteils unter Beteiligung von Profis einen Film erstellen und dabei mit sich und den institutionellen Trägern ins Gespräch kommen. In Berlin ist der vom Jugendkunsthaus Schlesische 27 und Raumlabor konzipierte Junipark zu sehen, in dem junge Berliner sich mit den in der

Stadt zurzeit sehr virulenten Problemen mit Wohnraum befassen. Das Projekt endet mit dem Beginn von 48 Stunden Neukölln, einem Festival, das zu einem beträchtlichen Teil aus »Interventionen« in den Stadtraum besteht, an denen Anwohner und Neugierige mitwirken können. Am Telefon hat mich jemand auf das Grandhotel Cosmopolis in Augsburg aufmerksam gemacht, in dem seit 2011 Flüchtlinge, Touristen, Künstler und ansässige Bürger zusammenkommen. Gesprochen haben wir auch über Hajusom, eine Theatergruppe aus Hamburg, in der seit 1999 junge Flüchtlinge und Migranten aus westafrikanischen Ländern, dem Iran und Afghanistan gemeinsam mit internationalen Künstlern an Stücken arbeiten. Und dann ist da noch eine Veranstaltung über »Collaboration: Real Life and Mediated Experience« im Kunstraum Vierte Welt in der damals für »Ausländer« gebauten Siedlung Neues Kreuzberger Zentrum am Kottbusser Tor. Anlass sind die Werke des Künstlers Phil Collins.[92]

Einige der Arbeiten lösen bei mir auch Kritik aus, zumal manche eine Richtung einschlagen, die im Ergebnis zu einer Art Ausstellung der »exotischen« Kultur oder des »fremden« Stadtviertels für die traditionelle Klientel von Kunsteinrichtungen führt – polemisch könnte man vom Hagenbeck-Effekt sprechen. Dennoch bleibt festzuhalten: Die Veränderung ist spürbar. Der Dramaturg Björn Bicker, der auch an dem oben erwähnten Stuttgarter Projekt beteiligt ist, hat eine Abkehr vom Theater der Repräsentation zugunsten einer »Kunst der Teilhabe« gefordert. Er hat beschrieben, wie seine eigene Arbeit am Theater sich stets in einem relativ geschlossenen Raum abgespielt habe: Man treibe sich von morgens bis abends auf den Probebühnen im Innern des Hauses herum. So finde man aber keinen Anschluss an die Stadt und ihre Probleme. Die kollaborativen Arbeiten dagegen würden die ganze Arbeitsweise aufmischen:

> »Die Arbeit des Autors und der Begriff seiner Arbeit definieren sich komplett neu, sie speisen sich ganz anders ein in den Entstehungsprozess solcher Projekte, Regisseure werden zu Moderatoren, zu Ermöglichern, ebenso Schauspieler, deren eingeübte Virtuosität des Darstellens ist plötzlich gar nicht mehr gefragt, sondern wird abgelöst von der Fähigkeit zur Kontaktaufnahme und Performance.«[93]

Die von Bicker angedachte Veränderung wird aber von den Realitäten des Theaterbetriebs, in dem er tätig ist, permanent konterkariert: von den Häusern, die wie ein Panoptikum aus dem 19. Jahrhundert, wie ein symptomatisches Institut der Disziplinargesellschaft wirken und die eben nicht im Dienste der »Kontaktaufnahme« stehen; von einer Intendanz, die zwar mittlerweile von der Politik »Aufträge« erhält (etwa zur interkulturellen Öffnung), das Programm aber dennoch weitgehend ohne demokratische Kontrolle gestaltet – ausgestattet mit einem im Vergleich zu den Prekären im künstlerischen Bereich nachgerade astronomischen Gehalt; von einem sonderbaren Geniekult um Regisseure, bei denen idiosynkratisches Verhalten und autoritäre Führung als normal angesehen werden; von der Ausrichtung am ewigen Repertoire auf der einen und feuilletonistischen Modethemen auf der anderen Seite; und von der Fixierung auf das sichtbare Ergebnis, das Stück, die Aufführung.

Nun gab es ja bereits ernsthafte Versuche, diese Strukturen zu öffnen, etwa durch die Praxis der »Mitbestimmung« in den siebziger Jahren zum Beispiel an Theatern in Frankfurt und Köln. In Köln wurde ein aus mehreren Personen bestehendes »Schauspiel-Direktorium« etabliert.[94] In Frankfurt wurde ein »Mitbestimmungspapier« verabschiedet, in dem verschiedene Instanzen benannt wurden (Vollversammlung, Beirat, Direktorium), die gemeinsam Entscheidungen treffen sollten. Diese Experimente scheiterten. Die Berichte der Schauspieler aus jener Zeit offenbaren zwei Gründe. Unglaubliche Energie wurde auf endlose Streite über die nicht klar definierten Organisationsprinzipien der Mitbestimmung aufgewendet.[95] Hans Schulze, damals am Schauspiel Köln, hielt das rückblickend sogar für eine Art Strategie der Bürokratie: »Nun haben wir engagierten Schauspieler damals in unserer Einsatzbereitschaft die Realitäten falsch eingeschätzt. Wir haben die tendenziellen Zustimmungen der Kulturpolitiker und des Intendanten für bare Münze genommen. Heute glaube ich, daß es eine Taktik gab, uns auslaufen zu lassen.«[96] Zum anderen wurde die künstlerische Arbeit selbst durch die Mitbestimmungsideen praktisch nicht verändert: »Und die

Theaterarbeit? Die unterschied sich kaum von der an anderen Häusern, die ich kannte.«[97]

Die Veränderungen gingen also von der Organisation aus und nicht von der Kunst. Die eigentliche Frage jedoch lautet: Wie muss eine aktuelle Kunst konstituiert sein und warum braucht dieses Kunstschaffen eine demokratische Verfassung? Gegenwärtig werden an vielen Orten erneut alternative Modelle ausprobiert. Das JugendtheaterBüro Berlin (JTB) in Moabit hat das Theater X ins Leben gerufen. Es »wird von einer AG Intendanz geleitet«, heißt es in der Projektbeschreibung des JTB,

> »die gemeinsam Entscheidungen trifft und sich folgendermaßen zusammensetzt: Aus den fünf Arbeitsbereichen des Theaters – Geschäftsleitung, Produktionsleitung, Technische Leitung, Dramaturgische Leitung und Künstlerische Leitung – werden jeweils ein_e Jugendliche_r und ein_e Mitarbeiter_in in der AG Intendanz tätig sein, so dass diese zehnköpfig besetzt ist. Die Jugendlichen werden von der Genossenschaft X in ihre Positionen gewählt. Die künstlerische Arbeit an den einzelnen Stücken wird in Regiekollektiven organisiert sein, in denen die Jugendlichen selbst die Aufgaben der Dramaturgie, der Technik, der Regie und der Produktion übernehmen. Dabei werden sie von jeweils einem Coach betreut. Die Genossenschaft X ist ein Gremium aus Jugendlichen und Mitarbeiter_innen, das gemeinschaftlich über zentrale Angelegenheiten des Theaters entscheidet«.[98]

Dieser Ansatz ist durchaus revolutionär, denn Projekte mit Jugendlichen werden in der Bundesrepublik sehr oft von erwachsenen Pädagogen und theoretischen Erwägungen gesteuert, selbst wenn das Wording auf Partizipation abhebt. Wenn Jugendlichen Räume zur Verfügung gestellt werden, dann zumeist solchen mit einem bürgerlichen Hintergrund, denen man das entsprechende Verantwortungsbewusstsein zubilligt. Ein Jugendtheater, in dem eine autonome Agenda formuliert werden soll, benötigt also unbedingt Formen der Kollaboration, die dies überhaupt ermöglichen. Nun höre ich in meinen Gedanken schon die mäkeligen Stimmen, die einem solchen Vorgehen ein baldiges Scheitern prophezeien. Das ist denkbar, doch die Frage ist, was genau dieses Scheitern verursachen würde: tatsächlich die Kollaboration oder vielmehr eine chronische Unterfinanzierung, die sich wiederum aus der Tatsache ergibt, dass die enorm undemokratischen Häuser bevorzugt werden?

Die belgische Dramaturgin Frie Leysen hat dem deutschsprachigen Kulturbetrieb in einem Interview mit der *taz* einen Mangel an Flexibilität attestiert, »um über neue Formen nachzudenken. Die Gesellschaft ändert sich rasant, aber im Theater soll alles bleiben, wie es war?«[99] Der äußerst konservative Kunstbetrieb in Flandern wurde hingegen teilweise recht eindrucksvoll reformiert. Die Koninklijke Vlaamse Schouwburg (KVS) in Brüssel etwa wird mittlerweile nicht mehr von einem Intendanten geleitet, sondern von einem achtköpfigen Team. Die Mitglieder haben unterschiedliche Hintergründe, stammen aus verschiedenen Disziplinen und bilden damit eben die komplizierte Vielheit des urbanen Kontextes ab. »Für den Einen«, erklärt Ivo Kuyl, Dramaturg an der KVS,

> »wird die utopische Dimension einer Stadt, die ein Laboratorium für das Flandern von morgen ist, ins Gewicht fallen; für den Anderen wird es eher eine Übung in Demokratie sein; für einen Dritten steht die Problematisierung der Begriffe ›Nation‹ und ›Gemeinschaft‹ im Mittelpunkt, und ein Weiterer betrachtet vor allem die ernüchternden Folgen von Entfremdung in einem städtischen Kontext. Wie jeder Einzelne dieses Verhältnis ausfüllt, ist höchst individuell. Es gibt keinerlei Ideologie, die irgendeine Lauterkeit der Lehre propagiert. Auf diese Weise entsteht eine Programmplanung voller Paradoxa und Gegensätze.«[100]

Über die Strukturen des Kunstbetriebs ist auch im deutschsprachigen Europa debattiert worden. 2012 erschien ein polemischer Band mit dem Titel *Der Kulturinfarkt. Von allem zu viel und überall das Gleiche*, in dem die Autoren eine scharfe Kritik an der immobilen und exklusiven Institutionalisierung üben und vorschlagen, die Hälfte aller Häuser (Theater, Museen etc.) zu schließen. Das dadurch gesparte Geld solle in eine unabhängige Förderung investiert werden, die gesellschaftsnah und inklusiv ausgerichtet ist und sich an der Nachfrage von mündigen, selbstbestimmten Bürgern orientiert (nicht zu verwechseln mit den traditionellen »Kulturbürgern«).[101] Die Qualität des Buchs möchte ich an dieser Stelle nicht diskutieren. Das Hohelied der Nachfrage beantwortet sicher nicht die Frage nach der Legitimation von Kunst. Doch die Reaktionen fielen erstaunlich heftig aus. Die Kritiker nutzten den zweifellos unnötig polemischen Charakter des Buchs, um die Argumentation komplett zurückzuweisen. Die Häuser seien nicht exklusiv, viel fortschrittlicher als behauptet, die Lagebeschreibung wirke wie ein neoliberal gebürsteter Aufguss der siebziger Jahre. Der damalige Berliner Staatssekretär für Kultur André Schmitz meinte gar:

> »Wer also davon spricht, dass man getrost die Hälfte unserer Theater, Opernhäuser und Museen dichtmachen könnte, versündigt sich nicht nur am Kulturstaat, er ist obendrein ein schlechter Patriot. Denn unser breit gefächertes, öffentlich gefördertes Kulturangebot, um das uns die ganze Welt beneidet, ist auch dem Bürgerstolz erwachsen. Es war stets ein kultureller Aufbruch, der dieses Land prägte – von der Reformation bis zur Moderne.«[102]

Die Ausdrücke zeigen, was hier offenbar auf dem Spiel steht. Die Polemik in *Kulturinfarkt* wird als Verletzung des »Bürgerstolzes« gewertet, als »Versündigung« am Kulturstaat, als Infragestellung des »Vaterlandes«. Und während er sich erzkonservativer Argumente bediente, sah Schmitz die Kunstinstitutionen zugleich als Nachfolger eines Jahrhunderte währenden »Aufbruchs«.

Nun sagt Schmitz selbst, dass dieser Aufbruch nur bis zur Moderne reichte. Und genau da setzt meine Kritik an: Die deutschsprachigen Teile Europas sind letztlich noch nicht einmal in die Postmoderne eingetreten, denn Differenz bleibt ein Problem. Die Debatte über *Kulturinfarkt* hat gezeigt, wie selbst das Offensichtliche von einigen verleugnet wird. Dabei verschwindet die bildungsbürgerliche Basis der Kunstinstitutionen, jene Schicht, welche die Kunsthäuser getragen hat. Die Mittelschicht hat sich diversifiziert durch Lebensstile, Subkulturen, Einwanderung und auch weil sich ein neues, planetarisches Kleinbürgertum herausgebildet hat, in dessen Vergnügungsuniversum Kunst als »spannender« Konsum eingerückt ist oder einfach dazu dient, den eigenen Status zur Schau zu stellen. Zwar ist der Kunstbetrieb nicht mehr so homogen wie noch in den fünfziger Jahren, doch mangelt es an präzisen Vorstellungen davon, wie Museen, Theater oder Opernhäuser zum Gemeinsinn beitragen können. Auch fehlen die dafür nötigen ethischen Leitvorstellungen sowie die entsprechenden Reformbemühungen. Im schlimmsten Fall könnte die Öffnung in eine staatlich geförderte Erlebniskultur für die neue Mittelschicht münden, angereichert mit »kultureller Bildung« für die Marginalisierten.

Allerdings sorgt die Hinwendung zur Bildung bzw. zu Kindern für die meiste Bewegung. Von politischer Seite ist in den letzten Jahren Druck auf alle Einrichtungen aufgebaut worden, den Bereich Bildung auch im Sinne einer inklusiveren Publikumsstrategie zu stärken. Teilweise verbindet man damit instrumentelle Ansprüche: Theater und Museen sollen quasi ausgleichen, was den Schulen nicht gelingt. Die Anstöße kommen aber auch von den Eltern. Als mein Sohn sehr klein war, bin ich – wie viele andere Eltern – mit ihm regelmäßig in Ausstellungen gegangen, da gab es sozusagen für alle Beteiligten etwas zu sehen. Ich erinnere mich daran, wie jeder »Museumswärter« zum Bollwerk eines schlechten Gewissens wurde. Der scharfe Blick auf das Kind oder oft auch die entsprechenden Worte machten mir klar: Mein Kind und ich werden als potentielle Gefahr für die Sammlung betrachtet. Dabei wären Kinder eine gute Richtschnur für kollaboratives Vorgehen. Ihre Präsenz führt zwangsläufig zu einem Umdenken in Bezug auf die fetischisierten Orientierungspunkte des Betriebs: das Repertoire, das Objekt, die Bühne, die weiße Wand, der Blick, die Disziplin.[103]

Emanzipation und Atmosphäre

Die Orte der Kunst sind häufig noch recht traditionelle Disziplinarmilieus. Schon der Aufbau von Opernhäusern, Philharmonien oder Theatern ist panoptisch – selbst der von architektonisch experimentellen wie etwa der Berliner Philharmonie. Diese Räume setzen weiterhin eine enorme Körperbeherrschung voraus, die Fähigkeit etwa, mehrere Stunden ruhig in einem unbeweglichen Stuhl zu verbringen. Man kann zwar entgegnen, das habe sich doch alles schon längst verändert, doch wenn wir eine Liste von Aufführungen an einem beliebigen Abend in Deutschland, Österreich und der Schweiz machen würden, dann würde der ganz überwiegende Teil von ihnen in einem Ambiente aus dem 19. Jahrhundert stattfinden. Viele andere Richtwerte des (impliziten) Kunstverständnisses lassen sich ebenfalls bis ins 19. Jahrhundert zurückverfolgen. Die Kunstförderung in Europa ist eine positi-

ve Errungenschaft, aber sie ist nur dann sinnvoll, wenn die Kunst Orte hat, an denen angesichts von Differenz und durch Kollaboration ein Gemeinsinn entsteht. Um diesen Gemeinsinn zu sichern und möglichst viele Stimmen an seiner Schaffung zu beteiligen, müssen die Koordinaten des Betriebs neu justiert werden, als da wären: Nation, Emanzipation, Bedeutung, Rezeption, Autonomie, Fortschritt, Wissen/Kritik.

Die meisten Einrichtungen würden den Bezug auf den Rahmen der *Nation* als antiquiert zurückweisen, aber in der Praxis bieten sie ein »deutsches« Repertoire, sammeln von und für »Deutsche« und sprechen ihr Publikum als eine Menge von »Deutschen« an. Der bereits erwähnte Ivo Kuyl hat vorgeschlagen, die Referenz auf Urbanität zu verschieben.[104] Damit ist nicht einfach Stadt gemeint, sondern das Urbane als fortschreitender Prozess der Urbanisierung: Parapolis. Im Urbanen kommen Globalisierung, die zunehmende europäische Verflechtung sowie die innere Diversität der Gesellschaft real und begrifflich zusammen. So ergeben sich neue Verbindungslinien, der urbane Raum ist kosmopolitan *und* kosmopolitisch. Die Kunsthistorikerin Marsha Meskimmon hat jüngst von einer »cosmopolitan imagination« gesprochen. Die von ihr untersuchten künstlerischen Arbeiten befassen sich mit den Prozessen und Praktiken des Bewohnens einer globalen Welt, nicht im Sinne eines »weltmännischen« Flanierens, sondern »im Sinne von Formen des Zuhause-Seins, die gleichzeitig von Bewegung, Wandel und Vielheit geprägt« seien.[105] Die Bezugnahme auf die Fülle und Vielstimmigkeit des Städtischen bringt notwendig auch andere Formen des Schaffens, der Raumnutzung oder der Zusammenarbeit mit sich.

Wie beschrieben ist der Kunstbetrieb im deutschsprachigen Europa auch verwurzelt in einer Erzählung der bürgerlichen *Emanzipation*. Doch heute lässt sich Kulturproduktion damit nicht mehr sinnvoll vermitteln. Nach Jahrzehnten neoliberaler Rhetorik gehen die Individuen davon aus, sie seien bereits frei. Ob das so ist, sei dahingestellt; relevant ist, dass Befreiung für sie keine Rolle spielt und sie auch nicht angesprochen werden wollen als Personen, denen eine Kunst-Avantgarde das Wagnis des Denkens näherbringt, sei es durch Erziehung oder durch Provokation. Verändert hat sich auch die Beziehung zwischen Kunst und *Bedeutung*. Im Mittelpunkt des Kunstschaffens steht nicht mehr ein Subjekt, das sich ausdrücken will, sondern eher ein Bedürfnis nach kreativer ästhetischer Arbeit, die eine Atmosphäre erzeugt im Sinne Gernot Böhmes.[106] Viele aktuelle Produktionen aus dem Bereich der populären Kultur lassen sich nicht mehr auf eine kohärente Bedeutung zurückführen, sondern nur als ästhetische Gegenstände verstehen, die durchaus dramatische Erfahrungen ermöglichen. In der Popmusik ist Lady Gaga einer der nur noch wenigen Stars und ein gutes Beispiel. Ich habe etwas länger gebraucht, um zu begreifen, wie Gaga funktioniert, weil ich unentwegt traditionelle Kategorien angewandt habe. In ihren Arbeiten ist aber nichts mehr übrig vom Befreiungsimpetus, der etwa noch die Musik von Christina Aguilera charakterisierte. Ihre Inszenierungen bringen keine analysierbare Bedeutung hervor, sondern Atmosphären, vage Räume, »Sphären der Anwesenheit«, wie Böhme schreibt, die weder objektiv, also Gegenstände, noch subjektiv, also »Seelenzustände«, sind, aber dennoch »subjekthaft«, da sie auf affektive Betroffenheit zielen und »in leiblicher Anwesenheit durch Menschen gespürt werden und dieses Spüren zugleich ein leibliches Sich-Befinden der Subjekte im Raum ist«.[107]

Wie wichtig Atmosphären geworden sind, zeigt sich auch daran, dass der Bereich ästhetischer Arbeit ausgeweitet wird. Personen mögen sich nicht für Kunst im engeren Sinne interessieren, sie besitzen jedoch häufig eine auch für ihr eigenes Leben relevante ästhetische Praxis, da sie Tag für Tag mithilfe von Mode, Kosmetik oder Design an ihrer individuellen Atmosphäre stricken. Es wäre Ressentiment, diese Bemühungen gering zu schätzen, vielmehr könnten Kunstorte diese ästhetische Praxis als Ansatzpunkt für Kollaboration aufgreifen. Diese ästhetische Aktivität schlägt sich ebenfalls in einer nachlassenden Relevanz der passiven Rezeption nieder. Jugendliche lernen Tanzschritte mithilfe von Videos auf YouTube, um diese dann selbst wieder aufzunehmen und zu verbreiten. Erwachsene schreiben und lesen Blogs über Mode, Handarbeit oder Gartenbau, sie gestalten aufwendige Seiten in sozialen Netzwerken, wo sie Bilder von ihren eigenen Kollektionen oder Handarbeiten posten, sie bieten selbstgefertigte Designprodukte zum Kauf an. Das Fernsehen, ein Medium, das die Betrachter traditionell zur Passivität zwang, hat in den letzten Jahren auf den enormen eigenen Bedeutungsverlust unter Jugendlichen mit (zweifellos ausbeuterischen) Partizipationsangeboten reagiert: Castingshows, Reality-TV etc. Auch für die Kunst hat sich der Richtwert verschoben: Sie erscheint nicht mehr nur in einem Horizont von passivgeistiger Betrachtung und Kontemplation, sondern will zunehmend in einem gestaltenden Austauschprozess aktiv-affektiv erfahren werden.

Am Beispiel der sozialen Netzwerke ist viel darüber debattiert worden, welche Rolle der Wert der Autonomie noch spielt. Ebenso wie sich viele Leute für frei halten, setzen sie häufig auch die eigene Autonomie voraus. Die Privatsphäre gilt nicht mehr als schützenswerter Ort einer Selbstregierung, wichtig ist es, sich zu zeigen, ein soziales Umfeld aufzubauen und seine vielen Freunde auch präsentieren zu können. Freiheit und Autonomie sehen viele als etwas Gegebenes an, was sie fürchten, sind Einsamkeit oder Ausschluss. Entsprechend konzentrieren sie sich darauf, Zugehörigkeit zu organisieren. Die New Yorker Trendforscher mit dem lustigen Namen K-Hole (der Ausdruck bezeichnet das Gefühl der Unwirklichkeit nach der Einnahme von Ketamin) haben den Begriff »Normcore« geprägt, um die paradoxe Situation des »Jugendmodus« zwischen Differenzansprüchen, Isolationsängsten und dem Verlangen nach Gemeinschaft zu beschreiben. In einer Situation, in der es keine »Normalität« mehr gibt, behaupten K-Hole, kann nichtexklusives und anpassungsfähiges Verhalten tatsächlich eine weitere Form von Anderssein ausmachen.[108]

Bereits seit geraumer Zeit wird von einem Wandel in der Kategorie der Geschichte gesprochen. Vor allem Vorstellungen von Fortschritt wurden stark aufgeweicht. Zwar ist kaum noch vom »Ende der Geschichte« die Rede, doch im Hinblick auf die Kunst könnte man von einer Sphäre der globalen Gleichzeitigkeit sprechen. Insbesondere das Internet hält ein enormes Archiv künstlerischer Produktion bereit, in dem Versatzstücke aus unterschiedlichen Zeiten und Räumen verfügbar sind. Was »neu« ist, hat sich dadurch erheblich relativiert: Wer noch nie psychedelische Musik aus dem Indonesien der siebziger Jahre gehört hat, für den sind diese Ausdrucksformen erst einmal neu, egal aus welchem Zeitraum sie stammen. Dass man heute ein Buch über sehr spezifische Epochen etwa der Jazzgeschichte lesen und währenddessen die dort beschriebenen Musikstücke herunterladen kann, mag ganz erhebliche Gefühle von Überforderung auslösen, aber diese Überforderung ist heute immer schon ein Teil des Kunsterlebens. Das *Wissen* über Kunst und der Filter der *Kritik* können angesichts der Überfülle ihre traditionelle Funktion als Navigationsinstrumente kaum mehr erfüllen. Das Wissen kann der globalen Gleichzeitigkeit nicht mehr gerecht werden, zumal es sich oft genug auf den Westen konzentriert, und die herkömmlichen Kriterien der Kritik erweisen sich als fragwürdig (darauf werde ich im nächsten Kapitel noch ausführlich eingehen). Zudem werden die Experten und Kritiker zur Sensibilisierung kaum noch benötigt. Zahlreiche Systeme nach dem Muster von Peer-to-Peer-Empfehlungen sind an ihre Stelle getreten, häufig beruhend auf einfachen Setzungen von Geschmack und Ähnlichkeit. »Wenn Sie das mögen, dann ...«

Diese Veränderungen sind kein Anlass, um die Nase zu rümpfen: Man kann nicht hinter diesen Wandel zurückgehen. Natürlich könnte man den Ratschlägen Hans Magnus Enzensbergers folgen und vom Smartphone über die »Strompost« bis hin zum Internetkauf alles vermeiden, was der ältere Herr als »digitale Enteignung« qualifiziert.[109] Produktiver aber wäre es, in ein neues Koordinatensystem zu investieren, das sich an Richtwerten wie Konversation, Atmosphäre, Teilnahme, Veräußerung, Gleichzeitigkeit und Affekt orientiert. Dabei geht es nicht darum, alles zu verleugnen, wofür Kunst bislang gestanden hat. Aber statt normative Rückzugsgefechte zu führen, braucht es gut überlegte Investitionen in neue Formen. Kunsteinrichtungen und Museen könnten als kollaborativ aufgestellte, forschende Wissenszentren fungieren, die weniger um rein intellektuelle, sondern um affektiv-sinnliche Wissensbestände kreisen, um *funke wisdom*. Dabei lässt sich auf Erfahrungen aus der Vergangenheit zurückgreifen. Interessanterweise hat das Theater am meisten auf seine affektive Seite gebaut, als es am politischsten war: So setzte beispielsweise die britische Gruppe The Welfare State primär auf Ambulanz, Mythos, Rhythmus, Körperlichkeit, Bilder, Raum und Konstruktion, weniger auf Stücke und Sprache.[110] Ähnliche Tendenzen gab es im politisierten Theater in den Vereinigten Staaten oder in Frankreich.[111]

In einem Mapping-Prozess ließe sich dann darüber nachdenken, wie sich diese Wissenszentren zu Schulen, Universitäten, Bibliotheken, Volkshochschulen, aber auch Sportvereinen verhalten. Das würde allerdings einen Reformwillen voraussetzen, der zurzeit von der Bürokratie immer wieder konterkariert wird: Bürokratie bedeutet nicht Zusammendenken, sondern Aufteilung und Abnutzung. So werden zwischen den unbeweglichen Ressorts und Häusern, die ihr jeweiliges Feld verteidigen, die Veränderungsversuche häufig unbarmherzig zerrieben. Was bleibt, ist dann in der Tat oft »von allem zu viel und überall das Gleiche«. Die öffentliche Hand wird diese Wissenszentren ohnehin nicht mehr finanzieren können: Sie benötigen private Zuflüsse und kommerzielle Angebote, was auch in den meisten europäischen Ländern längst der Fall ist. Unternehmen, die sich als Stifter oder Spender betätigen, sind innovativen Konzepten gegenüber möglicherweise aufgeschlossener. Auch Kommerz muss in der Entwicklung von Kunst nicht unbedingt etwas Schlechtes sein. Ein beeindruckendes Beispiel ist die Frühgeschichte der sogenannten kongolesischen Rumba.[112] In den vierziger Jahren entstand im damaligen Léopoldville (heute Kinshasa), Hauptstadt der belgischen Kolonie Kongo, eine Musik, die mit der Unabhängigkeit des Landes Weltruhm erlangte. Besonders bekannt wurden die Band OK Jazz, deren Sänger Franco als Solokünstler und Joseph Kabasele (Le Grand Kallé) unter anderem mit seinem Song *Indépendance Cha Cha*. Die Bezeichnung »Rumba« ist eigentlich nicht treffend; den Machern gefiel wohl einfach der Name. Als musikalische Grundlage diente der Son Cubano. Damals konnte man bei dem Label His Master's Voice aus Großbritannien Schallplatten über ein Abonnement ordern, und so waren die Son-Aufnahmen in die Haushalte der belgischen Kolonisatoren gekommen. Die konnten aber nichts an der Musik finden, ihre einheimischen Hausangestellten dafür umso mehr. In den schwarzen Nachbarschaften von Léopoldville vermählte sich der Son mit den Liedern, die in den Dörfern gesungen wurden.

Zwar interessierten sich die Belgier nicht für die Musik der Kolonisierten, dafür aber andere Weiße, die sogenannten »petit blancs«, griechische Einwanderer, die in vielen afrikanischen Ländern im Handel tätig waren. Während der Kolonialzeit wurden sie nicht als richtige Weiße akzeptiert. Die Griechen liebten Musik, und sie rochen ein Geschäft. Drei Label vertrieben zu Beginn die kongolesische Rumba: Ngoma von den Brüdern Nicolas und Alex Jeronimidis, Loningisa von den Vettern Vassilis und Athanasis Papadimitriou sowie Opika von dem aus Rhodos stammenden Gabriel Moussa Benetar und seinem Bruder Joseph. Die Männer betrieben Import-Export-Geschäfte; für die Rumba sahen sie einen einheimischen Markt. So kamen im Schatten des Kolonialismus, in den Hinterzimmern von Gemischtwarenläden in Léopoldville, griechische Labelmacher, einheimische A&R-Leute, Musiker und belgische Toningenieure zusammen. Sie beugten sich über Gitarren, die aus Deutschland und Frankreich importiert worden waren, oder über Aufnahmegeräte aus den USA.

Diese Hinterzimmer sind ein fantastisches Beispiel für die schmutzige Geschichte von Kunstproduktion. Im globalen Kontext sind sie die Orte, an denen Kunst entsteht. Anders als die etablierten Institutionen hierzulande sind sie nicht auf große Namen, Linearität und Kulturen beschränkt, sondern bieten Raum für permanenten Stoffwechsel. Nicht Genies, die sich gegenseitig beeinflussen, treiben den Fortschritt der nationalen oder der Welt-Kunst voran. Entscheidend sind vielmehr die suchenden, wütenden und kollaborierenden Individuen. Menschen wie den Jeronimidis-Brüdern geht es um Liebe zur Musik *und* ums Geldverdienen, um Beweglichkeit in einem scheinbar starren kolonialen Ambiente, um einen neuen, unvorhersehbaren Gemeinsinn, um Kunst als Kinesis.

Das Prinzip der Improvisation

Um diese Kinesis weiter zu charakterisieren, möchte ich einen Begriff ins Spiel bringen, der vor allem in der Musik, genauer im Jazz, eine Rolle gespielt hat: Improvisation. In den letzten Jahren tauchte Improvisation allerdings in vielen, durchaus überraschenden Zusammenhängen auf. So erklärte sie beispielsweise der Managementprofessor Frank Barrett in seinem Buch *Yes to the Mess* zum Vorbild für die Personalführung. Orchesterleiter wie Duke Ellington, meinte Barrett, hätten über genau die Fertigkeiten verfügt, die Führungskräfte im aktuellen wirtschaftlichen Umfeld benötigen würden. Unbrauchbare alte Muster seien schnell »entlernt« worden, Fehler habe man als Quelle der Inspiration verstanden. Das gemeinsame Herumhängen und das ständige Jamming hätten als Spielfeld für das Learning by Doing gedient.[113] Auch wenn der Weg von Steve Lacy zu Steve Jobs bei Barrett arg kurz erscheint, ist seine Wiederentdeckung der Improvisation als Arbeitsprinzip in einem beweglichen und schwer berechenbaren Umfeld interessant. Improvisation wurde aber auch schon vor der Erfindung des Jazz hoch geschätzt. Jean Joseph Jacotot hat sie in seinem Buch *Universal-Unterricht* ausführlich erörtert. Für ihn beruhte jede Art von individuellem Sprechen notwendig auf Improvisation. »Wir nehmen also an, jeder Mensch habe Genie; wir nehmen sogar an, jeder Mensch sei ein geborener Improvisator.«[114] Daher gelte es, diese zutiefst menschliche Fähigkeit durch den Unterricht zu stärken, das improvisatorische Sprechvermögen zu unterstützen, die Lernenden gewissermaßen zum Sprechen aufzufordern. Das klingt enorm aktuell in einer Zeit, in der Schüler bereits in der ersten Klasse beginnen zu »präsentieren«.

Nun hat Jazz in der Populärkultur der USA eine zentrale Rolle gespielt, auch was die Definition des »Amerikanisch-Seins« betrifft.[115] In der ungeheuer erfolgreichen zehnteiligen Fernsehserie *Jazz* von Ken Burns aus dem Jahr 2001 bezeichnet Wynton Marsalis, Künstlerischer Leiter des Lincoln Center in New York und einer der bekanntesten Jazztrompeter der Gegenwart, diese Musik als eine Kunst, die aus der »Verhandlung« des Unterschiedlichen hervorgegangen sei. Am Beginn stand der USA-typische Zwang zur Improvisation in einer Stadt wie New Orleans, die Marsalis quasi für die Ursuppe, den Gumbo, der Diversität hält. Schaut man genau hin, erweist sich Marsalis' angebliche Feier der Verschiedenheit jedoch als zutiefst nationalistisch. Streng afrozentrisch hält Marsalis nur solche Musik für Jazz, die sich aus dem Blues entwickelt hat. Damit schließt er alle internationalen Varianten von Jazz aus der Geschichte dieser Musikrichtung aus sowie alle US-Musiker, die Einflüsse aus der europäischen E-Musik aufgenommen haben – insbesondere Avantgardisten wie Ornette Coleman oder Cecil Taylor. Den so bereinigten Jazz erklärt Marsalis zum genuinen Beitrag der Schwarzen zur Kultur der Vereinigten Staaten, zu ihrer historischen Integrationsleistung. Unter Marsalis' Führung konnte Jazz im Lincoln Center in den Rang einer Hochkultur aufsteigen, mit der entsprechenden Bedeutung für die nationale Identifikation: Jazz gilt heute als der künstlerische Ausdruck der demokratischen Vielheit der USA.

Wenn ich den Stellenwert der Improvisation in einer kollaborativen Kunst als sozialer Praxis betone, dann ziele ich sicher nicht auf die nationalistische Version von Vielheit. Doch Marsalis hat recht, wenn er sagt, im Jazz gehe es um die Aushandlung von Differenz. In der Geschichte des Jazz wurden zahlreiche Modelle ausprobiert, wie durch Improvisation demokratische Strukturen sowie ein Raum für Aushandlungen geschaffen werden können. Drei maßgebliche Formen des Zusammenspiels möchte ich hervorheben: das Orchester, die Jam Session und das Kollektiv. In den USA erlebte Jazz seinen Aufschwung während der sogenannten Swing-Ära in den späten zwanziger Jahren. Deren Mittelpunkt bildeten die Bigbands von Count Basie, Fletcher Henderson oder eben Duke

Ellington. Diese Orchester waren hoch komplizierte Gebilde. Sie setzten sich aus einem Haufen junger Männer zusammen, weitgehend ohne formale Ausbildung und Disziplin. Das Ellington-Orchester war berüchtigt für lautstarke und betrunkene Musiker, die zu spät zu den Proben und sogar zu Auftritten erschienen. Ebenso legendär war Ellingtons Art, damit umzugehen: Meistens drückte er beide Augen zu, weil er die Lebendigkeit des Ausdrucks nicht verlieren wollte. Seine Instruktionen blieben stets vage und seine Kompositionen bewusst unfertig. So ließ er Raum für die Improvisation seiner Solisten. Die waren für sich genommen mittelmäßige Musiker – erst die kollaborative Energie des Orchesters ließ ihre Fähigkeiten und Macken zu großartiger Musik werden.[116]

Das Ellington-Orchester ist ein Beispiel für ein Zusammenspiel, in dem die Vielheit der Individuen nicht reduziert, sondern gefördert wurde. Doch die Kollaboration benötigte in diesem Fall die Kontrolle und Vision des Bandleaders, wie sanft auch immer er seine Fäden ziehen mochte. Noch in der Swing-Ära begannen die Musiker, diese Kontrolle zu umgehen – indem sie an zumeist nächtlichen Jam Sessions teilnahmen. Die Jams waren auch eine Befreiung vom Zwang, das Publikum unterhalten zu müssen. Die ungeschriebene Verständigung der Musiker in einer Session ist eine Übung im improvisierten Zusammenspiel des Verschiedenen und hat stets etwas Magisches, das sich der Erklärung entzieht. Doch es besteht kein Grund zur Romantisierung. In seiner Sozialgeschichte des Bebop schrieb der Musikwissenschaftler Scott DeVeaux,[117] die Sessions seien wie Rituale gewesen: Es gab eine überschaubare Menge von Standards als Ausgangsmaterial, und improvisiert wurde keineswegs gemeinsam, sondern in einer Serie von Solos. Für die jüngeren Musiker fungierten die Sessions als Orte des Peer Learning, doch die Lektionen konnten auch harsch ausfallen. Und der Wettbewerb war gnadenlos. Die Chefs der großen Orchester hatten hier zwar nicht mitzureden, nutzen die Jams aber, um Musiker zu rekrutieren.

Zudem existierte eine klare Hierarchie der Instrumente: Piano, Gitarre, Bass und Schlagzeug waren primär für den Rhythmus zuständig; expressiv »gesprochen« wurde von den Bläsern. Diese Ordnung geriet erst durch die Kollektividee des Free Jazz durcheinander – in den USA wie auch in Europa. Der Free Jazz stand in Verbindung mit den sozialen Bewegungen jener Tage: in den USA mit der Bürgerrechtsbewegung und dem schwarzen Nationalismus, in Europa mit der Revolte von 1968. Die Musik galt in den Vereinigten Staaten als das zentrale Ausdrucksmittel im Kampf um eine »schwarze Ästhetik«. Musikerorganisationen wie die Association for the Advancement of Creative Musicians (AACM) in Chicago, die Black Artists Group in Detroit und das Pan-Afrikan People's Arkestra in Los Angeles verknüpften Avantgarde-Jazz mit Community-Arbeit.[118] Die europäische Szene des Free Jazz gehörte auch zum Aufbruch der sechziger Jahre. »Der Mai '68 bewirkte in mir einen Prozeß der Bewußtseinsbildung«, berichtet der Pianist François Tusques, »nach dem Mai habe ich versucht, in meinen Handlungen eine größere Verantwortung zu zeigen. [...] Tatsächlich gab es in dieser Zeit einen Bruch zwischen mir und den anderen Musikern. Eine Zeit lang habe ich sogar daran gedacht, die Musik aufzugeben.«[119] Der Bruch mit den traditioneller orientierten Musikern führte aber nicht zur Abwendung von der Musik, sondern in Europa entstand eine internationale, aber durchaus familiär organisierte Gemeinschaft von freien Improvisatoren, die in wechselnden Kombinationen zusammenspielten.[120]

Ob die politischen Ambitionen in der Musik immer hörbar waren, wie oft behauptet wurde, sei dahingestellt. Dennoch veränderte die außermusikalische Referenz – der politische Kampf – die Formen des Zusammenwirkens nachhaltig. Die Hierarchie der Instrumente löste sich auf. Alle Spieler sollten gleichberechtigt aufeinander reagieren und miteinander interagieren können. Die Rhythmussektion wurde wegen ihrer Bedeutung in der afrikanischen Musik aufgewertet, und Musiker wie Don Cherry begannen damit, Instrumente afrikanischen Ursprungs wie die Langhals-Spießlaute Ngoni oder den Musikbogen Berimbau zu verwenden. Die Europäer setzten Modelle musikalischer Demokratie noch konsequenter um; Projekte wie das Improvisationsensemble AMM, das Free-Jazz-Orchester Spontaneous Music Ensemble oder das experimentelle Scratch Orchestra erreichten durch ihren kollektiven Spielprozess und den ständigen ungeplanten Rollentausch eine beeindruckende Art der »Gruppenmusik«. François Tusques gründete 1972 das Intercommunal Free Dance Music Orchestra mit dem Ziel, ein transnationales, interkulturelles und demokratisches Musikschaffen zu popularisieren. Und diese Ambitionen sind tatsächlich auch heute noch hörbar.

Allerdings hatte diese andauernde künstlerisch-kollaborative Aushandlung des Verschiedenen ihre Grenzen. Auf einem Foto der Musiker des AACM ist unter Dutzenden Personen nur eine Frau zu sehen: Amina Claudine Myers. Die meisten Jazz-Musikerinnen waren Sängerinnen. Der jüngst verstorbene britische Musiker Graham Collier nannte den Jazz eine »Macho-Welt« – Collier war homosexuell.[121] Dabei gab es durchaus Instrumentalistinnen, aber sie schieden wegen der harten Bedingungen aus oder wurden herausgedrängt und vergessen. Die Pianistin Dana Reason sprach daher von einem »Mythos der Abwesenheit« von Frauen.[122] Auch Musiker aus afrikanischen Ländern fanden in den Vereinigten Staaten nicht die entsprechende Anerkennung, obwohl der dortige Jazz afrikanische Einflüsse geradezu emphatisch aufnahm. Der ghanaische Musiker Ghanaba (Guy Warren) klagte kurz vor seinem Tod verbittert den Rassismus im US-Jazz an: Lange Zeit hätten die schwarzen US-Musiker ihn quasi als eine Vorstufe in der eigenen Entwicklung betrachtet. Erfolg konnte nur haben, so Ghanaba, wer in seiner Musik ganz auf den »afrikanischen« Rhythmus gebaut habe, wie beispielsweise der Perkussionist Babatunde Olatunji.[123]

Der politische Impetus des Jazz hat seit den sechziger Jahren ziemlich nachgelassen, wobei gerade die revolutionären Musiker den Begriff »Jazz« ohnehin nicht mochten und lieber allgemeiner von Creative Music oder Ähnlichem sprachen. Dennoch hat der afroamerikanische Intellektuelle Cornel West in seinem Buch *Race Matters* von 1993 den Begriff noch einmal aufgenommen und über die Musik hinausgehend definiert: »Ich benutze den Begriff ›Jazz‹ hier weniger als Bezeichnung für eine musikalische Kunstform«, führte er aus, »sondern für die Art des In-der-Welt-Seins, eine improvisierende Art der vielgestaltigen, flüssigen und flexiblen Haltungen zur Welt, argwöhnisch gegenüber ›Entweder-oder-Sichtweisen‹, dogmatischen Verkündigungen oder Ideologien der Überlegenheit.«[124] Möglicherweise spannt dies den Bogen zu weit, doch die grundsätzliche Haltung, die West beschreibt, scheint angemessen für jene wütenden und suchenden Individuen, die sich auf schwankendem Grund bewegen. Anders als in den sechziger Jahren empfinden sich die Einzelnen jedoch nicht mehr unmittelbar als Teil von Kollektiven, die ihrerseits größere politische Subjekte repräsentieren – die Arbeiterklasse, die Frauen, die Schwarzen, die Chicanos, die Schwulen, die Migranten etc. Politische Gruppen, die als identitäre Kollektive auftreten, sind heute tendenziell fundamentalistisch. Wir agieren politisch unter der Maßgabe der viel flüchtigeren *Kollektion*. Die Vergemeinschaftung dient nicht mehr schlicht der Befreiung, sondern der kollaborativen Aushandlung unter vielen verschiedenen Stimmen.

In der Kunst ist das Mittel solcher Verhandlungen die Improvisation. Ihr Gelingen hat wie gesagt stets etwas Magisches. Nichtsdestotrotz existieren Voraussetzungen, die Improvisation als Praxis des kollaborativen Kunstschaffens ermöglichen: Hören, Überraschung, Begleitung, Übung, Verantwortung, Vertrauen, Hoffnung.[125] Improvisation gilt zumal bei musikalischen Laien häufig als Mittel des Selbstausdrucks. Doch warum sollten die involvierten Personen dann die Begleitung durch andere wünschen? Für die Zusammenarbeit durch Improvisation ist der Wille zum Spiel nötig, auch der Wille, voranzugehen, Verantwortung für die Richtung und den Weg zu übernehmen. Zugleich ist eine permanente Sensibilität unverzichtbar, die auf die Kommunikation mit anderen Beteiligten zielt, auf deren Antwort wartet. Da das Terrain der Improvisation unbestimmt ist, basiert die Zusammenarbeit weniger darauf, sich selbst unentwegt ausdrücken zu wollen, sondern die Position der anderen zu lokalisieren, zu hören und deren (überraschenden) Bewegungen zu folgen und sie auch vorwegzunehmen. Dafür ist Vertrauen in die anderen nötig, auch auf deren Fähigkeiten (die durch Übung erworben werden). Und die Hoffnung, die gemeinsame Anstrengung möge in ihrem Prozess, im Unvorhersehbaren des Resultats, eine interessantere, eine bessere Erfahrung bringen als die geniale Schöpfung in der Einsamkeit.

Improvisation birgt eine Ästhetik, in der das Individuum geschätzt wird, aber eben nicht der individuelle Ausdruck. In diesem Sinne handelt es sich um eine Praxis, die primär den anderen zum Ausdruck verhelfen soll.[126] So ergibt sich eine adäquate Orientierung für die Kunst: Als ethische Leitidee fungiert das Prinzip einer kollaborativen Kunst als soziale Praxis, die wiederum als ethische Zielsetzung nicht den Selbstausdruck der Individuen hat, sondern den Ausdruck der jeweils anderen fördert. Ist es nicht das, was den Spaß an der Kunst oder auch das Glück in der Kunst ausmacht? Nicht die Selbstbespiegelung, sondern die ewige, unersättliche Neugier darauf, was die anderen zu sagen haben. Und als Belohnung gibt es deren Hilfe, um zu sich selbst zu kommen, denn ohne den Gemeinsinn in der Kollaboration kann es kein Selbst, kein Subjekt geben.

Improvisation steht daher auch in Verbindung mit der im zweiten Kapitel beschriebenen Verallgemeinerung des einst minoritären Suchens. Der Theologe William Dean hat eine zunächst abenteuerlich anmutende Verbindung zwischen Jazz, Improvisation und *displacement* (in allen Bedeutungen von Vertreibung bis Verlagerung) hergestellt. Jazz beruhe auf Improvisation, und diese sei stets das Überlebensmittel von Bevölkerungen in der Diaspora gewesen. Von den Juden in der Bibel bis hin zu den in die Versklavung gezwungenen Menschen aus den Kolonien ziehe sich ein durchgehender Faden. Die Bevölkerung der Vereinigten Staaten, meint Dean, sei grundsätzlich zusammengesetzt aus Personen, die ihre angestammten Orte verlassen hätten. Jazz habe eine so prominente Rolle in der US-Kultur einnehmen können, weil die Musik die allgemeine Erfahrung der Improvisation abbilde.[127] Der Rückbezug der Improvisation auf die jüdische Wanderungsgeschichte führt zu der Bemerkung von Hazel Rosenstrauch, die 1979 von der »Heimatlosigkeit, die auf viele noch zukommt«, sprach. Wenn die Individuen heute »verwurzelt im Nirgendwo« sind, wird eine künstlerische Form benötigt, welche den Sinn nicht voraussetzt, sondern ihn im Zusammenspiel der Einzelnen erst entwickelt.[128]

Nun lautete ein Vorwurf an den Free Jazz oder die freie Improvisation, an der Musik hätten diejenigen, die sie spielen, sehr viel mehr Spaß als diejenigen, die sich das Ganze anhören müssten. Das mag sogar stimmen, doch diese Kritik setzt voraus, es müsse zwangsläufig ein Produkt geben, einen Tonträger, ein Konzert. Doch in erster Linie kommt es darauf an, möglichst viele Personen in das Zusammenspiel einzubeziehen. Der Musiker und Künstler Bill Drummond, Mitbegründer der Elektromusikgruppe The KLF und der Künstlergruppe K-Foundation, die unter anderem durch eine Aktion bekannt wurde, bei der die Mitglieder eine Million Pfund verbrannten, hat 2008 ein außerordentlich lustiges und inspirierendes Buch mit dem Titel *17* herausgebracht.[129] Zu Beginn erzählt er von der Langeweile, die er dabei empfand, sich neue Veröffentlichungen auf Tonträgern anzuhören. Angesichts der Ödnis hätte er sich fast jenem Zustand hingegeben, den er am meisten verachtete: der Nostalgie. Aber Drummond kriegte die Kurve. Eines Tages hörte er das Motorengeräusch eines Landrovers: »das Rütteln der Maschine, das Rasseln von losen Teilen und das Pfeifen des Windes durch die Seitenspiegel«. Dann dachte er an die imaginären Bands, die er als Jugendlicher erfunden hatte, und ließ sich eine neue einfallen: 17, auch in Anlehnung an das »dunkle und mysteriöse Zwischenalter« 17.[130] 17 Personen, inklusive seiner selbst, so seine Idee, sollten das Geräusch des fahrenden Landrovers singen, in einem kollaborativen Akt, ohne Aufnahme, ausschließlich als einmaliges Erlebnis. Zwischen 2004 und 2013 reiste Drummond durch Großbritannien und sang mit Tausenden von unterschiedlichen Personen »die 17« – jeweils einmalig, nicht reproduzierbar und nicht reproduziert.[131]

Das Mit- und Zusammenspielen, schreibt Drummond, sei eben das genaue Gegenteil der exklusiven Strategie der klassischen Musikinstitutionen, in denen Virtuosität und Stillsitzen einander ergänzten. Er erinnerte sich an eine Episode aus seiner Studienzeit, die ihm einen völlig anderen Eindruck von klassischer Musik verschaffte.[132] 1973 tauchte ein externer Dozent auf, bepackt mit Koffern voller Violinen, Cellos und anderer Instrumente. In einem System, in dem die Studierenden passives Abwarten gewohnt waren, sorgte er für Überraschung. Er verteilte die Instrumente, spielte ein paar Takte von *An der schönen blauen Donau* von Johann Strauss und verkündete, am Nachmittag würden die Studierenden ein großes Stück des Walzers zusammen spielen können. Und es funktionierte. Der Dozent lud auch alle ein, Teil des Orchesters Portsmouth Sinfonia zu werden, eines Ensembles, das aus Nicht-Musikern bzw. Musikern bestand, die nicht das Instrument spielten, auf dem sie ausgebildet waren. Und er erklärte weiter, es sei ihm außerordentlich ernst damit. Wie ernst, das konnte man nur ein Jahr später in der Royal Albert Hall in London hören, als jener Dozent – es war Gavin Bryars – mit dem Orchester Portsmouth Sinfonia dort auftrat. Die Schallplatten-Aufnahme des Konzerts produzierte Brian Eno, der selbst im Chor mitgesungen hatte. Darauf kann man am Anfang das Gelächter des Publikums hören. Dieses »klassische« Konzertpublikum labte sich an der Skurrilität, verstand aber Bryars' Ansatz nicht, der schon mit dem von Cornelius Cardew gegründeten Scratch Orchestra demokratische Formen in der Musik ausprobiert hatte. Nicht nur das: Vor lauter Arroganz gegenüber der vermeintlichen Kuriosität eines Orchesters von Dilettanten versagte es sich das Erlebnis, die ganze enorm anrührende Zartheit des kollaborativen Akts zu hören.

In der Kunst gibt es keine Demokratie, meinte einmal eine Freundin resignierend zu mir, als sie nach einem endlosen Streit den überwiegenden Teil ihrer Tanzcompagnie entlassen hatte. Damals stimmte ich zu. Tatsächlich ist das Leben oft kein Spaziergang, und es gibt den Moment, ab dem sich die ewigen Diskussionen nicht mehr um die künstlerische Arbeit drehen, sondern um den Narzissmus von Leuten, die angesichts ihres eigenen Mangels an Vision vor allem am Fortgang der Diskussion interessiert sind. Diese Version von Demokratie sollte der Kunst erspart bleiben. Im Zentrum der kollaborativen Kunst als sozialer Praxis steht aber auch nicht die Deliberation, sondern der Schaffensprozess als gemeinsame Anstrengung, die möglichst vielen anderen Ausdrucksmöglichkeiten gibt. Ich frage mich, warum das Portsmouth-Sinfonia-Orchester aufgrund seiner scheinbaren Kuriosität kurzzeitig kommerziell wurde und bald darauf nicht mehr auftrat, anstatt ein Modell für eine Erneuerung zu werden. Dem Publikum dürfte das Lachen unterdessen vergangen sein.

Anmerkungen

1 Vgl. Raymond Williams, »Zur Basis-Überbau-These in der marxistischen Kulturtheorie«, in: ders., *Innovationen. Über den Prozeßcharakter von Literatur und Kultur*, Frankfurt a.M.: Syndikat 1977, S. 198.

2 Mark Terkessidis, »Beastie Boys: Das coole Wissen«, in: *Spex* 163, 06, 1994.

3 Suzi Gablik, »Connective Aesthetics«, in: *American Art*, Bd. 6, Nr. 2, Frühling, 1992, S. 6.

4 Nicolas Bourriaud, *Radikant*, Berlin: Merve 2009, S. 21.

5 Vgl. Bruce Barber, *Littoralist Art Practice and Communicative Action*, Halifax 1996, online verfügbar unter: {http://www.banffcentre.ca/wpg/exhibitions/pre2001/1999/nmsc/squat/giving.art.htm#N_1_}; ders., *The Gift in Littoral Art Practice*, Christchurch 2000, online verfügbar unter: {http://www.brucebarber.ca/novelsquat/gift.htm} (beide Stand Januar 2015).

6 Barber, *Littoralist Art Practice*.

7 Vgl. Park Fiction Kollektiv, »Park Fiction home«, online verfügbar unter: {http://www.nadir.org/nadir/initiativ/parkfiction/}; vgl. auch die Website von Park Fiction: {http://park-fiction.net/} (beide Stand November 2014).

8 Vgl. Grant H. Kester, *Conversation Pieces. Community and Commu-*

nication in Modern Art, Berkeley: University of California Press 2004; ders., *The One and the Many. Contemporary Collaborative Art in a Global Context*, Durham und London: Duke University Press 2011.

9 Kester, *The One and the Many*, S. 32.

10 Vgl. etwa: Nina Felshin (Hg.), *But is it Art? The Spirit of Art as Activism*, Seattle: Bay Press 1995; Nick Kaye, *Site-Specific Art Performance, Place and Documentation*, London und New York: Routledge 2000; Charles Green, *The Third Hand. Collaboration in Art from Conceptualism to Postmodernism*, Minneapolis: The University of Minnesota Press 2001; Peter Selz, *Art of Engagement. Visual Politics in California and Beyond*, Berkeley: University of California Press 2006; Blake Stimson und Gregory Sholette (Hg.), *Collectivism after Modernism. The Art of Social Imagination after 1945*, Minneapolis: University of Minnesota Press 2007; Julia Bryan-Wilson, *Art Workers. Radical Practise in the Vietnam War Era*, Berkeley: University of California Press 2009; Silke Feldhoff, *Zwischen Spiel und Politik. Partizipation als Strategie und Praxis in der bildenden Kunst*, Berlin: Dissertation 2009; Gesa Ziemer, *Komplizenschaft: Neue Perspektiven auf Kollektivität*, Bielefeld: Transcript 2013; Jay Koh, *Art-Led Participative Processes: Dialogue and Subjectivity Within Performances in the Everyday*, Helsinki: Academy of Fine Arts 2015.

11 Vgl. Claire Bishop, *Artificial Hells. Participatory Art and the Politics of Spectatorship*, London: Verso 2012, S. 11ff.

12 Vgl. Gayatri Chakrobarty Spivak, »Can the subaltern speak?«, in: Cary Nelson und Lawrence Grossberg (Hg.), *Marxism and the Interpretation of Culture*, Urbana: University of Illinois Press 1988.

13 Vgl. das Parteiprogramm von Chance 2000 unter: {http://web.archive.org/web/19991104045644/http://www.chance2000.com/MUSEUM/Parteimuseum/Parteiprogramm.htm} (Stand Januar 2015).

14 Vgl. Suzanne Lacy, *Leaving Art. Writings on Performace, Politics and Publics 1974-2007*, Durham und London: Duke University Press 2010, Kindle-Ausgabe, Pos. 1981.

15 Ein kurzer Videoclip mit Aufnahmen von dem Projekt ist online verfügbar unter: {http://www.vdb.org/titles/whisper-waves-wind} (Stand Januar 2015).

16 Vgl. *Whisper, the Waves, the Wind* (1983-1984), Suzanne Lacy und Sharon Stone, Video 28 Minuten, Chicago: Terra Nova Films 1986.

17 Vgl. James Romaine, »Making history«, in: Ian Berry (Hg.), *Tim*

Rollins and K. O. S. A History, Cambridge (Mass.): MIT Press 2009, S. 46.

18 Vgl. Sharon Irish, *Suzanne Lacy. Spaces Between*, Mineapolis: University of Minnesota Press 2010, Kindle-Ausgabe, Pos. 1902ff.

19 Eine Videodokumentation zu dem Projekt ist online verfügbar unter: {http://vimeo.com/39865636} (Stand Januar 2015).

20 Ein kurzer Videoclip mit Aufnahmen von dem Projekt ist online verfügbar unter: {http://www.suzannelacy.com/the-oakland-projects/} (Stand Januar 2015).

21 Vgl. Kester, *Conversation Pieces*, S. 187.

22 Vgl. Irish, *Suzanne Lacy*, Pos. 2001.

23 Vgl. Arlene Goldbard, *The Art of Cultural Development*, Oakland: New Village Press 2006.

24 Ebd., S. 43ff.

25 UNESCO, »Internationale Konferenz über Kulturpolitik in Europa, Helsinki 1972«, in: Thomas Röbke (Hg.), *Zwanzig Jahre neue Kulturpolitik. Erklärungen und Dokumente 1972-1992*, Essen: Klartext 1993, S. 50.

26 UNESCO, »Die Erklärung von Mexiko-City über Kulturpolitik«, in: Thomas Röbke (Hg.), *Zwanzig Jahre neue Kulturpolitik. Erklärungen und Dokumente 1972-1992*, Essen: Klartext 1993, S. 55.

27 Ebd., S. 49.

28 Ebd., S. 55.

29 Ebd., S. 56.

30 Siehe die Website des Projekts: {http://www.interkulturpro.de/} (Stand Januar 2015).

31 Vgl. Irish, *Suzanne Lacy*, Pos. 321.

32 Vgl. Andrew Dewney et al., *Britishness and Visual Culture*, London: Tate Encounters 2011.

33 Vgl. Joshua Decter und Helmut Draxler, *Exhibition as Social Invention. »Culture in Action«*, London: Afterall Books 2014.

34 Vgl. Miwon Kwon, *One Place after Another. Site-specific Art and Locational Identity*, Cambridge (Mass.): MIT Press 2002, S. 140f.

35 Siehe: {http://www.schauspielkoeln.de/ensemble/regie/nuran-david-calis/} (Stand Januar 2015).

36 Mail des künstlerischen Produktionsleiters der Kammerspiele vom 20. September 2014; zum Stück vgl. Tuncay Acar, »Dries Verhoeven und sein inneres Niemandsland«, online verfügbar unter: {http://blog.triptown.de/?p=867} (Stand Januar 2015).

37 Petra Hallmayer, »›Ich wurde zum Migranten gemacht‹«, online verfügbar unter: {http://www.nachtkritik.de/index.php?view=article&id=8851%3Amuenchner-diskussion-ueber-menschen-mit-migrationshintergrund-am-theater&option=com_content&Itemid=60} (Stand Januar 2015).

38 Vgl. Bishop, *Artificial Hells*, S. 7f.

39 Vgl. Stefan Heidenreich, »Santiago Sierra. Kunst-Werke«, in: *Frieze*, Nr. 57, März 2001.

40 Vgl. Kwon, *One Place after Another*, S. 144.

41 Vgl. Luc Boltanski und Ève Chiapello, *Der neue Geist des Kapitalismus*, Konstanz: UVK 2003.

42 Jean Joseph Jacotot, *Universal-Unterricht oder Lernen und Lehren nach der Natur-Methode*, Zweibrücken: Ritter Verlag 1833, S. 255.

43 Vgl. ebd., S. 254.

44 Asco and Friends, *Exiled Portraits*, Le Cartel, 08. März 2014 bis 06. Juli 2014.

45 Ondine Chavoya und Rita Gonzalez, »Elite of the obscure«, in: dies. (Hg.), *ASCO. Elite of the Obscure. A Retrospective, 1972-1987*, Ostfildern: Hatje Cantz 2011, S. 22. Es handelt sich um den Katalog zur ersten Retrospektive von Asco aus dem Jahre 2011. Sie fand im Los Angeles County Museum of Art statt.

46 Harry Gamboa, Jr., »In the city of angels, chameleons and phantoms: Asco, a case study of chicano art in urban Tones (or Asco was a four-member word)«, in: Richard Griswold del Castillo et al. (Hg.), *Chicano Art. Resistance and Affirmation, 1965-1985*, Los Angeles: Wight Art Gallery 1991, S. 124.

47 Harry Gamboa, Jr., *Urban Exile. Collected Writings of Harry Gamboa Jr.*, Minneapolis: The University of Minnesota Press 1998, S. 54.

48 Tom Holert, *Übergriffe. Zustände und Zuständigkeiten der Gegenwartskunst*, Hamburg: Philo 2014, S. 206.

49 Hans-Christoph Zimmermann, »Angst lähmt«, in: *die tageszeitung*, 04. März 2013.

50 Vgl. Niklas Maak, »Diese schönen Dinge, die keine Kunst sind«, in: *Frankfurter Allgemeine Zeitung*, 31. Mai 2014.

51 Siehe die Website des jeweiligen Projekts: {http://www.areale-neukoelln.de/home.html} und {http://www.kulturnetzwerk.de/projekte/okkupation.html} (beide Stand November 2014).

52 Vgl. Wanda Wieczorek et al. (Hg.), *Documenta 12. Education 1. Engaging Audiences, Opening Institutions*; Carmen Mörsch et al. (Hg.):

Documenta 12. Education 2. Between Critical Practice and Visitor Services, beide Zürich und Berlin: diaphanes 2009.

53 Vgl. Carmen Mörsch, »At a crossroads of four discourses«, in: dies. (Hg.), *Documenta 12: Education 2*, S. 14f.

54 Vgl. Das Referat von Ruud Breteler auf dem Forum »Kultur und Ökonomie« vom 22./23. März 2012 in St. Gallen, online verfügbar unter: {http://www.kulturundoekonomie.ch/forum12/referate2012/Breteler_Ruud_Manuskript_form.pdf} (Stand November 2014).

55 Vgl. Mark Terkessidis, »Kinetische Kultur. Über die höchst universalisierbaren und überraschend aktuellen Erfahrungen einiger griechischer Schiffsreisender in der Mitte des 20. Jahrhunderts«, in: *Kritische Berichte*, Jg. 39, Nr. 4, 2011.

56 Vgl. Frazer Ward, *No Innocent Bystanders. Performance Art and Audience*, Hanover: Dartmouth College Press 2012.

57 Jean-François Lyotard, *Das Patchwork der Minderheiten*, Berlin: Merve 1977, S. 37.

58 Vgl. Heinrich Bosse, *Bildungsrevolution 1770-1830*, Heidelberg: Universitätsverlag Winter 2012.

59 Francis Jeanson, *L'action culturelle dans la cité*, Paris: Seuil 1973, S. 25.

60 Vgl. Birgit Althans, *Der Klatsch, die Frauen und das Sprechen bei der Arbeit*, Frankfurt a. M. und New York: Campus 2000.

61 Emmanuel Lévinas, »Judentum/Judaismus«, in: Bernhard H. F. Taureck, *Emmanuel Lévinas zur Einführung*, Hamburg: Junius 1997, S. 16.

62 Vgl. ders., *Die Spur des Anderen. Untersuchungen zur Phänomenologie und Sozialphilosophie*, München: Karl Alber 1983, S. 229f.; ders., *Autrement qu'Être ou au-delà de l'Essence*, Paris: Le Livre de Poche 2004, S. 30ff.

63 Vgl. Jeremy Rifkin, *Die empathische Zivilisation. Wege zu einem globalen Bewusstsein*, Franfurt a. M. und New York: Campus 2010.

64 Vgl. Joachim Bauer, »Kleine Zellen, große Gefühle – wie Spiegelneurone funktionieren«, in: Ulrich Hermann (Hg.), *Neurodidaktik*, Weinheim und Basel: Beltz 2009.

65 Yoshihara Jiro, »Gutai Art Manifesto«, in: Ming Tiampo und Alexandra Munroe (Hg.), *Gutai. Splendid Playground*, New York: Guggenheim 2013, S. 18.

66 Jean-François Lyotard, *Postmoderne für Kinder. Briefe aus den Jahren 1982-1985*, Wien: Passagen 1987, S. 105.

67 Ders., *Der Widerstreit*, München 1987, S. 27.

68 Vgl. ders., *Das postmoderne Wissen. Ein Bericht*, Bremen: Impuls & Association 1982, S. 38ff.

69 Ebd., S. 43.

70 Ebd., S. 87.

71 Vgl. Peter Finke, *Citizen Science. Das unterschätzte Wissen der Laien*, München: oekom 2014.

72 Interdisziplinäres Symposium, 19.11.2012, Veranstalter: [ID]factory/TU Dortmund/BfI Mainz in Kooperation mit DASA Arbeitswelt Ausstellung, Dortmund.

73 Vgl. Howard Slater, »The art of governance. The Artist Placement Group 1966-1989«, in: *Variant*, Bd. 2, Nr. 11, 2000, online verfügbar unter: {http://www.variant.org.uk/pdfs/issue11/Howard_Slater.pdf} (Stand Januar 2015); John A. Walker, *Left Shift. Radical Art in 1970s Britain*, London und New York: I.B. Tauris 2002, S. 54ff.

74 Vgl. zu diesem Thema: Tom Holert, »Art in the knowledge based polis«, in: *e-flux* Nr. 3, Februar 2009, online verfügbar unter: {http://www.e-flux.com/journal/art-in-the-knowledge-based-polis/} (Stand Januar 2015); ders., »Künstlerische Forschung: Anatomie einer Konjunktur«, in: *Texte zur Kunst*, Nr. 82, Juni 2011.

75 Vgl. Hilmar Hoffmann, *Kultur für alle*, Frankfurt a.M.: Fischer 1979.

76 Vgl. Hermann Glaser und Karl Heinz Stahl, *Bürgerrecht Kultur*, Frankfurt a.M., Berlin und Wien: Ullstein 1983 (erweiterte Ausgabe von: *Die Wiedergewinnung des Ästhetischen. Perspektiven und Modelle einer neuen Soziokultur*, München: Juventus 1974).

77 Siehe die Selbstauskunft unter: {http://www.kulturstiftung-des-bundes.de/cms/de/programme/doppelpass/} (Stand Januar 2015).

78 Hoffmann, *Kultur für alle*, S. 45.

79 Lucy Lippard, *Mixed Blessings: New Art in a Multicultural America*, New York 1990, S. 7.

80 »Lucy Lippard on place, places and conceptual art« (Interview von Rupert White vom 22. Mai 2010), online verfügbar unter: {http://www.artcornwall.org/interviews/Lucy_Lippard.htm} (Stand Januar 2015).

81 Vgl. Kwon, *One Place after Another*, S. 154.

82 Vgl. Clara Bodenmann-Ritter (Hg.), *Joseph Beuys. Jeder Mensch ist ein Künstler. Gespräche auf der documenta 5/1972*, Berlin: Ullstein 1988.

83 Gerhard Zwerenz, Einleitender Text, in: *Dragutin Trumbetas: Gastarbeiter*, Frankfurt a.M.: Büchergilde Gutenberg 1977, S. 7f.

84 Dieter Dowe, »Die Arbeitersängerbewegung in Deutschland vor dem Ersten Weltkrieg – eine Kulturbewegung im Vorfeld der Sozialdemokratie«, in: Gerhard A. Ritter (Hg.), *Arbeiterkultur*, Königstein/Ts.: Verlagsgruppe Athenäum 1979, S. 123.

85 Victor Noack, *Der Deutsche Arbeiter-Sängerbund. Eine Materialsammlung des Bundesvorstandes*, Berlin 1911, zit. nach ebd., S. 136.

86 Hermann Glaser, »Über die ästhetische Erziehung des Menschen. Soziokultur und Tätigkeitsgesellschaft«, in: Bundesvereinigung soziokultureller Zentren e. V. (Hg.), *Www.soziokultur.de/2000. Bundeskongress soziokultureller Zentren. Dokumentation*, Potsdam 2000, S. 62.

87 Vgl. Herta Müller, »Bei uns in Deutschland«, in: dies., *Der König verneigt sich und tötet*, Frankfurt a. M.: Fischer 2008.

88 Vgl. Peter Müller und Jasmin Cicek (Hg.), *Migrantenliteratur*, Stuttgart: Reclam 2007.

89 Florian Kessler, »Lassen Sie mich durch, ich bin Arztsohn!«, in: *Die Zeit*, Nr. 4, 2014.

90 Maxim Biller, »Letzte Ausfahrt Uckermark«, in: *Die Zeit*, Nr. 9, 2014.

91 Vgl. Nikos Papstergiadis, »An introduction into the aesthetics of deterritorialisation«, in: *Art & Design Profile,* Nr. 43, und ders. (Hg.), *Art and Cultural Difference: Hybrids and Clusters*, London: Academy Editions 1995, S. 7.

92 Siehe die Beschreibungen auf den jeweiligen Websites: {http://www.b1a40.de/}; {http://www.schauspielkoeln.de/spielplan/monatsuebersicht/die-luecke/}; {http://kinderkoenigreich.tumblr.com/}; {http://www.schauspiel-stuttgart.de/spielplan/nord-einstadtteildrehtsich}/; {http://www.48-stunden-neukoelln.de/}; {http://grandhotel-cosmopolis.org/de/}; {http://www.hajusom.de/}; {http://www.viertewelt.de/2014_collaboration_dfg_uni_potsdam.html} (alle Stand November 2014).

93 Vgl. Björn Bicker, »Die Kunst der Teilhabe. Stadttheater als politische Praxis«, in: Anke Roeder und Klaus Zehelein, *Die Kunst der Dramaturgie. Theorie. Praxis. Ausbildung*, Berlin: Henschel 2011, online verfügbar unter: {http://www.bjoernbicker.de/files/die_kunst_der_teilhabe_bjo__rn_bicker_endfassung.pdf} (Stand Januar 2015).

94 Vgl. Volker Canaris et al. (Hg.), *Theaterstadt Köln*, Köln: Prometh 1986, S. 112-133.

95 Vgl. Gert Loschütz und Horst Laube (Hg.), *War da was? Theaterarbeit und Mitbestimmung am Schauspiel Frankfurt 1972-1980*, Frankfurt a. M.: Syndikat 1980.

96 Hans Schulze, »Mitbestimmung am Schauspiel Köln«, in: Volker Canaris et al., *Theaterstadt Köln*, S. 131.

97 Renate Klett, »Ungeordnete Gedanken zu einer ungeordneten Vergangenheit«, in: Gert Loschütz und Horst Laube (Hg.), *War da was?*, S. 267.

98 Die Projektbeschreibung ist online verfügbar unter: {http://www.grenzen-los.eu/genossenschaft-x-gegrundet-2/} (Stand Januar 2015).

99 »›Eine Lektion in Sachen Bescheidenheit‹«, Interview mit Uwe Mattheiss, in: *die tageszeitung*, 06. Mai 2014.

100 Ivo Kuyl, »Theater zwischen Stadt und Welt: Ein Beispiel aus Brüssel«, online verfügbar unter: {http://www.dramaturgische-gesellschaft.de/assets/Uploads/ContentElements/Attachments/Ivo-Kuyl-Theater-zwischen-Stadt-und-Welt-Ein-Beispiel-aus-Bruessel.pdf} (Stand Januar 2015), S. 6.

101 Vgl. Dieter Haselbach et al., *Der Kulturinfarkt. Von allem zu viel und überall das Gleiche*, München: Knaus 2012.

102 André Schmitz, »Schlechte Patrioten«, in: *Der Spiegel*, Nr. 12, 2012, online verfügbar unter: {http://www.spiegel.de/spiegel/print/d-84430228.html} (Stand Januar 2015).

103 Vgl. Julia Voss, »Ein Bild für Kinder«, in: *Frankfurter Allgemeine Zeitung*, 05. Januar 2013, online verfügbar unter: {http://www.faz.net/aktuell/feuilleton/kunst/kunstauffassung-im-wandel-ein-bild-fuer-kinder-12014754.html} (Stand Januar 2015).

104 Vgl. Kuyl, »Theater zwischen Stadt und Welt«.

105 Marsha Meskimmon, *Contemporary Art and the Cosmopolitan Imagination*, London und New York: Routledge 2011, S. 5.

106 Vgl. Gernot Böhme, *Atmosphäre. Essays zur neuen Ästhetik*, Frankfurt a. M.: Suhrkamp 1995.

107 Ebd., S. 33f.

108 Vgl. K-Hole and Box 1824, *Youth Mode: A Report on Freedom*, New York und São Paulo 2013, online verfügbar unter: {http://khole.net/} (Stand Januar 2015).

109 Hans Magnus Enzensberger, »Wehrt euch!«, in: *Frankfurter Allgemeine Zeitung*, 28. Februar 2014, online verfügbar unter: {http://www.faz.net/aktuell/feuilleton/debatten/enzensbergers-regeln-fuer-die-digitale-welt-wehrt-euch-12826195.html} (Stand Januar 2015).

110 Vgl. Tony Coult und Baz Kershaw (Hg.), *The Welfare State Handbook*, London: Methuen 1997.

111 Vgl. Yolanda Broyles-Gonzalez, *El Teatro Campesino. Theater in the*

Chicano Movement, Austin: University of Texas Press 1994; Jean-Marc Lachaud, »Théatre et rue en France. Des années soixante-dix à aujourd'hui«, in: Christian Biet und Olivier Neveux (Hg.), *Une histoire du spectacle militant*, Vic La Gardiole: L'Entretemps 2007.

112 Vgl. Gary Stewart, *Rumba on the River. A History of the Popular Music of the two Congos*, London: Verso 2000.

113 Vgl. Frank J. Barrett, *Yes to the Mess. Surprising Leadership Lessons from Jazz*, Boston: Harvard Business Review Press 2012.

114 Jacotot, *Universal-Unterricht*, S. 113.

115 Vgl. etwa Robert G. O'Meally (Hg.), *The Jazz Cadence of American Culture*, New York: Columbia University Press 1998; Peter Townsend, *Jazz in American Culture*, Edinburgh: University Press of Mississippi 2000; William D. Dean, *American Spiritual Culture. And the Invention of Jazz, Football, and the Movies*, London und New York: Continuum 2002, S. 117ff.

116 Vgl. etwa Graham Collier, *The Jazz Composer. Moving Music off the Paper*, London: Northway Publications 2009, S. 70ff.

117 Vgl. Scott DeVeaux, *The Birth of Bebop. A Social and Musical History*, Berkeley: University of California Press 1997.

118 Addison Gayle, Jr. (Hg.), *The Black Aesthetic*, Garden City, N.Y.: Anchor Books 1972; George E. Lewis, *A Power Stronger than Itself. The AACM and American Experimental Music*, Chicago und London: The University of Chicago Press 2008; Benjamin Looker, *BAG. »Point From Which Creation Begins«: The Black Artists' Group of St. Louis*, St. Louis: Missouri Historical Society Press 2004; Steven L. Isoardi, *The Dark Tree. Jazz and the Community Arts in Los Angeles*, Berkeley: University of California Press 2006; Horace Tapscott, *Songs of the Unsung. The Musical and Social Journey of Horace Tapscott*, Durham und London: Duke University Press 2001.

119 Ekkehard Jost, *Europas Jazz 1960-1980*, Frankfurt a.M.: Fischer 1987, S. 383.

120 Vgl. Mike Heffley, *Northern Sun, Southern Moon. Europe's Reinvention of Jazz*, New Haven und London: Yale University Press 2005; Jedediah Skower, *Free Jazz. La catastrophe féconde. Une histoire du monde eclaté du Jazz en France*, Paris: L'Harmattan 2006; Eric Drott, *Music and the Elusive Revolution. Cultural Politics and Political Culture in France 1968-1981*, Berkeley: University of California Press 2011.

121 Vgl. Collier, *The Jazz Composer*, S. 49.

122 Dana L. Reason, *The Myth of Absence: Representation, Reception and the Music of the Experimental Women Improvisors*, Dissertation Univ. of California, San Diego 2002, online verfügbar unter: {http://jazzstudiesonline.org/files/jso/resources/pdf/Dana%20Reason% 20Myers%20Dissertation.pdf} (Stand Januar 2015).

123 Vgl. Steven Feld, *Jazz Cosmopolitanism in Accra. Five Musical Years in Ghana*, Durham und London: Duke University Press 2012, S. 51ff.

124 Cornel West, *Race Matters*, Boston: Beacon Press 2001, S. 202ff.

125 Vgl. Daniel Fischlin et al., *The Fierce Urgency of Now. Improvisation, Rights, and the Ethics of Cocreation*, Durham und London: Duke University Press 2013, S. 231ff.

126 Vgl. Gary Peters, »Can improvisation be taught?«, in: *The International Journal of Art and Design Education*, Bd. 24, Nr. 3, 2005, S. 306.

127 Dean, *American Spiritual Culture*, S. 117ff.

128 Vgl. Sam Richards, *The Engaged Musician. A Manifesto*, Totnes: Centrehouse Press 2013, S. 178.

129 Vgl. Bill Drummond, *17*, London: BeautifulBooks 2008.

130 Ebd., S. 26f.

131 Siehe die Website zu dem Projekt: {the17.org} (Stand Januar 2015).

132 Vgl. Drummond, *17*, S. 78ff.

5. Kritisieren

Schaffen und Kritisieren sind gerade von konservativer Seite immer wieder als Gegensätze betrachtet worden. Die einen machen, die anderen, die Linken, meckern nur, war ein oft gehörter Spruch in meiner Jugend. Das hat mich nicht davon abgehalten, mich ins Geschäft der Kritik zu stürzen – zum einen als jemand, der Kunst rezensiert (hauptsächlich Musik), und zum anderen als jemand, der seine Unzufriedenheit mit bestimmten Verhältnissen und Entwicklungen äußert. Aber ist Kritik tatsächlich immer negativ, ein Kontrast zum Schaffen? Ich habe das nie so gesehen, sondern eher nach einer Art von Kritik gesucht, die verändert, verbessert, ausbessert und manchmal selbst eine gewisse Kunst darstellt. In den siebziger Jahren gab es noch Auseinandersetzungen über die richtige Weise des Kritisierens. Heftige Debatten lieferten sich etwa die hermeneutischen, marxistischen und strukturalistischen Schulen in der Literaturkritik. Solche Auseinandersetzungen gehören der Vergangenheit an; heute spielt die Kritik selbst kaum noch eine Rolle. Damit meine ich nicht, dass nicht kritisiert würde. Was fehlt, ist Kritik als kollektive, systematische Anstrengung, wie Roland Barthes bereits Ende der siebziger Jahre meinte.[1] Man fällt seine Urteile als einzelne, zumeist subjektive Stimme, die jemand anderem ein Buch oder ein Album empfiehlt oder die eine Meinung zu bestimmten Problemen kundtut.

Die Zeitschrift *Spex*, bei der ich wie erwähnt zu Beginn der neunziger Jahre als Redakteur gearbeitet habe, war nach ihrer Gründung 1980 eine Mischung aus popkulturellem Fachwissen, Musikfeuilleton, Cultural Studies und Politik, die nicht nur in Deutschland ihresgleichen suchte. Die gelungensten

Spex-Artikel kamen als kleine Kunstwerke daher, die zwischen Feier und Analyse schwankten. Der Kritiker sensibilisierte ein Publikum für die beste Musik, indem er sich mit dieser identifizierte und zugleich ihre ästhetische Subversionskraft oder Sperrigkeit aufzeigte. Man musste letztlich nur die eigene Begeisterung begründen. Eine Kritik im Sinne einer Verwerfung des Ganzen war nicht vorgesehen – es gehörte zu den ausgesprochenen Statuten, den hierzulande verbreiteten Kulturpessimismus à la Adorno »unsexy« zu finden. Die Alben dienten stets als eine Art Filter für die Welterkenntnis, die der Kritiker hervorkitzeln durfte, ganz gemäß dem damaligen Untertitel der Zeitschrift *Musik zur Zeit*. Wir waren so *now*, während wir über aktuelle Musik schrieben, totale Zeitgenossen, und in der Musik wurde der Welt ihre jeweils progressivste Entwicklung quasi vorgespielt.

Irgendwann erlebte ich einen Bruch. In der Zeit, in der ich Musik und Bücher rezensierte, nahmen vor meiner erweiterten Haustür die Dinge eine regressive Wendung: Pogrome, Krieg und Bürgerkrieg, die Wiederkehr eines mörderischen Nationalismus. Meine Form der Kritik und der Herzschlag der Geschichte verloren ihre scheinbare Synchronizität. Ich zog die Konsequenz, die Redaktionsräume und auch den Schreibtisch zu verlassen und mich mit den genannten Ereignissen zu befassen – und zwar da, wo sie stattfanden. Es gab nichts Vitalistisches an dieser Vorgehensweise, nach dem Motto: Hinein in den Strudel des Geschehens. Zweifellos gewinnt man wichtige Erkenntnisse, wenn man sich in einem Käfig an der Grenze des Gazastreifens befindet und blutjunge, nervöse israelische Soldaten ihre Gewehre auf einen richten, während sie Pässe kontrollieren und Taschen durchsuchen. Aber darum ging es nicht. Es ging um die Fortsetzung der Kritik mit anderen Mitteln. Die dann beginnende

Arbeit in den »Krisengebieten« – die Szenerie des deutschen und europäischen Rassismus, die Schauplätze des Krieges im ehemaligen Jugoslawien oder die Infrastrukturen der Flüchtlinge auf den Wegen nach Europa – ließ sich allerdings nicht »objektiv« erledigen.

Was war Kritik?

Die Gesellschaftskritik etablierte sich im 18. Jahrhundert als »Kunst des Urteilens«. Ein Gegenstand oder ein Sachverhalt wurde mithilfe der Vernunft einer sachgerechten Prüfung unterzogen.[2] Kritik basierte auf einer zu jener Zeit neuartigen Trennung der Sphären: auf der einen Seite die politische Instanz, auf der anderen die moralische, von der aus die Politik beurteilt werden konnte. Vorgeblich unpolitisches Ziel der Kritik war allein die Wahrheit. Sie verstand sich als überparteilich, weil sie ja vom Standpunkt der Allgemeinheit und der Vernunft aus sprach. So entstand Kritik aus einer Krise der damals herrschenden politischen Legitimation – der Absolutismus wurde zunehmend in Zweifel gezogen –, die sie gleichzeitig verschärfte. Eine Krise ist ein Zustand der Unsicherheit, der auf eine Entscheidung zu warten scheint. Die Kritik setzte sich an die Stelle des Souveräns, um im Dienste der Allgemeinheit und des Fortschritts diese Entscheidung vorwegzunehmen.

Reinhart Koselleck hat diese Haltung als »Hypokrisie«, als Überheblichkeit der Kritik, bezeichnet.[3] Letztlich waren die Kritiker immer politisch, parteiisch, partikular. Nun gibt es aber keinen Grund, diese Eigenschaften zurückzuweisen oder angesichts ihrer »Fehler« das Ende der Kritik auszurufen, im Gegenteil: Kritik sollte politisch, parteiisch und partikular sein, subjektiv im positiven Sinne, was auch kollaborativ bedeutet (dazu später mehr). Allerdings sollte sie von der Krise getrennt werden. Ich habe bereits erwähnt, wie sehr die Rede von der Krise zum Hintergrundrauschen meiner Existenz gehört. Eigentlich erinnere ich mich an keine Zeit in meinem Leben, in der keine Krise herrschte. Und gerade die linke Kritik bzw. ihre zahlreichen Vulgarisierungen haben dazu beigetragen, die Krise zu verharmlosen: Wenn permanent der Faschismus lauert oder der Neoliberalismus die Lebensgrundlagen zerstört, dann lassen sich Entwicklungen kaum noch in Worte fassen. Diese Kritik hat außerdem ständig existentielle Entscheidungen postuliert: Sozialismus oder Barbarei, Ökologie oder Vernichtung, Keynesianismus oder Zusammenbruch. Mag sein, dass der Untergang droht, doch in meinem Leben haben eher die »kleinen« Schrecken die Welt bewegt: Diskriminierung, rechter Populismus, »neue Kriege«, wirtschaftliche Turbulenzen. Nichts davon ist auf die leichte Schulter zu nehmen, doch die Kritik als »Kunst des Urteilens« entledigt sich ihrer adäquaten Mittel, ihres Einflusses auf reale Entscheidungen, wenn sie in dem von Koselleck beschriebenen Modus der Überheblichkeit verharrt.

Die Subjektivität im positiven Sinne unterscheidet Kritik von Wissenschaft, obwohl beide im Rahmen der Aufklärung zunächst ihre Ansprüche auf Allgemeinheit, Objektivität und Wahrheit geltend machten. Eine (bescheidene) Kritik wird benötigt, weil bestimmte Themen ansonsten gar nicht auftauchen würden. Nehmen wir das Beispiel Rassismus. Die »objektive« Forschung hat im 19. Jahrhundert den Begriff »Rasse« zu einer wissenschaftlichen Kategorie erklärt. Man begutachtete die »Primitiven« in den Kolonien, um deren angebliche Unzivilisiertheit zu erforschen und zu legitimieren. Im Rahmen von Entkolonisierung und Migration in die Metropolen wandte die Wissenschaft sich plötzlich den »Vorurteilen« zu. Auf dem Plan stand allerdings nicht die eigene, systematische Verwicklung in das koloniale Regime, sondern die aktuellen Irrtümer verwirrter Einzelner, die den Zug der Zeit verpasst hatten. So konnte die Überlegenheit des eigenen Standpunkts gerettet werden: Die Wissenschaft selbst blieb »objektiv«, also genuin vorurteilsfrei.

Wenn aber Wissenschaftler behaupten, bestimmte Personen hätten »Vorurteile« etwa über »die Einwanderer«, dann werden zugleich mehrere andere Dinge festgestellt: Es gibt eine Gruppe namens »die Einwanderer«, und eine korrekte Analyse der »Eigenschaften« dieser Gruppe ist möglich. Schließlich ist es der »objektive« Forscher, der beurteilen kann, welche Charakteristika als »Vorurteil« zu gelten haben und welche auf die Gruppe zutreffen. Doch woher bezieht die Forschung plötzlich jene Neutralität, die sie historisch nachweislich nie besaß? In Wahrheit existiert gar keine betreffende Gruppe mit irgendwelchen benennbaren Eigenschaften. Rassismus umfasst bereits den (strukturellen) Prozess, in dem ein Unterschied gemacht wird zwischen »uns« und »denen«. Zumeist sind die Kriterien, anhand deren wir Unterschiede konstatieren, ziemlich beliebig: Warum spielen Haut- oder Haarfarbe oder bestimmte kulturelle Accessoires überhaupt eine Rolle in der Wahrnehmung? Und auch wenn wir von »den Migranten« oder von »Personen mit Migrationshintergrund« sprechen müssen, um bestimmte Formen der Benachteiligung zu thematisieren, bedeutet das keineswegs, es gebe eine solche Gruppe mit irgendwelchen identifizierbaren Charakteristika. Man könnte also sagen, eine Wissenschaft, die sich für »objektiv« hält, ist strukturell unfähig, Rassismus zu erkennen. Dafür braucht es Kritik. Damit das Thema hervortreten kann, müssen nichtobjektive Voraussetzungen zum Tragen kommen. Entweder trifft man normative Entscheidungen, legt etwa die Menschenrechte zugrunde und diskutiert über deren Verletzung. Oder man positioniert sich als »betroffen« und spricht von konkreten Verletzungen. Um Rassismus adressieren zu können, muss sich die Kritik zu einem Teil des Geschehens machen – eine wissenschaftlich-neutrale Haltung existiert nicht, Rassismus ist ein gesellschaftliches Verhältnis, das alle Menschen involviert.

Subjektivität unterscheidet Kritik auch vom Journalismus, der ebenso wie die Wissenschaft vorgibt, neutral zu sein. Als Tom Holert und ich beschlossen, für unsere gemeinsamen Recherchen zu Krieg und Flucht ins ehemalige Jugoslawien und nach Israel/Palästina aufzubrechen, waren wir jedoch schon vor Antritt der Reise Teil des jeweiligen Konflikts. Dieser wurde in unserem Herkunftsland medial abgebildet, heftig debattiert und von unserer Regierung beeinflusst. Unsere Gespräche vor Ort waren davon geprägt, für was uns unsere jeweiligen Partner hielten: Agenten einer feindlichen Regierung, Transmissionsriemen für die eigene Version des Konflikts oder gar Unterstützer für die eigene Sache oder Geldgeber für das eigene Projekt. Schließlich wurden unsere Texte oder Radiobeiträge von den Menschen in den von uns bereisten Gebieten wahrgenommen und spielten sogar teilweise eine direkte Rolle – eine Rückkopplung, die Reporter nur in seltenen Fällen zur Kenntnis nehmen. Auch wenn sich Berichterstatter also neutral geben, nehmen sie dennoch unausweichlich eine Position ein. Eine selbstreflexive Subjektivität, eine erklärte, kritische Haltung dagegen sichert letztlich die Überprüfbarkeit der eigenen Aussagen. Dazu kommt eine Kollaboration mit lokalen Partnern. Wir haben uns bei unseren Recherchen stets mit Organisationen und Personen in Verbindung gesetzt und assoziiert, deren politische Auffassungen wir teilen konnten. In Diskussionen informierten uns die Betroffenen und andersherum, wir tauschten uns mit ihnen aus, aber wir überprüften auch kritisch die eigene Haltung und korrigierten sie, wenn nötig, weil wir einsehen mussten, dass sich viele unserer »mitgebrachten« Meinungen in der Auseinandersetzung nicht aufrechterhalten ließen, manche sogar ziemlich peinlich erschienen.

Die Kritik als forschende Prüfung der Verhältnisse bezieht sich auf die Praxis, ein Begriff, den ich immer sehr geschätzt habe. Bei Karl Marx war er gegen den Positivismus gerichtet. In der ersten Feuerbachthese beklagt Marx, die bisherige materialistische Philosophie habe ihren Gegenstand, also die Wirklichkeit, nur unter dem Aspekt der »Anschauung« durch das forschende Subjekt oder unter jenem der »Form des Objektes« gefasst. Demgegenüber schlägt er vor, der Ansatzpunkt müsse die »Subjektivität« sein – und zwar als *»sinnlich menschliche Tätigkeit*, *Praxis*«.[4] Marx will also die übliche Trennung zwischen dem Forscher, der schaut, und dem Objekt, das seine Form zu erkennen gibt, aufheben. An ihre Stelle tritt die Frage: Welche Praxis, welche Tätigkeit hat dazu geführt, dass dieses Subjekt und dieses Objekt überhaupt entstanden sind? Diese Frage zielt auf die Produktion von Wirklichkeit. »Produktion«, schreiben Marx und Friedrich Engels in der *Deutschen Ideologie*, sei »eine bestimmte Art der Tätigkeit« der Individuen, »eine bestimmte Art, ihr Leben zu äußern, eine bestimmte Lebensweise derselben. Wie die Individuen ihr Leben äußern, so sind sie.«[5]

Michel Foucault entwickelte diesen Gedanken weiter, obwohl er sich um seiner Originalität willen kaum auf dieses Erbe bezogen hat. Für die Genealogie, eine Analyseweise von Macht/Wissen-Komplexen, wählte Foucault eine Perspektive, die man als »Standpunkt-Epistemologie der unterdrück-

ten Wissensarten« bezeichnen könnte.[6] Die Genealogie verstand Foucault als eine Form der Kritik, in der eine historisch und exakt vorgehende »Gelehrsamkeit« mit dem lokalen »Wissen der Leute« kombiniert wird.[7] Mithilfe der »Gelehrsamkeit« wollte er untersuchen, wie durch eine Reihe von Machttechnologien bestimmte »Positivitäten« hervorgebracht werden und nach welchen Regeln die Wissenschaft schließlich die »Wahrheit« über diese »Objekte« spricht.

Etwas anderes ist mit den »unterdrückten Wissensarten« gemeint, die Foucault als das »Wissen der Leute« charakterisierte. Dazu gehört »eine ganze Reihe von Wissensarten, die als nicht sachgerecht oder als unzureichend ausgearbeitet disqualifiziert wurden; naive, am unteren Ende der Hierarchie, unterhalb des erforderlichen Wissens- oder Wissenschaftlichkeitsniveaus rangierende Wissensarten«. Sie seien nicht zu verwechseln »mit Allgemeinwissen oder gesundem Menschenverstand«, vielmehr handele es sich um »ein besonderes, lokales, regionales Wissen [...], das seine Stärke aus der Härte bezieht, mit der es sich allem widersetzt, was es umgibt«.[8] Foucault nennt als Beispiele das Wissen der Psychiatrisierten, der Kranken, der Delinquenten (manchmal auch jenes der Krankenwärter oder der Ärzte, wenn es sich vom Wissen der Medizin unterscheidet). Aufgrund seiner Perspektive ermöglicht dieses Wissen, die ganz konkrete Mechanik von Macht ans Licht zu bringen. Über das »Wiederauftauchen« dieser Wissensarten kann, wie Foucault meint, die Kritik erfolgen.[9]

»Positivitäten« auf ihre Produktionsbedingungen hin zu befragen und die Perspektive Marginalisierter einzubeziehen sind Verfahren, welche die »objektiven« Wissenschaften nicht gelten lassen. Dementsprechend sind die »Genealogien [...] nicht positivistische Rückgriffe auf eine gewissenhaftere und exaktere Form der Wissenschaft; die Genealogien sind gerade Anti-Wissenschaft«.[10] In dieser Feststellung verbirgt sich kein Plädoyer für Beliebigkeit. Foucault wendet sich nicht »gegen die Inhalte, Methoden oder Begriffe einer Wissenschaft als vielmehr gegen die zentralisierenden Machtwirkungen, die mit der Institution und dem Funktionieren eines wissenschaftlichen Diskurses verbunden sind, wie er in einer Gesellschaft wie der unsrigen organisiert ist«.[11] Er kritisiert eine Wissenschaft, welche die eigene Wissensproduktion monopolisieren will: »Welche Wissensarten wollt ihr disqualifizieren, wenn ihr fragt: ist es eine Wissenschaft? Welche sprechenden, diskursführenden Subjekte, welche Erfahrens- und Wissensgegenstände wollt ihr also ›minorisieren‹, wenn ihr sagt: ›Ich, der diesen Diskurs halte, halte einen wissenschaftlichen Diskurs, ich bin ein Wissenschaftler‹?«[12]

Wie sind Erkenntnisse beschaffen, wenn sie kritisch gewonnen werden, also nicht mit der Autorität einer Wissenschaft sprechen, deren Sprecherposition sich auf die Wahrheit stützt? In der Wissenschaftstheorie, etwa in ihren konstruktivistischen Varianten, gab es zuletzt eine starke Tendenz, die Ansprüche der Wissenschaften zu relativieren. Heute verfolgt Wissenschaft häufig einen pragmatischen oder eben »performativen« Ansatz: Es gilt, was funktioniert. Ein wichtiges Kriterium bleibt aber die Überprüfbarkeit: Wissenschaft unterscheidet sich von anderen Formen des Wissens, weil die Forschenden den Weg zu ihren Erkenntnissen erklären und damit nachvollziehbar machen und dadurch einer möglichen Widerlegung aussetzen. Wenn sie sich von bloßer Meinung abheben will, muss auch Kritik diesen Anforderungen gerecht werden und sich einem permanenten Gespräch öffnen. Die »Deliberation« im Sinne von Jürgen Habermas stellt sich dieses Gespräch als rational vor, als geregelten, verbalen Austausch von Argumenten. Es existiert aber nun einmal keine vollständig demokratische Gesprächssituation – die Voraussetzungen der Teilnehmenden sind unterschiedlich, es gibt immer Widerstreit, wie Jean-François Lyotard es nannte. Zudem warten manche Personen mit höheren Gesprächskapazitäten auf als andere. Nicht nur, was die verbalen Fähigkeiten angeht: Ich habe mich immer darüber gewundert, wie lange Leute es aushalten, auf einem »Plenum« oder auf Konferenzen still zu sitzen und die immer gleiche Gesprächsschleife zu drehen, bis irgendwer einfach aufgibt.

All das ist bekannt und in feministischen oder antirassistischen »kleinen Kämpfen« ausführlich behandelt worden. Wenn es um Themen rund um Migration ging, wurde (und wird oft noch) Personen mit Migrationshintergrund unterstellt, sie könnten aufgrund ihrer Betroffenheit keine neutrale Haltung einnehmen, sie seien »zu nah dran«, zu »subjektiv«. Dabei wird impliziert, diese Personen seien gar keine Individuen, sondern unausweichlich Bestandteil eines Kollektivs, das durch sie hindurch spricht, ohne dass sie sich dessen bewusst wären. Gewöhnlich begegnen jene Personen diesem Vorwurf mit einer Verteidigungshaltung: Das sei nicht der Fall, sie ließen sich nicht von ihrer Herkunft vereinnahmen, sie betrachteten sich als Individuen, sie könnten »objektiv« sein. Aber vielleicht ist das die falsche Strategie. Was wäre, wenn ich die Subjektivität und Kollektivität meines Ausdrucks annehme und zur Voraussetzung meiner Erkenntnisse mache? Nähe, Affekt, Leiblichkeit, Liebe wären Dispositionen für Kritik. Ich würde die Tatsache anerkennen, dass ich Bestandteil eines »Wir« bin, mit dem ich bei jedem Ausdruck auf die eine oder andere Weise in Verbindung stehe. Kritik ist kollaborativ, wenn sie ihre Subjektivität und Vergemeinschaftung akzeptiert. Wenn ich kritisiere, bin ich fundamental eingebunden in eine geteilte Welt von Nähe, Affekt und Körperlichkeit.

Nähe gilt in Wissenschaft und Journalismus als problematisch, Distanz zum Gegenstand als notwendige Voraussetzung. Gelehrsamkeit möchte ich keineswegs verwerfen, aber man kann Dinge, Vorgänge, Strukturen und Prozesse nur »begreifen«, wenn man an Bewegung (in allen Bedeutungen dieses Begriffs) teilhat. Ich habe oben beschrieben, wie der Protest an der Universität meinen Horizont mehr aufgehellt hat als die philosophischen Vorlesungen. Selbst bestimmte Aspekte von Hegels Philosophie sind mir so verständlicher geworden. Gleiches gilt für meinen späteren politischen Aktivismus etwa in dem antirassistischen Netzwerk Kanak Attak oder die gemeinsame Arbeit mit Tom Holert. Man kann viel abstraktes Wissen über das Thema Rassismus aufnehmen, doch nur die Konfrontation mit den anderen, mit der eigenen Verletzung oder auch den eigenen rassistischen Wissensbeständen sorgt für nachhaltige Erkenntnisse, einen Übergang zwischen Wissen und Begreifen. Ähnlich verhält es sich bei Übergängen im psychischen Leben: Ich mag wissen, dass ein bestimmtes Verhalten mir letztlich schadet, doch dieses Wissen führt nicht zu einer Änderung: Mal mehr, mal weniger zwanghaft wiederhole ich dieses Verhalten. Erst das aktive Begreifen, entstanden in einer realen Kommunikationssituation, in der kurzzeitig die Struktur durchbrochen wird, sorgt für ein Begreifen und einen Horizont für die Veränderung.

Nähe bedeutet aber nicht nur Involviertsein, sondern auch Liebe. »Die Kritik ist die Kunst, zu lieben«, schrieb einst der Filmkritiker Jean Douchet: »Sie ist die Frucht einer Leidenschaft, die sich nicht selbst verzehrt, sondern die Kontrolle einer wachen Luzidität anstrebt.«[13] Douchet bezog sich auf die Kunstkritik, wobei er Kunst selbst schon für eine Form der Gesellschaftskritik hielt. Das Ziel der »Kunst, zu lieben«, sollte eine »Vereinigung zweier Sensibilitäten« sein.[14] Wie Douchet betonte, muss diese »Kunst, zu lieben«, keineswegs von professionellen Kritikern ausgeübt werden. Ich erinnere mich sehr gut daran, wie ein Buchhändler den gesamten Kanon meiner Jugendzeit prägte – und zwar primär durch seine Liebe zu Büchern. Aus einem Haushalt kommend, in dem nicht gelesen wurde, drückte ich mich verzweifelt an den Regalen der lokalen Buchhandlung entlang. Die Schullektüre war überwiegend ein lebensfernes Fegefeuer der Langeweile. Die Abhandlungen über Literatur, die ich auf der Suche nach Anregung konsultierte, waren weniger eine Fundgrube als eine akademische Fleißübung in Stammbaumforschung. Ich wollte wissen, auf was für eine Suche sich andere Autoren gemacht hatten und ob ihre Suche mit meiner korrespondierte. Jener Buchhändler erklärte mir geduldig, warum ich etwa Heinrich von Kleist lesen sollte. Nicht weil er ein »wichtiger« Schriftsteller war, sondern ein großer Suchender, dessen Geschichten ihn in Bewegung versetzten. Die Kritik kann es nicht bei dieser Bewegung belassen. Aber es braucht keine Gelehrsamkeit, um in Bewegung gebracht zu werden. Die Liebe kann am Anfang von Gelehrsamkeit stehen, und diese Gelehrsamkeit wird dann nicht nur akademisch sein, sondern andauernd und sich im besten Fall zur Kritik entwickeln.

Der affektive Bezug kann als Leitfaden einer kritischen Haltung fungieren. Die Gender-Theoretikerin Christina von Braun schrieb anlässlich ihrer Forschung zur Hysterie, sie habe ihr »physisches Unbehagen« zum »Leitfaden« ihrer Recherche gemacht.[15] Die Aufwertung der Empfindlichkeit ist aus dem Feminismus bekannt. Auch die Kritik des Rassismus startet mit Empfindlichkeit. Wer diskriminiert wird, reagiert häufig mit Unwohlsein, Sprachlosigkeit, Groll; zumal in »entwaffnenden« Situationen, etwa Gesprächen mit Personen, die freundlich und vertrauenswürdig erscheinen, dann aber plötzlich Zuschreibungen und Abwertungen äußern. In der »objektiven« Forschung werden Affekte unter anderem vernachlässigt – das hat der Ethnologe und Psychoanalytiker Georges Devereux bereits 1967 festgestellt –, um Angst zu vermeiden.[16] In Wirklichkeit benötigt die Wissenschaft die Distanz gar nicht, um Erkenntnisse zu gewinnen; sie dient vielmehr dazu, den Forschern Autorität zu verleihen. Distanz sichert ihnen einen Status, der ihre Angst vor den »Objekten« und vor Auseinandersetzungen kaschiert.

Devereux hat die Angst zum Forschungsgegenstand erklärt. Als elementares Datum der Psychoanalyse, so Devereux, gelte für gewöhnlich die Übertragung, doch eigentlich sollte es die Gegenübertragung sein.[17] Als Übertragung bezeichnet man in der Psychoanalyse den Vorgang, in dem Klienten während der Analyse auftauchende Wünsche und Emotionen auf den Therapeuten projizieren. Das populärste Beispiel sind Klienten, die sich verlieben. Gegenübertragung meint die Reaktionen des Therapeuten auf die ihm entgegengebrachten Wünsche und Emotionen. Um das populärste Beispiel für einen solchen Vorgang zu ergänzen: Der Therapeut verliebt sich in den Klienten. Tatsächlich kann sich der Therapeut in keiner Sitzung vollkommen »neutral« verhalten. Von der Analyse der Gegenübertragung versprach sich Devereux mehr Erkenntnisse über »die Natur des Menschen«, gerade weil diese Analyse nicht von einer einfachen Trennung zwischen Betrachter und Objekt ausgehe, sondern Auskunft geben könne über Art und Ort der Trennung, die angsteinflößenden Überschneidungen oder die Gründe für die Angst.

Die affektiven Grundlagen von Erkenntnis anzuerkennen bedeutet auch, die Körperlichkeit nicht aus der Kritik bzw. der kritischen Forschung auszuschließen. Im letzten Band seiner *Geschichte der Empfindlichkeit* berichtete der Schriftsteller Hubert Fichte über seine Forschung zu den religiösen Riten des Candomblé in Brasilien, die er für eine »Pop Art der Armen« hielt.[18] Er verfolgte zwei Ziele. Zum einen war er der Auffassung, dass Wissenschaftler keine reinen Beobachter sind: »[D]as Zeitalter der Beschreibung von Forschern hat begonnen«,[19] stellte er fest und machte daher den wichtigsten Autor über die populäre Religion, den Franzosen Pierre Verger, zum Gegenstand seiner Forschung. Zum anderen versuchte er sich bis zur Selbstaufgabe in den Candomblé zu verwickeln und wurde Mitglied eines religiösen »Hauses«.

Fichtes Herangehensweise war ungewöhnlich. Oftmals wurde er nicht ernst genommen. Er schilderte ein Gespräch mit einem Mitarbeiter des Goethe-Instituts, der behauptete, er könne niemals in das System des Candomblé eindringen. Fichte erwiderte: »Ich kann mit ihnen ficken.« Die Erwähnung der körperlichen Vereinigung als Erkenntnismittel war fraglos eine Provokation, doch tatsächlich führte die Suche nach Sex den homosexuellen Fichte im Laufe seiner Recherchen in unsichtbare Räume der brasilianischen Gesellschaft. Zu jener Zeit mussten sich homosexuelle Männer noch an öffentlichen Orten treffen, die codiert waren: Wer die Zeichen der Plätze und die Signale der Personen zu lesen vermochte, konnte Kontakt herstellen (immer auf die Gefahr hin, einen fatalen Irrtum zu begehen). Das Begehren war also das Movens zur Erschließung eines neuen, eines anderen Erfahrungskosmos. Mittlerweile ist diese kritische Energie des Cruising in den Queer Studies ausführlich beschrieben worden – für die Literatur etwa,[20] aber auch als Modell für Architektur.[21]

Kritik als Vergemeinschaftung und Reparatur

Hubert Fichte könnte man auch als »kulturellen Überläufer« bezeichnen,[22] ein Konzept mit einer gewissen Tradition im Kontext der westlichen Expansion. Die Geschichte von der Meuterei auf der Bounty etwa, die in meiner Kindheit noch zum Kanon der Jugendliteratur gehörte, beruht auf realen Geschehnissen. Die Zustände auf den Schiffen der britischen Marine waren bis ins 19. Jahrhundert für die einfache Besatzung katastrophal. Manche Matrosen sahen die oft recht friedlichen Lebensverhältnisse der »Eingeborenen« und wechselten über in den fremden Zusammenhang. Danach wurde das Überlaufen ein Phänomen der Wohlhabenden, von Künstlern wie etwa Paul Gauguin, der in seinen Werken die »Südsee« zur Folie für seine Zivilisationskritik machte. Auch im 20. Jahrhundert gab es Überläufer. Der Schriftsteller Jean Genet reiste 1970 nach Jordanien, um sich dort ein Bild von den in Flüchtlingslagern lebenden Palästinensern zu machen. Schließlich blieb er als »verliebter Gefangener« für zwei Jahre. »Die Versuchung, auf die ›andere Seite‹ hinüberzuwechseln«, schrieb er in seinen Erinnerungen,

> »ist schon Ausdruck der Sorge, daß man lediglich im Besitz einer einzigen eindimensionalen Gewißheit ist, einer ungewissen Gewißheit also. [...] Man wird hinter der Notwendigkeit, zu ›übersetzen‹, die noch durchsichtigere Notwendigkeit, ›Verrat‹ zu üben, erkennen, und in dieser Versuchung des Verrats wird man einen Segen finden, vergleichbar vielleicht mit dem erotischen Rausch: Wer nie den Rausch des Verrats erlebte, weiß nicht, was Ekstase ist.«[23]

In dieser Ekstase liegen durchaus Gefahren verborgen. Zum einen die, mit dem Überlaufen einen moralischen Unterschied zu markieren und zu glauben, man sei nun auf der »guten« Seite oder der Seite der »Guten«, zum anderen, in der Identifikation mit der »anderen Seite« deren Unterschiedlichkeit auszulöschen oder sie mit der eigenen Projektion, den eigenen Klischees gar zu verwechseln. In den sechziger und siebziger Jahren liefen viele radikale Linke zu »den Palästinensern« über und versuchten dadurch, sich aus dem durch die Nazis komplett diskreditierten deutschen »Wir« zu entfernen. Doch die palästinensischen Gruppen waren im Nahost-Konflikt trotz ihrer teils berechtigten Anliegen keineswegs einfach die »Guten« – diese Auffassung erwies sich als reine Projektion. Zugleich sorgte die Identifikation mit der palästinensischen Sache für eine Haltung gegenüber Israel, die absurderweise ins Fahrwasser jenes Antisemitismus geriet, den man durch den Seitenwechsel unterlaufen wollte. Das Überlaufen entbindet einen nicht einfach von den alten Zugehörigkeiten. Wie eine andere Vorgehensweise aussehen kann, hat Jean-Paul Sartre mit seinen Interventionen während des antikolonialen Kampfs in Algerien gezeigt. Der schon damals weltbekannte Philosoph schlug sich mit seiner scharfen Kritik an der französischen Kolonialpolitik nicht einfach auf die andere Seite und entfernte sich moralisch aus dem Kollektiv der Kolonisatoren, sondern betonte die eigene Zugehörigkeit. Er betrachtete sich sozusagen als Kollaborateur im negativen Sinne, als er über die Folter in Algerien schrieb: »Wir sind nicht arglos, wir sind dreckig.«[24] Indem er sich mit dem französischen »Wir« identifizierte, sich als Bestandteil des »Drecks« fühlte, konnte er den nationalen Konsens von innen zerrütten.

Wie sehr die Überläufer zum Opfer ihrer eigenen Klischees werden können, zeigt die Hipster-Philosophie des Schriftstellers Norman Mailer. 1957 hatte er in einem Aufsatz den Hipster als »white negro« beschrieben, der sich an die Erfahrungen der Schwarzen anlehnt. Teilweise analysierte Mailer diese Erfahrungen zwar sensibel, doch was ihn am meisten interessierte, war die Lektion, die ein Weißer für den Bruch mit den bürgerlichen Verhältnissen lernen konnte. »Die einzige Hip-Moral [...] besteht darin, das zu tun, was man empfindet, wann und wo auch immer es möglich ist«, schrieb er, und: »Hip ist die Bejahung des Barbarischen, denn die menschliche Natur bedarf einer primitiven Leidenschaft.«[25] Wie aus diesen Zitaten deutlich wird, beruhte Mailers Überschreitung zu einem nicht unbeträchtlichen Teil auf Klischees über die schwarze Kultur. Zudem ist seine angeblich »schwarze« Erfahrung nicht ohne die Geschichte der Unterdrückung zu

entziffern. Stuart Hall hat einmal die Tradition der »schwarzen populären Kultur« in dieser Hinsicht untersucht. Er kam zu dem Ergebnis, dass sich die kulturellen Ausdrucksformen der Schwarzen, ihre Performance, durch ihren Ausschluss aus bestimmten Lebensbereichen sowie im Austausch mit der »weißen« Autorität auf drei Bereiche verschoben hatten: auf den Stil – etwa in der Kleidung –, der von einer schlichten Verpackung zum Subjekt der Kommunikation aufstieg, auf die Musik, die den verminten Bereich der »weißen« Sprache ersetzte, und schließlich auf den Körper, der sich im Zuge der Herausdrängung aus der logozentrischen Welt zum kulturellen Kapital entwickelte.[26]

Hall betont, diese Kultur kenne keine reinen Formen, sondern stelle »das Produkt einer partiellen Synchronisierung« dar und sei darin »vielleicht subversiver als sie denkt«.[27] Subversion stellt per se eine Art Kritik dar, in diesem Fall handelt es sich eben um eine nichtverbale, körperlich-performative und auf Gemeinschaft, auf Kollaboration beruhende Kritik. Die Cultural Studies haben sich im Gefolge der Arbeiten der sogenannten Birmingham-Schule, zu der auch Stuart Hall gerechnet wird, mit vielen Formen der Subversion befasst, etwa in der Jugendkultur. Allerdings wurde das subversive Potential dabei auch bis zur kompletten Banalität ausgeweitet: Wer zum Beispiel die Bücher von John Fiske liest, der bekommt irgendwann den Eindruck, allein eine Gameshow im Fernsehen anzuschauen habe schon zersetzenden Charakter. Letztlich bleibt selbst die kritische Dimension der »schwarzen populären Kultur« durchaus ambivalent. Zweifellos gibt es darin das kritische Moment des Sperrigen und Widerständigen, was jedoch in den USA niemanden daran hindert, bestimmte Verhaltensweisen schlicht als die authentische Kultur der schwarzen, urbanen Unterschicht zu lesen. Insofern liegt in dieser Kultur sicher eine beständige Quelle der Störung, ihr Potential für gesellschaftliche Veränderung ist jedoch gering.

Jean Douchet hat die Kritik als ein Verfahren bezeichnet, welches zwischen der Leidenschaft und der Kontrolle der »wachen Luzidität« oszilliert. Wenn Kritik zur Kultur gerinnt, dann ist die Luzidität eingeschränkt oder verloren. Gilles Deleuze und Félix Guattari haben für das Überlaufen/Überschreiten und die kulturellen Ausdrucksformen der Minoritäten den Begriff des »Werdens« vorgeschlagen. Und sie wiesen zugleich darauf hin, dass »Werden nicht bedeutet, etwas oder jemanden zu imitieren oder sich mit ihm zu identifizieren«.[28] Vielmehr gehe es beim »Tier-«, »Frau-« oder »Minoritär-Werden« darum, eine »Zone der Nachbarschaft« aufzusuchen, in der gemeinsame oder ununterscheidbare Züge hergestellt werden: »Ein tatsächliches Tier-Werden, ohne daß man in Wirklichkeit zum Tier wird«.[29] Diese Bewegung im »Dazwischen« erfordere »viel Askese, Nüchternheit, schöpferische Involution«.[30] Es handele sich um eine »aktive Mikropolitik«.[31] »Wie die Black Panther sagten, müssen sogar die Schwarzen schwarz werden. Sogar die Frauen müssen Frau werden. Sogar die Juden müssen Jude werden (dazu gehört mehr als ein Status).«[32] Mit dem Akzent auf »aktiver Mikropolitik« machen Deleuze und Guattari deutlich, dass die Kritik weder zum Zustand noch zum Ritual gerinnen darf.

Die erwähnten Formen der Kritik werden nicht verbal und »rational« geäußert. Sie gehen mit physischen Ortswechseln und mit alternativen Vergemeinschaftungen einher und leben von Affekt, Körperlichkeit und eben Kollaboration. Auch direkte, gerichtete, bewusste Kritik lässt sich körperlich artikulieren. Mir gefällt die Geschichte von John Latham, der 1966 seinem Unmut über *Art and Culture*, ein Buch des Kunstkritikers Clement Greenberg, Luft machen wollte. Greenberg war mit seiner auf die US-Malerei zentrierten, modernistischen Kunstauffassung für Latham der Vertreter eines Mainstreams, den er überwinden wollte. Latham unterrichtete damals an der Saint Martin's School of Art. Er entlieh ein Exemplar des Buchs aus der Unibibliothek und brachte es mit in seine Klasse. In der Aktion Still and Chew forderte er die Studierenden auf, einzelne Seiten aus dem Buch herauszureißen und darauf herumzukauen. Das ausgespuckte Ergebnis wurde in Schwefelsäure getunkt und mit Backsoda neutralisiert. Das gewonnene Produkt wurde mit Hefe gemischt und brodelte anschließend monatelang vor sich hin. Als die Bibliothek die Rückgabe anmahnte, brachte Latham eine Flasche mit der Lösung zurück – ein Etikett wies es als Greenbergs *Art and Culture* aus. Wegen der Aktion wurde Latham entlassen, aber die jüngeren Leute hatten sie verstanden.[33]

Ausgehend von diesen Beschreibungen und Beispielen lassen sich auch die Ziele der Kritik und die Art ihrer Wissensproduktion anders justieren. Zwar ist heute von der überheblichen Souveränität der Kritik wie erwähnt wenig geblieben, doch wenn man etwa die Feuilletons aufschlägt, dann besteht Kritik häufig noch in einer »Kunst des Urteilens«, die es dem Kritiker erlaubt, seine souveräne Hellsichtigkeit zur Schau zu stellen: Er legt etwas frei, die Krise auf der einen Seite und die Mystifikationen, die sie im Bewusstsein erzeugt, auf der anderen. Diese Tätigkeit hat die Queer-Theoretikerin Eve Sedgwick dem »paranoiden« Modus der Kritik zugeordnet:[34] Die Analyse suche nach versteckter Bedeutung, die *hinter* der eigentlichen Präsenz der Phänomene liege, und stelle dabei eine Kohärenz her, die oft die »Lücken« in der Wirklichkeit im Sinne der theoretischen Stimmigkeit fülle.

Die paranoide Kritik erweist sich vor allem dann als unzureichend, wenn sie versucht, den beschriebenen nichtverbalen, performativen Praktiken gerecht zu werden. Als Beispiel nennt Sedgwick die Ästhetik des Camp. In der Queer-Theorie von Judith Butler firmiere Camp mit seinem künstlich-frivolen Spaß an Kitsch, Exzess und dem Spiel mit den Stereotypen über Geschlechter als reines Projekt der Entnaturalisierung und Demystifikation. Sedgwick betont dagegen einen anderen Aspekt: den »reparierenden« Impuls der Camp-Praktiken.

> »Es gibt eine realistische Angst, die umgebende Kultur sei unachtsam oder gar feindselig gegenüber den eigenen Wünschen. Daher möchte man Lebensenergie an ein Objekt übertragen [...], und dieses Objekt soll dann die Kraft besitzen, das bedrohte Selbst zu versorgen. Es wird den wichtigsten Elementen der Camp-Performan-

ces gerechter, sie als gemeinsames, dichtes Ausprobieren von reparierenden Praktiken zu betrachten: eine erschreckend-anstößige Zurschaustellung von exzessiver Informiertheit zum Beispiel; ein leidenschaftliches, häufig ausgelassenes Interesse am Antiquarischen; eine verschwenderische Produktion von alternativen Historiographien; eine ›Über‹-Anhänglichkeit an fragmentarische, marginale, Abfall- oder Restprodukte; eine reiche, höchst sperrige, affektive Vielfalt; [...] eine verstörende Gleichzeitigkeit von Jetzt und Vergangenheit und von Populär- und Hochkultur.«[35]

Tatsächlich beinhalten die minoritären Versionen von Kritik häufig dieses reparierende Element. Ihr Ziel besteht nicht allein darin, Sexismus, Rassismus oder Homophobie zu entlarven, sondern auch darin, einen Kontext herzustellen, in dem Individualität, Herkunft, Verhalten und Leistungen bestätigt werden. Und das nicht bloß in einem Ablauf von Sprechen und Anerkennen, sondern in der Organisation eines gemeinsamen Raums des Vergnügens, des Genießens, in dem ich »außer mir« sein kann, ohne befürchten zu müssen, dass meine Integrität verletzt wird. Auch in der Kunst war und ist das Reparieren ein Thema; in der Maintenance Art von Mierle Laderman Ukeles,[36] in der Curandera-Arbeit, der Heiltätigkeit der Chicana Art[37] oder jüngst in der Ausstellung Repair. 5 Acts von Kader Attia.[38] Ukeles konfrontierte 1969 in einem Manifest die traditionelle Auffassung von Kunst als autonomer Schöpfung mit der Idee der Maintenance. Dieses Wort hat im Englischen eine große Bandbreite von Bedeutungen, die von Wartung oder Instandhaltung über Verwaltung bis zu Unterhalt und Pflege reichen. Ukeles verdeutlichte, wie die kompromisslose Kreation des »Genies« umgeben war von verschwiegenen Reproduktionsarbeiten, die gemeinhin von Frauen und Familie ausgeführt wurden. Aber sie ging noch weiter: Sie schlug Maintenance als Modell für die Kunstproduktion vor: »Den Staub von der puren individuellen

Schöpfung fernhalten; das Neue bewahren; den Wandel aufrechterhalten; den Fortschritt beschützen; den Vorteil verteidigen und verlängern; die Begeisterung erneuern.«[39] Die Frage ist, wie eine Kritik, eine Maintenance Critique, aussähe, die jene Aufgaben erfüllt.

Kritik als Vorbereitung der kritischen Kunst

Wie verhält sich die Kritik heute zum Kunstschaffen? Wie schon erwähnt, gibt es über die Kritik heute keine Debatten mehr; sie wird betrieben, ohne ihre Grundlagen noch zu reflektieren. Dabei geht die Organisation von Aufmerksamkeit an den klassischen Medien längst vorbei, Blogs und soziale Netzwerke haben kommerzielle und nichtkommerzielle Peer-to-Peer-Empfehlungssysteme etabliert, die auf Subjektivität (»Ich liebe diesen oder jenen Gegenstand«) und Ähnlichkeit (»Wenn Ihnen dieses Produkt gefallen hat, dann könnte Ihnen auch jenes zusagen«) beruhen.

Grant Kester hat kürzlich – zweifellos sehr polemisch – an der Kritik der bildenden Kunst bemängelt, es dominiere eine »paranoide« Form des gesellschaftskritischen Theorieimports: Häufig würden Kunstwerke herangezogen, um an ihnen die Unbill des herrschenden Kapitalismus und die Thesen von Slavoj Žižek, Alain Badiou oder Jacques Rancière zu erklären.[40] Dabei stelle sich die Frage, was die jeweiligen Rezensierenden eigentlich zu Fachleuten der Gesellschaftstheorie macht. Die Thesen der Großdenker würden vielfach illustrativ und völlig unkritisch übernommen.

Kesters Urteil ist sicher pauschal, aber ein seltsames Freischweben der Kritik ist nicht zu leugnen. Es ließe sich aufheben, wenn die Kritik ihre »Kunst des Urteilens« in die

Kunst selbst einbringen würde. In seiner letzten Vorlesung, die 2008 unter dem Titel *Die Vorbereitung des Romans* veröffentlicht wurde, sprach Roland Barthes über die Langweile, die ihn überkam, weil von ihm unentwegt erwartet wurde, dass er seine Theorie wiederhole. So dachte er darüber nach, von der Kritik auf die Kunst auszuweichen, also selbst einen Roman zu verfassen. Doch dazu sah er sich nicht imstande. In seiner Vorlesung definierte er seine Aufgabe als Vorbereitung des Romans, die Frage nach dem Wesen des Gegenstands sollte durch die nach der Anfertigung ersetzt werden, nach dem formalen Rahmen, in dem sich das Schreiben vollziehen würde. So lotete Barthes den Raum aus zwischen den Extremen des Haiku, als kleinster möglicher Romaneinheit, und den ausladenden Werken der Romankunst des späten 19. Jahrhunderts.[41] Diese Idee hat mich nicht losgelassen.

Ich will hier über eine eigene Erfahrung berichten, in der für mich die Rolle des Kritikers verschoben wurde: von einem, der einen Gegenstand begutachtet, zu einem, der einen Rahmen schafft, in dem Kunst möglich wird. Die Musik hat mich von allen Kunstarten immer am meisten interessiert, doch gleichzeitig habe ich meine komplette Fremdheit der Form gegenüber aufrechterhalten: Ich beherrsche kein Instrument, kann kein Musikprogramm bedienen, habe selten aufgelegt. Die Idee, einen Rahmen zu schaffen, in dem Musik entstehen kann, erschien mir äußerst verlockend. Ich wollte ein Projekt auf die Beine stellen, in dem Wartungsarbeit, Rahmenbildung und Kollaboration zusammenkommen – und konnte es schließlich gemeinsam mit dem Labelmacher Jochen Kühling und inzwischen fast dreihundert weiteren Personen unter dem Titel »Heimatlieder aus Deutschland« realisieren. Die Idee kam uns angesichts eines Widerspruchs. Während den unterschiedlichsten Arten von Folklore im neuen Jahrtausend international mehr und mehr Aufmerksamkeit zuteilwurde, nahm zur selben Zeit das Interesse an der Folklore der Einwanderer in Deutschland ab. Das war verwunderlich, denn eigentlich war in dieser Periode Einwanderung ebenso als Tatsache anerkannt worden wie die Heterogenität der hiesigen Bevölkerung. Die »ethnische« Musik galt aber nun als aufgebraucht bzw. zurückgeblieben. In vielen Gesprächen schienen meine jeweiligen Gegenüber von den betreffenden Personen, die ja nun nicht mehr »ausländisch« waren, sondern eine Einwanderungsgeschichte hatten, eine ganz andere, sozusagen *hybride* Kunst zu erwarten. Die Vorstellungen von Vermischung erwiesen sich allerdings häufig als ziemlich vulgär. Folklore gehörte für meine Gesprächspartner dagegen in eine kitschige Vergangenheit, die aus naiven, multikulturellen Straßenfesten und wohlwollenden kulinarischen Klischees von »Migrantenkultur« bestand.

Genau das hatte ich in den neunziger Jahren auch gedacht. Um zu erläutern, wie sich meine Sichtweise änderte, muss ich an dieser Stelle ein wenig ausholen. Ich habe Folklore lange regelrecht gehasst. Und zwar selbst in ihrer raffinierten Form, sozusagen getarnt als US-amerikanischer Folk. Das hatte seine Gründe. Als westdeutscher Jugendlicher war ich in den frühen achtziger Jahren umgeben von einem Volk von Langhaarigen in wallenden Gewändern, das während seiner endlosen Teerituale alle Formen von blödem Geklampfe und rührseliger Mitsingerei goutierte. Im Grunde handelte es sich um die Wiedergänger der Leute, die Bob Dylan 1965 in Newport von der Bühne buhten, als er es wagte, seine Songs elektrisch zu verstärken. Das damalige Öko-Volk liebte die Natur, was bedeutete, dass neben den Gesängen der Buckelwale auch »ethnische« Musik hoch im Kurs war. Vom Klang der Bouzouki bis zum Klappern der Kastagnetten – die europäische

Folklore schien irgendwie links und unkommerziell zu sein, also ein prima Antidot zur angeblich alles vernichtenden Macht des dunklen Imperiums, sprich: USA. Diese Haltung fand ich unerträglich – und zwar in zweifacher Hinsicht. Zum einen hatten die Ökos erstaunlich wenig Bewusstsein davon, wie ähnlich ihr Natürlichkeitskult der traditionell deutschen Ideologie des Volkstums war, in der neben den Juden stets auch die US-Amerikaner als zersetzende Kraft wider das gute Volk firmierten. Zum anderen war ich väterlicherseits griechischer Herkunft und wurde mit schöner Regelmäßigkeit ins folkloristische Naturburschenklischee gepackt: Man sah in mir eine Art Alexis Sorbas im Kleinformat. Die allgegenwärtige Begeisterung für Griechenland zerrte gewaltig an meinen Nerven. Denn die Ökos bemerkten nicht, dass sie ihr alternatives Begehren nach dem Abklatsch des Griechischen längst mit dem überwiegenden Teil der Pauschaltouristen teilten.

Meine Reaktionen auf diese Erfahrungen vollzogen sich in Stufen. Die erste war unmittelbar: Ich schloss mich einem Kult des Künstlichen an. Die frühen achtziger Jahre waren dafür ein guter Zeitpunkt. Aus Großbritannien schwappte die Musik einer ganzen Welle neuer und radikaler Popgruppen herüber, von The Human League über Dexys Midnight Runners zu ABC. An den Punk anschließend, wandten sich diese Bands ganz entschieden gegen Authentizität: Feind waren alle Versionen von Hippies, deren gegenkultureller Widerstand im verständnisvollen Getue von »progressiven« Lehrern und Sozialarbeitern aufgegangen war. In dieser Periode wurde auf dem Feld der Popmusik experimentiert wie selten zuvor.[42] Das galt auch für die Bundesrepublik, in der wir jede Woche die neuesten Heiligtümer von Deutsch Amerikanische Freundschaft, Abwärts oder Fehlfarben nach Hause tragen durften. Die Musik dieser Tage zeigte sich stolz als *Kunststoff*. Eben auch in dem Sinne, in dem Rock 'n' Roll immer schon Kunststoff gewesen war: das Bastardkind einer langen musikalischen Geschichte von Enteignung und Aneignung. Indem schwarze Musik an weiße Jugendliche vermarktet wurde und diese die Klischees über schwarze Sexualität zur Befreiung der eigenen Körper nutzten, entstand damals die Spielwiese des Teenagers, auf der über Jahrzehnte jeweils neue Versionen von Popmusik aufgeführt wurden.

Meine zweite Reaktion kam zu einem anderen Zeitpunkt und war intellektueller Natur: Ich bekämpfte die Authentizität, indem ich ihr auf die klassisch paranoide Art die Maske herunterriss. Ich wollte beweisen, dass sie ebenfalls ein Kunststoff war, dessen Natürlichkeit nur aus im weitesten Sinne politischen Motiven behauptet wurde. Naheliegend war das bei der Musik, die in Deutschland für griechische Folklore gehalten wurde. Zwei Filme haben in den sechziger Jahren das Bild des neuen Griechenlands jenseits der Statuen geprägt – Jules Dassins *Sonntags ... nie!* von 1960 und Michael Cacoyannis' *Alexis Sorbas* von 1964. Mit diesen Filmen wurden auch zwei Musikstücke ungeheuer populär: Melina Mercouris zweifellos reizende Hymne auf den Piräus, komponiert von Manos Hadjidakis, und noch weit mehr *Alexis Sorbas*, der berühmte Sirtaki, komponiert von Mikis Theodorakis. *Sonntags ... nie!* war der bessere Film. Im Mittelpunkt stand ein US-Amerikaner, der ausgezogen war, um die Griechen des Altertums zu suchen, aber im Hafen von Athen nur Prostituierte und Trinker entdeckte. Der Film kam nicht ohne Klischees aus, aber es wurde viel Griechisch gesprochen und am Ende fand sich der Besucher zur neugriechischen Lebensweise bekehrt.

In *Alexis Sorbas*, obwohl von einem Briten zypriotischer Herkunft gedreht, bediente der zweifellos brillante Anthony Quinn dagegen auf übelste Weise alle bekannten Klischees über den prachtvollen Tatmenschen, der den anämischen englischen Schriftsteller zum Tanzen bewegt. Nur war dieser Tanz, der Sirtaki, eben alles andere als ein traditioneller Brauch. Sowohl die Musik als auch die Tanzschritte hatte Theodorakis für diesen Film entworfen; für den Film und für die Augen des westlichen Publikums, dem ein anderes Griechenland präsentiert werden sollte. Und in den folgenden Jahren kam dieses Publikum tatsächlich in Scharen ins Land, um nach Alexis Sorbas zu suchen. In der Folge gerierten sich Ansässige auf den ägäischen Inseln gleich reihenweise als Sorbas-Darsteller, eine Rolle, die zu übernehmen sie gern bereit waren, zumal für die Gunst der Touristinnen aus Westeuropa.

Wer einer Sache ernsthaft die Maske herunterreißen will, wird sich intensiv mit ihr auseinandersetzen. Was im Fall von Musik das Risiko birgt, in diese Sache hineingezogen zu werden. So ertappte ich mich eines Tages dabei, wie ich ganz ergriffen dem Album *15 Vespers* von Manos Hadjidakis lauschte. Und dann konnte ich nicht mehr genug kriegen von immer ausführlicheren Streifzügen in die Vorgeschichte dieser Musik. Tatsächlich handelte es sich ja bei der Musik von Hadjidakis und Theodorakis eben nicht um Folklore, obwohl das in Westeuropa im Allgemeinen so wahrgenommen wurde. Beide waren ausgebildete Komponisten, die bestimmte Formen urbaner populärer Musik, Varianten des sogenannten Rebetiko, höchst selektiv adaptierten und in einen neuen, »kunstvollen« Kontext stellten. Der Rebetiko hat wie der portugiesische Fado in den letzten fünfzehn Jahren eine erstaunliche Neuentdeckung als Blaupause von so etwas wie Weltmusik erlebt, wenn man so will: als Blues von den Rändern Europas. Die Natürlichkeitsunterstellung für die Folklore besagt: Je weiter man zurückgeht, desto reiner werden die Formen. Die Erfahrung zeigt aber, dass nicht die geringste Reinheit existiert. Die beliebten Rebetiko-Compilations, die heute erhältlich sind, überbrücken ohne Skrupel den Zeitraum zwischen 1911 und 1955, und die Musik, die da so schön authentisch knistert, war zum überwiegenden Teil schon zum Zeitpunkt ihrer Aufnahme eine lokale Popmusik, die für einen urbanen Markt aufgenommen wurde.

Besonders beliebt ist heute der Rebetiko Oriental Style, also jene Variante, die in den griechischsprachigen Städten von Kleinasien entstand. Diese Musik entwickelte sich allerdings in den Etablissements von Athen bald weiter zu einer sozusagen orientalistischen Musik, angereichert durch den Rhythmus des Bauchtanzes und schwelgend in allerlei Fantasien von Tausendundeiner Nacht. Solche Haremsassoziationen waren genau das, was eine städtische Schicht von Neureichen in den Clubs seinerzeit hören wollte. Zum Genre Oriental ist auch das Stück *Misirlou* (ägyptisches Mädchen) zu rechnen. Vermutlich erstmals von Michalis Patrinos und seiner Band Ende der zwanziger Jahre gespielt, erlebte es in einer unendlichen Zahl von Coverversionen eine atemberaubende Karriere. Der Höhepunkt war wahrscheinlich 1994 mit *Pulp Fiction* erreicht: Uma Thurman und John Travolta sind in dem Film bei einer Tanzeinlage zu Dick Dales Surfversion des Songs zu sehen.

Große Erfolge mit Liedern wie *Arapines* (arabische Mädchen) feierte auch Vassilis Tsitsanis, obwohl die »orientalischen« Songs nur einen kleinen Teil seines Gesamtwerks ausmachen. Tsitsanis, einer der populärsten griechischen Musiker überhaupt, beschwerte sich zugleich über Importe aus Asien – er beklagte die Indokratia, die Vorherrschaft der Inder in der griechischen Musik. Griechenland war lange Zeit der einzige europäische Markt für Filme aus Indien, wo bereits in den fünfziger Jahren die weltweit größte Filmindustrie existierte. Wagenladungen indischer Filmmusik kamen ins Land. Bald darauf wurde eine Reihe populärer Melodien adaptiert und mit griechischem Text versehen. Eines der bekanntesten ist *Ochi Ochi Min Me Paratas* (Nein, nein, verlass mich nicht). Auf YouTube gibt es verschiedene Versionen des Songs, etwa die von Giorgos Dalaras und Haris Alexiou. Auch in der Türkei wurden einige der Stücke aus indischen Filmen zu »Volksliedern« umgedichtet. Tsitsanis' Beschwerden haben ihn übrigens nicht davon abgehalten, selbst Kompositionen im »indischen« Stil auf den Markt zu werfen. In dieser Tradition steht auch jener Musiker, der zum bekanntesten unter den griechischen Emigranten in ganz Europa avancierte: Stelios Kazantzidis. Man kann sich also vorstellen, welche Version von Folklore Besucher eines griechischen Restaurants in Deutschland in den sechziger und siebziger Jahren gehört haben.[43]

Selbstverständlich gibt es andere, eher ländliche Formen von Folklore, die keine derartige Kommerzialisierung erfahren haben. Aber auch sie kann man nicht einfach als authentisch bezeichnen. Alle heute bekannten Spielarten von Folklore sind zum einen aus den unterschiedlichsten Einflüssen entstanden und haben zum anderen den Filter der Aufzeichnung durchlaufen. Es gibt keine volkstümliche Musik, die nicht zutiefst geprägt ist von Eroberung, Vertreibung, Verschleppung oder Einwanderung aller Arten – ihre Geschichten sind höchst unrein, schmutzig sogar. Zudem wurde Folklore als Teil einer mündlichen Kultur gefiltert, für gewöhnlich von Intellektuellen, die die Musik aus romantischen, nationalistischen oder auch im Namen ihres Dissidententums vor dem Vergessen bewahren wollten. Das Verfahren der Filterung und Wiederbelebung ähnelt sich: von Johann Gottfried Herders Sammlung deutscher »Volkslieder« Ende des 18. Jahrhunderts über Federico García Lorcas emphatische Erneuerung des Cante Jondo bis hin zu Alan Lomax' Field Recordings oder Ewan MacColls Auffrischung der Folklore des Vereinigten Königreiches. Tatsächlich kann dieselbe »Volksmusik« sowohl für den Nationalismus als auch gegen ihn zum Einsatz gebracht werden. Ein Beispiel dafür sind die Ranchos Folclóricos – in ländlichen Gebieten Portugals verbreitete Sing- und Tanzgruppen. In ihrem Buch *Performing Folklore* konnte Kimberly DaCosta-Holton zeigen, dass die Ranchos zunächst durch die autoritäre Diktatur von Salazar

gefördert wurden.[44] Das Secretariado de Propaganda Nacional rief mit Förderungen und Wettbewerben dazu auf, die Ranchos zu einem Aushängeschild der nationalen Kultur zu machen. Dabei dienten die Gruppen auch der touristischen Vermarktung der nationalen Kultur des Estado Novo. In den dreißiger Jahren traten Ranchos zudem mehrfach auf Parteitagen der NSDAP auf.

Das Interesse des autoritären Staats an den Ranchos führte zu einer Wiederbelebung. Neue Gruppen wurden ins Leben gerufen und entwickelten das Material für ihre Auftritte durch quasi wissenschaftliche Recherche bei den älteren Personen in Dörfern auf dem Land. Als 1974 die sogenannte Nelkenrevolution die Diktatur des Estado Novo stürzte und in Portugal nach Jahrzehnten eine progressive Regierung die Geschäfte übernahm, hätte man ein baldiges Ende der Begeisterung für die folkloristischen Gruppen vermuten können. Doch weit gefehlt: Die neuen Kräfte bemühten sich noch stärker um das musikalische Repertoire der Ranchos. Es entstand ein Verband für portugiesische Folklore, der auf einen möglichst hohen Grad historischer Authentizität achten sollte. Gerade im Originalgetreuen sahen die linken Kräfte ihre Opposition zum Estado Novo. Dieser habe die Musik nur als nationalpolitische Ästhetisierung missbraucht, während die Genauigkeit der historischen Reproduktion eben für einen populären, zivilen Lokalbezug stehe.

Die Authentizität der Folklore wird also künstlich hergestellt. Es gäbe noch unendlich viele Beispiele dafür, dass westliche Popmusik den Anspruch, ein Kunst-Stoff zu sein, keineswegs für sich gepachtet hat. Und wie ich oben bereits andeutete – ich habe meine Meinung über die sogenannte Folklore geändert. Das hat zweifellos mit ihrer Überzeugungskraft zu tun. Ich erinnere mich immer noch daran, wie ich bei einem Besuch im andalusischen Cádiz einigermaßen lustlos eine CD mit lokaler Musik für die Autofahrten kaufte und dann keine Luft mehr bekam, als der Camarón de la Isla zu singen begann. Aber das hängt auch damit zusammen, dass die Geschichte von Rock 'n' Roll als Sound der Jugend endgültig an ihr Ende gekommen ist. Im Vorwort zu *The No-Nonsense Guide to World Music* erzählt der Musikjournalist und Musiker David Toop, wie er in den fünfziger Jahren aufwuchs, also vor der Herrschaft des Teenagers in der Musik. Damals habe es noch keine ausgefeilte Klassifizierung von Musik gegeben. Im Radioprogramm der BBC sei eine enorme Vielfalt möglich gewesen, so Toop, weil keine »Schubladen« existierten: Rumbas, Mambos, Tangos, Fake Hillbilly, schottische Songs, Hawaii-Gitarren, jüdische Violinen, »Zigeuner«-Serenaden oder Bigband-Auftritte.[45] Diese Mischung war allerdings keine Errungenschaft der fünfziger Jahre, sondern geht noch weiter zurück. Ein Beispiel ist die 2010 bei dem Plattenlabel Dust-to-Digital erschienene Compilation *Victrola Favorites*, auf der Schellack-Aufnahmen zu hören sind. Die Musik stammt aus USA, Persien, China, Griechenland, Portugal, Burma, Griechenland oder Indien und wurde 1919 bzw. 1937 in New York eingespielt.

Reparatur des Heimatlieds

Im Grunde erleben wir heute eine Art Normalisierung des musikalischen Geschehens – die Dominanz des Teenagers und der westlichen Popmusik sind beendet, und die Aufmerksamkeit kann sich Musiken widmen, die wie Folk stets als statisch gegolten haben. Heute interessiert sich eine globale Musiköffentlichkeit nicht nur für die Pipes of Joujouka und Gnawamusik, sondern für noch speziellere (schwarze) spirituelle Musiken aus dem Maghreb: Stambeli. Ganze Labels wie Finders Keepers beruhen auf der Idee, die vergessenen Schätze des weltweiten Tonarchivs zu heben. Ein Grund für die Revitalisierung der Folklore ist, dass ebendieses Archiv inzwischen fast überall verfügbar ist. Ein zweiter hängt mit dem Ende der Idee vom musikalischen Fortschritt zusammen. 2011 hielt ich eine Compilation mit dem Titel *To What Strange Place: The Music of the Ottoman-American Diaspora, 1916-1929* in der Hand. Darauf waren Lieder vom Balkan, der Levante und Anatolien, eingespielt in den USA. Im Text auf der Rückseite der CD wurde darauf hingewiesen, dass diese Lieder schon vor dem goldenen Zeitalter des US-Folk auf Platte erschienen waren. Umso seltsamer war es, dass es keine Compilation mit jener Folklore gab, die Einwanderer ab Mitte der fünfziger Jahre nach Deutschland mitgebracht und weiter gepflegt hatten.

Lieder aus den Herkunftsregionen (Nationen waren weit weniger wichtig) zu singen war bei den »Gastarbeitern« in

Deutschland ein wichtiges Element ihres Community-Lebens. Der gemeinsame Gesang diente dazu, den durch die Migration erfahrenen Bruch in der Kontinuität von Kultur und Erinnerung zu kitten und sich neu zu verorten. Folklore hat intrinsisch etwas mit Kollaboration zu tun: Die meisten Lieder sind lange Zeit einfach mündlich weitergegeben worden, sie werden jeweils aktualisiert, manchmal auch verändert, wobei das Singen stets ein kollektives Ereignis ist. Zudem erzeugten sie für die Einwanderer auf wiederum kollaborative Weise ein »imaginäres Heimatland«, ein seltsames Zwischenreich, welches von Schönheit und Sehnsucht geprägt schien und die harten Bedingungen des Alltags, die Fremdheit und Abwertung gemeinsam bewältigen half.

Zunächst wurden vielfach Stücke aus dem regionalen Umfeld der Einwanderer gesungen, später entwickelte sich ein Markt. In den Herkunftsländern wurden Lieder aufgenommen, welche das Schicksal der Auswanderer thematisierten. Für die türkischen Emigranten in Deutschland wurde bereits in den sechziger Jahren in Köln das Label Türküola gegründet, das angesagte Musik aus der alten Heimat rausbrachte (etwa türkische Psychedelia von Barış Manço), aber auch Platten von in Deutschland lebenden Künstlern wie Yüksel Özkasap oder Metin Türköz. Nun ist diese Musik konserviert oder zumindest auf YouTube abrufbar. Die gesungenen Stücke aus dem lokalen oder regionalen Umfeld dagegen gehen verloren, schlicht und ergreifend deshalb, weil die erste Generation der »Gastarbeiter« ausstirbt. Dabei ist die Folklore der Einwanderer häufig aus sozialen Töpfen gefördert worden. Es handelte sich um eine Art »Rückkehrhilfe« aus der Zeit, als die deutsche Politik noch davon ausging, »die Ausländer« würden irgendwann wieder in ihre Herkunftsländer verschwinden.

Nach dem Erscheinen meines Buches *Interkultur* bin ich immer wieder zu Anlässen eingeladen worden, bei denen es darum ging, wie der hiesige Kulturbetrieb »die Migranten« besser erreichen kann. Oftmals interessierten sich die jeweiligen Gesprächspartner primär dafür, wie man mehr Publikum für die eigenen, letztlich gleichbleibenden Angebote gewinnen könnte, seltener dafür, was die betreffenden Leute eigentlich selbst kulturell produzierten oder produzieren – und das trotz aller Partizipationsrhetorik. Gerade Folklore galt in diesen Kreisen natürlich häufig als eine Art unzeitgemäßes Sozialprojekt. Doch warum sollte man das jahrzehntelang geförderte Know-how der Folklore nun auf den Müllhaufen werfen, um sich unausgegorenen Ideen von Hybridität zu verschreiben oder von den Einwanderern zu fordern, sie sollten sich an die traditionelle Hochkultur anpassen? Hier war also buchstäblich Maintenance notwendig, das Entfernen von Staub, das Aufbewahren, die Pflege. Die berühmten »Catcher of Songs« wie Alan Lomax oder Ewan MacColl hatten ihre Sammeltätigkeit begonnen, weil sie um den Verlust der Folklore als orale Tradition fürchteten – ganz zu Recht im Übrigen. Und so war der erste Schritt, die eingewanderte Folklore zu konservieren.

2011 sprach ich mit Jochen Kühling, der gerade bei dem von ihm mitgegründeten Label Plak Music ausgeschieden war, über diesen ganzen Komplex. Zusammen haben wir die Idee der Sammlung weiterentwickelt und das Projekt Heimatlieder aus Deutschland angeschoben, in dem es darum ging, Stücke aufzunehmen, aber auch »in Bewegung« zu bringen. Zunächst stand die Sammlung im Vordergrund. Das ursprüngliche »Teilnahmekriterium« war: Die jeweilige Musik musste aktuell in Berlin zu finden sein und aus einem Land stammen, mit dem die Bundesrepublik oder die DDR einen

Anwerbevertrag hatte. Nur Sänger und Sängerinnen aus der ersten Einwanderergeneration zu finden erwies sich schnell als unmöglicher (und unbezahlbarer) Aufwand. Also machte sich Jochen Kühling auf einen verschlungenen Weg durch Berlin, durch Chorverzeichnisse, Vereinslokale, Restaurants und »ethnische« Kneipen, um Personen zu finden, die aktuell Folklore spielten und sangen. Sogar die überheizte Botschaft der Republik Kuba wurde zum Schauplatz der Suche. Inzwischen haben wir Stücke aus Italien, Griechenland, Portugal, Spanien, Kroatien, Serbien, der Türkei, Marokko, Südkorea, Polen, Mozambique, Kuba und Vietnam aufzeichnen können.

Viele der Chöre und Bands waren selbst Konservatoren bzw. Personen, die ein Folklore-Liedgut revitalisierten. Zur ersten Generation von »Gastarbeitern« zählen die etwa zwanzig Frauen, die den Koreanischen Chor Berlin bildeten – die meisten waren vor vierzig Jahren als Krankenschwestern in die Bundesrepublik gekommen. Allerdings existierte der Chor erst seit 2002. Die Frauen sangen häufig Lieder aus der Zeit, als Korea eine japanische Kolonie war. Diese Stücke waren angelehnt an europäische Kunstmusik und drückten das Gefühl einer fremdbestimmten Unbehaustheit aus – ein Gefühl, das mit ihrer Stimmungslage korrespondierte. Bei den jüngeren Leuten, mit denen wir im Rahmen unseres Projekts zusammenarbeiteten, waren die Wege der Musik deutlich verschlungener. Zehn Sänger kroatischer Herkunft interpretierten eine polyphone A-capella-Musik namens Klapa, die aus Dalmatien stammt. Aber nicht die Eltern der Sänger brachten die Musik nach Berlin, obwohl die Chormitglieder sie aus ihrer Jugend kannten, sondern ein aus Kroatien an die katholische Mission in Berlin entsandter Priester, der den Chor gegründet hatte. Er blieb nur drei Jahre, aber der Chor machte weiter. Heute hat die Klapa weltweit in der kroatischen Diaspora eine Renaissance erlebt – sie ist wie die Ranchos eines jener globalen Phänomene geworden, die Arjun Appadurai als »Ethnoscape« bezeichnet.[46]

Eine ähnliche Arbeit an grenzüberschreitenden Ethnolandschaften kennzeichnete auch die serbischen, griechischen, italienischen, spanischen und türkischen Chöre. Ratko und Radisa Teofilovic und Svetlana Spajić hatten in Serbien mit Field Recordings sogenannte Ethnomusik gesammelt, die sie nun in Deutschland sangen. Die Musikethnologin Annunziata Matteucci hörte als Kind ihre toskanische Großmutter mehrstimmig singen, aber die Musik wusste sie damals noch nicht zu schätzen. Erst später begann sie sich für die Musik zu interessieren, und das Repertoire ihres Chors ergab sich schließlich aus ihren Forschungen. Unter den Folklorekünstlern, die wir für unser Projekt trafen, brachte Nuri Karademirli die meiste Erfahrung mit. 1969 war er auf einer Konzertreise nach Deutschland gekommen. Seine Mutter, die ihn begleitete, wurde plötzlich schwer krank, und so blieben beide in Deutschland. Er begann in Berlin zu arbeiten und gründete das Konservatorium für türkische Musik in Kreuzberg, das er bis zu seinem plötzlichen Tod im Jahre 2013 leitete. Der Chor des Konservatoriums befasste sich mit sogenannten volkstümlichen Liedern, inspiriert von der Kunstmusik der Spätphase des Osmanischen Reichs. Die portugiesischen, marokkanischen, kubanischen und mosambikanischen Musiker und Musikerinnen wiederum spielten in Bands, was für ungeschulte Ohren etwas zugänglicher war. Ihre Songs in Stilen wie Son, Gnawa oder Fado klingen aus der Weltmusik vertraut und *La Mateodora*, *Seni Balwani Jani* oder *Milho Verde* sind ganz einfach Hits.

Überrascht waren wir von der Qualität der Musik. Keiner der Beteiligten hatte zuvor professionell Aufnahmen in einem

Studio gemacht. Insofern war die Situation für alle Mitwirkenden ein Erlebnis – vor allem, weil live aufgezeichnet wurde. Für schlechte Mp3-Lautsprecher mutwillig kaputtproduzierte Stücke sind für uns inzwischen so normal, dass live eingespielte Musik den Charakter einer emotionalen Offenbarung bekommt. Am ersten Aufnahmetag besuchten fünfzehn Männer und Frauen vietnamesischer Herkunft das Studio. Sie gehörten zu dem von nordvietnamesischen »Kontraktarbeitern« gegründeten Verein Hội Thiện Từ Tâm Berlin (Humanität und traditionelle vietnamesische Kultur und Sport). Dieser hat seinen Sitz nahe dem Dong Xuan Center in Berlin-Lichtenberg, einem riesigen Hallenkomplex für den Großhandel mit vietnamesischen Industrieprodukten und Lebensmitteln. Die Musiker bauten ein Instrument auf, das aus einer Saite bestand, die in einem preiswerten Lautsprecher endete und so klang wie eine Wah-Wah-Gitarre. Als sie zu spielen begannen, und zwar ein Lied, das für gewöhnlich Teil eines aufgeführten Singspiels ist, sahen der Studioleiter, der slowenische Produzent Žare Pak, Jochen Kühling und ich uns ratlos an. Die Musik war uns vollkommen fremd; wir hätten nicht einmal entscheiden können, ob richtig gesungen wurde oder nicht. Wir mussten die Kompetenz abgeben: Am Ende der Aufnahme lauschten wir still den fünfzehn Personen, die auf Vietnamesisch über die Qualität debattierten und sich dazu entschlossen, das Ganze zu wiederholen. Allerdings handelte es sich um genau die Situation, die wir kulturpolitisch herstellen wollten. Letztlich ging es für uns darum, etwas zu lernen: über die verschlungenen Pfade der Migration, über Vorstellungen von Heimat, über unbekannte Musiken und die mit ihnen transportierten Erfahrungen. Und auch ganz praktisch etwas über die korrekte Mikrophonabnahme bestimmter Instrumente und die Produktionsmöglichkeiten unterschiedlicher Musiken. Kollaboration bedeutet konkret, anderen Kollaborateuren die Kontrolle überlassen zu können. Wenn man Prozesse anstößt, in denen alle Details einem genauen Plan folgen sollen und das Ergebnis bereits festgelegt ist, kann Kollaboration nicht funktionieren. Sicher muss es einen grundsätzlichen Rahmen geben, auf den sich die Kollaborateure geeinigt haben, doch innerhalb dieses Rahmens muss man mit Überraschungen rechnen. Es geht eben nicht mehr um »Integration«, sondern um eine Art organisierter, kontinuierlicher, kreativer Desintegration.

Alle »Volksmusiken« sind das Ergebnis von Wanderung, Austausch, sich überlappender Räume, kulturellem Stoffwechsel. Im Rahmen unseres Projekts wollten wir die gesammelte Folklore noch weiter in Bewegung bringen. Zunächst war es seltsam auffällig, dass die »volkstümliche Musik« in der elektronischen Musik bislang überhaupt keine Interpretation erfahren hat – mal abgesehen von ornamentalen Funktionen in Kommerz-Ambient oder House. Dagegen initiierte der US-Komponist Henry Flynt bereits in den siebziger Jahren einen Zyklus von Stücken mit dem Titel *New American Ethnic Music*, in dem er einheimische Musiken wie Blues, Country oder Hillbilly mit elektronischen Mitteln verarbeitete. In Deutschland hat es bislang keine solchen Ansätze gegeben. Auch die Neubewertung der Heimatklänge in der sogenannten Neuen Volksmusik hat sich eher selten elektronisch niedergeschlagen.[47] Vielleicht wurde »Volksmusik« zu stark mit einer debilen Samstagabendunterhaltung für Senioren assoziiert. Das Bild ändert sich jedoch deutlich, wenn man Einwanderer zur Bevölkerung dieses Landes zählt. Sie haben neue »Heimatlieder« nach Deutschland gebracht, und das bedeutet: auch Fado, Gnawa, Klapa oder vietnamesischer Quan họ sind in der Bundesrepublik heute einheimische Musik.

Ich muss zugeben, ich hatte zu Beginn erhebliche Probleme mit dem Begriff »Heimatlieder«, denn »Heimat« ist ein sehr deutscher Begriff – in anderen Sprachen existiert nicht einmal ein Wort dafür. Wenn es um Migration geht, dann ist »Heimat« in Kulturprojekten ein Klassiker: Wo ist deine Heimat, werden Kinder mit Migrationshintergrund gefragt, ist sie hier oder dort? Am Ende stellt man gerne fest, die Kinder seien zwischen unterschiedlichen Welten hin und her gerissen. Allerdings kommt man um den Begriff auch nicht herum. Ihn einfach abzulehnen ist weniger produktiv, als ihn zu verändern, mit anderem Leben zu füllen. Wenn man also voraussetzt, die Bevölkerung sei eine Vielheit, wenn man die Musik, die Einwanderer nach Deutschland mitbrachten, heute als Musik aus Deutschland qualifiziert, dann wird die Vorstellung von »Heimat« pluralisiert und diversifiziert. Das führt zu den Anmerkungen des zweiten Kapitels zurück: In neuen Heimatliedern zeigt sich der fundamentale Charakter einer Suche nach einem Zuhause.

Nun hat sich elektronische Musik in den letzten Jahren vielfach mit Erinnerung befasst, mit den Überbleibseln vergangener Klänge in der Gegenwart – der Kulturjournalist Simon Reynolds sprach in diesem Zusammenhang von Ghost Music.[48] Warum aber, so lautete unsere Frage, gab es keine Ghost Music der Migration? Eine Musik darüber, wie im Singen ein »imaginäres Heimatland« erfunden, erfahren und tradiert wurde? Elektronische Bearbeitungen eignen sich doch, um den Nachwirkungen der eingewanderten Musik nachzugehen. In diesem Sinne haben wir Künstler gesucht, die mit der Idee und der jeweiligen Musik etwas anfangen konnten und bereits mit menschlichen Stimmen experimentiert hatten. Wir schlugen ihnen jeweils ein bestimmtes Stück vor, von dem wir glaubten, es würde zu den Interessen und der

Arbeitsweise der Musiker passen. Die Aufgabe, mit Folklore und Gesang zu arbeiten, war enorm schwierig, und wir waren jedes Mal wieder überrascht, wie positiv die Antworten und vor allem die Ergebnisse ausfielen. Dreizehn elektronische Musiker beugten sich über die Originale.[49] Manche ließen die Melodie intakt und strukturierten sie durch Schnitte und Betonungen neu, manche rissen sie auseinander, um die Atmosphäre der jeweiligen Lieder auf andere Weise abzubilden. Das Ergebnis nannten wir in Anlehnung an Henry Flynt New German Ethnic Music.

Als die erste Bearbeitung eintraf, waren Jochen Kühling und ich aufgeregt wie Kinder. Die Belohnung für unsere Maintenance Critique – den Staub wegwischen, die Struktur bereitstellen, den Rahmen instand halten, die Begeisterung erneuern. Und schließlich die Spannung vor dem Ergebnis. Ob uns eine New German Ethnic Music gelungen ist, möchte ich nicht beurteilen. Immerhin: Der erste Auftritt fand in der ausverkauften Komischen Oper in Berlin statt – einem Tempel der Hochkultur. Alle Chöre und Bands saßen auf der Bühne, hundertfünfzig Personen. So entstand eine Art zweites oder gar Gegen-Publikum. Wenn die Musiker den Kollegen applaudierten, ebnete sich die Differenz zwischen Bühne und Zuschauerraum ein. Und als sie sich zum Schluss zu einem musikalischen Finale erhoben, taten die Zuschauer unwillkürlich dasselbe: für eine Oper eine ungewöhnlich demokratische Situation. Das Projekt läuft unterdessen weiter. Die Musiker haben angefangen zusammenzuarbeiten. Beim Publikum lösen die Lieder durchweg das aus, was schon ein Ergebnis des Singens in der Community gewesen ist: starke positive Gefühle. Niemand bleibt unbeteiligt.

Für mich war das Projekt Heimatlieder auch ein Beweis, wie gut Kollaboration als ethisches Leitprinzip von Kunst funktionieren kann. Sie wird nur dann möglich, wenn die kulturellen Produktionen der jeweiligen Gegenüber ernst genommen und Kontrollverlust und Überraschung zu Prinzipien der Arbeit werden. Tatsächlich konnten wir den Prozess gar nicht vom Ergebnis lösen: Das Projekt entwickelte sich über viele Jahre, und all die Gespräche, die wir geführt haben, die Studiotage und Hörsessions gehören dazu. Und der Prozess geht weiter: Mittlerweile haben die Musiker des Projekts begonnen, in wechselnden Formationen miteinander Musik zu machen. Ergebnis: offen.

Kollaborative Kritik

Die Frage ist, wie eine Kunstkritik, die sich stets an Gegenständen, an fertigen Produkten orientiert hat, solchen Prozessen gerecht werden kann. Das frühe Schreiben über Rock 'n' Roll war keine Kunst des distanzierten Urteils, sondern eine Verwicklung in den Prozess des Musikschaffens. Mein Lieblingsautor in diesem Genre war immer Richard Meltzer. Selbstverständlich wäre auch Lester Bangs zu nennen, aber niemand kam Musik auf eine derart intim-idiosynkratische Weise nahe wie Meltzer – seine Texte hatten eine enorme Musikalität. In einem späten Aufsatz erzählt Meltzer eine interessante Geschichte über sein Verhältnis zu Greil Marcus,[50] dem ungleich bekannteren Autor von Büchern wie *Mystery Train* oder *Dead Elvis*. Marcus hatte 1978 zwanzig Kritiker und Autoren, die sich mit Rockmusik befassten, die Frage gestellt, welche Platte sie auf eine einsame Insel mitnehmen würden. Die Antworten gab er in einem Sammelband mit dem Titel *Stranded. Rock and Roll For a Desert Island* heraus. Meltzer hatte er nicht gefragt, obwohl dieser zu jener Zeit eine der relevantesten Stimmen in der Rockkritik war. Marcus hatte nämlich kurz zuvor, im Januar 1978, das letzte Konzert der Sex Pistols vor dem Abschied von Johnny Rotten im Winterland Ballroom in San Francisco besucht und sich angewidert gezeigt – insbesondere von Meltzers Verhalten bei diesem Anlass. Die Entourage der Pistols hatte Meltzer auf die Bühne gebeten, um zwischen den Auftritten der Band an diesem Abend ganz nach Punk-Art das Publikum zu beschimpfen. Der distinguierte Marcus, an jenem Abend regelrecht verprellt von der Bösartigkeit des Punkrock, machte dann zehn Jahre später ebendieses Konzert zum Ausgangspunkt seines Buchs *Lipstick Traces*. Seine Beschreibung der betreffenden Nacht ist eindrucksvoll und höchst intensiv. Allerdings fehlt von Marcus' Angewidertsein erstaunlicherweise jede Spur, ebenso von Richard Meltzer.

In dem erwähnten Text gesteht Meltzer, wie sehr ihn der Mangel an Anerkennung geplagt hat, und er zeigt, wie sehr Personen wie Greil Marcus an der bewussten Marginalisierung anderer Autoren arbeiten. Er insistiert, er habe sich angemessen verhalten angesichts eines Gegenstands, der wie Rock aus vielen »Stationen des ›Ich-mag-dich-nicht‹« bestand.[51] Greil Marcus nahm sich des Themas Punk auf akademische Weise an, als es ein ungefährliches, historisches, »objektives«, letztlich totes Phänomen geworden war. Zu jener Zeit hatte sich Meltzer vom Schreiben über Musik abgewandt, weil er die Nähe, die Intensität des Verwickeltseins nicht mehr spürte. Clara Drechsler, die bei der *Spex* am ehesten in der Tradition von Meltzer stand, hat mir einmal erklärt, warum sie Mitte der neunziger Jahre mit dem Schreiben über Musik aufhörte: In der *Spex* werde jetzt primär über Musik *argumentiert*, und daran könne sie sich von ihren Anlagen her nicht beteiligen. Sie habe auch keine Lust dazu.

Clara hat übrigens Greil Marcus gehasst. Autoren wie Richard Meltzer haben Intellektualität allerdings nie einfach zurückgewiesen, sie lehnten einen Akademismus ab, der tote Gegenstände befingert: »Christ am I glad to be DONE with academia.«[52]

Aufgrund seiner Beschäftigung mit kollaborativen Kunstprojekten hat sich Grant Kester gegen eine Kritik gewandt, in der aus der Anschauung des gegenständlichen Ergebnisses oder der Lektüre des »Texts« eines Werks die Art und Weise »freigelegt« wird, wie es gemacht ist. In den kollaborativen Projekten habe sich die Materialität des Werks grundlegend geändert, weil sie sich über die Zeit entfalten würde, über Tage, Wochen, Monate. In diesem Sinne erfordere die Kritik eine Art teilnehmende Beobachtung, also *field work* des Kritikers. Kester spricht vom Kritiker als Gesprächspartner, der seine Rolle als »graue Eminenz« aufgeben solle.[53] Ich habe kürzlich ein Tanzstück meiner Freundin Gerda König gesehen. Nach der Aufführung erschien mir dieser Gedanke noch einmal einleuchtender. Sie präsentierte in Berlin das Ergebnis einer jahrelangen Arbeit ihrer Compagnie DIN A 13 mit Mixed-abled-Tänzern aus vier Ländern (Sri Lanka, Israel, Venezuela, Deutschland). Das Thema war »Umbruch«. In Gesprächen hatte sie von ihren Erfahrungen berichtet, von den Schwierigkeiten der jeweiligen Situation, dem beharrlichen Herstellen von Vertrauen, den Arbeitsbedingungen usw. Nur ein Beispiel: Der überwiegende Teil der Tänzer aus Sri Lanka war nicht von Geburt an behindert, sondern wurde im Bürgerkrieg versehrt, viele von ihnen waren ehemalige Soldaten. Wenn ich als Kritiker nur das Stück gesehen hätte, dann wäre die Grundlage meines Urteils allein die Kraft des Ausdrucks oder die Schönheit der Bilder gewesen – die eigentliche Arbeit wäre mir verborgen geblieben. Dafür sind Gesprächspartner nötig, deren kritische Tätigkeiten den Ablauf des Werks in der Zeit begleiten und bestenfalls sogar positiv beeinflussen.

Rückblickend hat die Kritik niemals nur die Öffentlichkeit sensibilisiert, sondern mit ihren Rückwirkungen auf das jeweilige Feld, sei es die Politik oder die Kunst, kalkuliert. Heute braucht es mehr denn je eine schaffende, kollaborative Kritik, eine, die sich nicht bloß elegant ihrer Zeitgenossenschaft versichert oder Empfehlungen zum Konsum ausspricht. Die Parapolis ist nicht nur ein Ort der vielen Stimmen, sie ist auch ein Ort der Fülle – sie entfalten zu helfen wäre der Lohn der Kritik.

Anmerkungen

1 Vgl. Roland Barthes, *Die Vorbereitung des Romans. Vorlesung am Collège de France 1978-1979 und 1979-1980*, Frankfurt a. M.: Suhrkamp 2008, S. 210.
2 Vgl. Reinhart Koselleck, *Kritik und Krise. Eine Studie zur Pathogenese der bürgerlichen Welt*, Frankfurt a. M.: Suhrkamp 1992, S. 81 ff.
3 Vgl. ebd., S. 98 ff.
4 Karl Marx, *Thesen über Feuerbach*, in: Karl Marx und Friedrich Engels, *Marx-Engels-Werke*, Bd. 3, Berlin: Dietz 1983, S. 5.
5 Karl Marx und Friedrich Engels, *Die deutsche Ideologie. Kritik der neuesten deutschen Philosophie in ihren Repräsentanten B. Bauer und Stirner und des deutschen Sozialismus in seinen verschiedenen Propheten*, in: Karl Marx und Friedrich Engels, *Marx-Engels-Werke*, Bd. 3, Berlin: Dietz 1983, S. 21.
6 Hans Herbert Kögler, *Michel Foucault*, Stuttgart und Weimar: Metzler 1994, S. 126.
7 Vgl. Michel Foucault, »Historisches Wissen der Kämpfe und Macht«, in: ders., *Dispositive der Macht. Über Sexualität, Wissen und Wahrheit*, Berlin: Merve 1978, S. 59ff.
8 Ebd., S. 60.
9 Ebd., S. 61.
10 Ebd., S. 62.

11 Ebd., S. 63.
12 Ebd., S. 64.
13 Jean Douchet, *L'art d'aimer*, Paris: Cahiers du Cinéma 2003, S. 22, eine deutsche Übersetzung ist online verfügbar unter: {http://www.kunst-der-vermittlung.de/dossiers/cinephilie-douchet/douchet-art-aimer/} (Stand Januar 2015).
14 Ebd., S. 27.
15 Vgl. Christina von Braun, *NICHT ICH. Logik, Lüge, Libido*, Frankfurt a. M.: Neue Kritik 1985, S. 12.
16 Vgl. Georges Devereux, *Angst und Methode in den Verhaltenswissenschaften*, Frankfurt a. M.: Suhrkamp 1984, S. 17.
17 Ebd., S. 17ff.
18 Hubert Fichte, *Explosion. Roman der Ethnologie*, Frankfurt a. M.: Fischer 2006, S. 133.
19 Ebd., S. 161.
20 Vgl. etwa Ben Gove, *Cruising Culture: Promiscuity, Desire and American Gay Literature*, Edinburgh: Edinburgh University Press 2000; José Estaban Musnoz, *Cruising Utopia. The Then and There of Queer Futurity*, New York und London: New York University Press 2009.
21 Vgl. Helge Mooshammer, *Cruising. Architektur, Psychoanalyse und Queer Cultures*, Wien: Böhlau 2005.
22 Karl-Heinz Kohl, »›Travestie der Lebensformen‹ oder ›kulturelle Konversion‹? Zur Geschichte des kulturellen Überläufertums«, in: Thomas Koebner und Gerhart Pickerodt (Hg.), *Die andere Welt. Studien zum Exotismus*, Frankfurt a. M.: Athenäum 1987.
23 Jean Genet, *Ein verliebter Gefangener. Palästinensische Erinnerungen*, Köln: Kiepenheuer & Witsch 1988, S. 88.
24 Jean-Paul Sartre, »Ihr seid fabelhaft«, in: ders., *Wir sind alle Mörder. Der Kolonialismus ist ein System. Artikel, Reden, Interviews 1947-1967*, Reinbek bei Hamburg: Rowohlt 1988, S. 40.
25 Norman Mailer, »Der weiße Neger. Einige Gedanken über den Hipster«, in: ders., *Reklame für mich selber*, Frankfurt a. M. und Berlin: Ullstein 1986, S. 386f.
26 Vgl. Stuart Hall, »Was ist ›schwarz‹ an der schwarzen populären Kultur?«, in: ders., *Cultural Studies. Ein politisches Theorieprojekt. Ausgewählte Schriften 3*, Hamburg: Argument 2000, S. 105.
27 Ebd., S. 106.
28 Gilles Deleuze und Félix Guattari, *Tausend Plateaus. Kapitalismus und Schizophrenie*, Berlin: Merve 1992, S. 371.

29 Ebd., S. 373.
30 Ebd., S. 381.
31 Ebd., S. 397.
32 Ebd., S. 396.
33 Vgl. Ina Conzen-Meiars, »Art after physics. John Latham's search for a representation of the encompassing present«, in: John Latham, *Art after Physics*, Oxford: The Museum of Modern Art 1992, S. 23.
34 Vgl. Eve Kosofsky Sedgwick, *Touching Feeling. Affect, Pedagogy, Performativity*, Durham und London: Duke University Press 2003, S. 123 ff.
35 Ebd., S. 149 f.
36 Vgl. etwa Nina Felshin, *But is it Art? The Spirit of Art as Activism*, Seattle: Bay Press 2006, S. 165 ff.
37 Vgl. Laura E. Pérez, *Chicana Art. The Politics of Spiritual and Aesthetic Alterities*, Durham und London: Duke University Press 2007, S. 21.
38 Siehe die Website zu der Ausstellung: {http://www.kw-berlin.de/en/exhibitions/505_repair_5_acts_15} (Stand Januar 2015).
39 Mierle Laderman Ukeles, »Manifesto for maintenance art 1969! Proposal for an exhibition CARE«, online verfügbar unter: {http://www.feldmangallery.com/media/pdfs/Ukeles_MANIFESTO.pdf} (Stand Januar 2015).
40 Vgl. Grant H. Kester, »The device laid bare. On some limitations in current art criticism«, in: *e-flux* Nr. 50, Dezember 2013, online verfügbar unter: {http://www.e-flux.com/journal/the-device-laid-bare-on-some-limitations-in-current-art-criticism/} (Stand Januar 2015).
41 Vgl. Barthes, *Die Vorbereitung des Romans*.
42 Vgl. Simon Reynolds, *Rip It Up and Start Again*, London: Faber and Faber 2005.
43 Vgl. etwa Gail Holst, *Road to Rembetika. Music of a Greek Sub-Culture*, Limni: Denise Harvey & Company 1975, S. 51 ff.; Ioannis Zelepos, *Rebetiko. Die Karriere einer Subkultur*, Köln: Romiosini 200, S. 94 ff.
44 Vgl. Kimberly DaCosta-Holton, *Performing Folklore: Ranchos Folclóricos from Lisbon to Newark*, Bloomington: Indiana University Press 2005.
45 Vgl. David Toop, »Foreword«, in: Louise Gray, *The No-Nonsense Guide to World Music*, Oxford: New Internationalist 2009, S. 6 f.
46 Vgl. Arjun Appadurai, *Modernity at Large. Cultural Dimensions of Globalization*, Minneapolis: University of Minnesota Press 2005.

47 Vgl. Oliver Hochkeppel, »Haltung zur Heimat. Herkunft, Quellen und Wege der sogenannten Neuen Volksmusik«, in: Stadtkultur (Hg.), *Lokalklang* (Programmheft), Ingolstadt: Stadtkultur 2014; Johannes Rühl, »Innovative Strömungen in der Schweizer Volksmusik«, 2011, online verfügbar unter: {http://norient.com/de/stories/innovative schweizervolksmusik/} (Stand Januar 2015).

48 Vgl. Simon Reynolds, »Haunted audio aka society of the spectral: Ghost box, mordant music and hauntology«, in: *The Wire*, November 2006.

49 Die dreizehn Musiker waren: Guido Möbius, Eric D. Clark, Margaret Dygas, Symbiz Sound, Mark Ernestus, Murat Tepeli, Natalie Beridse, Gudrun Gut, Thomas Mahmoud, Can »Khan« Oral, Niobe (Yvonne Cornelius), Matias Aguayo und Ulrich Schnauss.

50 Vgl. Richard Meltzer, »Vinyl reckoning«, in: ders., *A Whore Just Like the Rest*, Boston: Da Capo Press 2000, S. 560ff.

51 Vgl. ebd., S. 562.

52 Ebd., S. 559.

53 Vgl. Grant H. Kester, »The device laid bare«.

Schluss

Während ich dieses Nachwort schreibe, ist wieder einmal Krise – in der Ukraine, im Gazastreifen, in Libyen, im Irak und in Syrien, um nur einige Schauplätze zu nennen. Die Dauerbeschwörung der Krise lässt unsere individuellen Lebensumstände klein und unsere Kapazitäten gering erscheinen. Aber was wäre ein krisenfreier Zustand und gab es den einmal? Immer wenn man mit den berühmten kleinen Leuten über die einzelnen Konflikte redet, dann werden für gewöhnlich die Interessen der großen Wirtschaft, die zuspitzenden Darstellungen in den Medien und korrupte Politiker für die Konflikte verantwortlich gemacht. Wenn man die kleinen Leute fragen würde, heißt es oft, dann käme es erst gar nicht so weit. Auch wenn hier die Verständigkeit der zivilen Bürgerschaft allzu rosig gemalt wird, ist da doch etwas dran. Die »neuen Kriege« der letzten Jahrzehnte waren keine militärischen Konflikte zwischen organisierten Armeen, sondern unübersichtliche Auseinandersetzungen, die von lokalen, extremistischen Fraktionen und äußeren Mächten vorangetrieben und hauptsächlich auf Kosten der Zivilbevölkerung ausgetragen wurden.

Vielleicht könnten die kleinen Leute diese Konflikte tatsächlich besser lösen, weil sie ein fundamentales Interesse an Zivilität haben. Dafür gibt es zahlreiche Beispiele; ich möchte eines aus dem friedlichen Westen nennen. Mit schöner Regelmäßigkeit berichten die Medien aufgeregt über Fälle von Fangewalt in und rund um die Fußballstadien. Unterdessen haben einige Vereine gute Erfahrungen mit Selbstverwaltung gemacht – sie übergeben ganze Blöcke den Fangruppierungen, die dort die Ordnung aufrechterhalten. »Im selbstverwalteten Block fühlt man sich wie im eigenen Wohnzimmer, da macht man nichts kaputt«, sagt eine Beteiligte.[1] Die Politik der FIFA hat vergessen lassen, wie viel mit Selbstverwaltung erreicht werden kann. In den achtziger Jahren, während der Militärdiktatur in Brasilien, traf der Verein Corinthians São Paulo alle wichtigen Entscheidungen – bis hin zur Mannschaftsaufstellung – durch ein demokratisches Votum von Spielern, sportlicher Leitung und Vereinsvorstand. Das Modell erwies sich als erfolgreich: Zweimal gewann Corinthians in jener Periode die prestigereiche Staatsmeisterschaft im Bundesstaat São Paulo, und der Verein prosperierte wirtschaftlich. Mit dem Ende der Diktatur verlor die Demokratie im Verein dann an Bedeutung.

Krisen sind grundsätzlich Momente, in denen sich neue Formen der Zusammenarbeit etablieren. Die Krise in Griechenland hat etwa eine unüberschaubare Menge an Initiativen entstehen lassen, die gegenseitige Hilfe organisieren. Wichtig ist, diese Energie der Kollaboration am Leben zu erhalten und sie als gesellschaftliche Erneuerungskraft aufzugreifen. Ich will dabei die aktuellen Probleme und Herausforderungen nicht verharmlosen, ich möchte nur den Blick auf die Potentiale richten. Kurz nach ihrem Amtsantritt 1979 gab Margaret Thatcher die Devise aus, so etwas wie Gesellschaft gebe es nicht, es existierten nur Individuen. Das war gegen die Linken gerichtet, und Thatcher stimmte damit erstmals das Hohelied des neoliberalen Kapitalismus an: Der Staat sollte sich nicht länger um die Wohlfahrt kümmern, nur noch um die Sicherheit, während die Bürger zu Miniunternehmen würden, die miteinander konkurrieren und fleißig konsumieren sollten. Doch heute wollen mehr und mehr Menschen wieder eine Gesellschaft, wenn nicht gar eine Gemeinschaft. Sie erwarten eine »gute Regierung«, deren Idee von Sicherheit auch umfasst, sich um das Gemeinwohl und die Gemeingüter zu bemühen. Sie wollen ein »gutes Leben« – mehr als nur einen Marathon im Hamsterrad der Konkurrenz und einen wachsenden Berg von längst unheimlich wirkenden Statussymbolen. Diese Menschen sind eigenverantwortlich und bestehen auf ihrer Unterschiedlichkeit. Aber sie wollen auch in sozialer Hinsicht ungefährdet leben, genügend Zeit für Familie und Freunde haben und sich ihrem Umfeld zugehörig fühlen. Zugleich wünschen sie Entwicklung, die Entfaltung ihrer eigenen und auch der gesellschaftlichen Erneuerungskräfte.

Ist das zu viel verlangt? Ich finde nicht. Der Neoliberalismus hat nicht zuletzt deswegen einen schlechten Ruf, weil er seine grundlegenden Voraussetzungen zerstört. Die meisten Menschen sind keine Gegner eines fairen Wettbewerbs, aber immer mehr haben den Eindruck, dass ebendieser vermeintlich faire Wettbewerb nicht existiert. Sogar zahlreiche Wirtschaftswissenschaftler zeigen in jüngster Zeit Interesse an diesem Phänomen. Spätestens seit Erscheinen von Thomas Pikettys Buch *Das Kapital im 21. Jahrhundert* ist das Thema Ungleichheit ins Zentrum der Aufmerksamkeit gerückt. Mit einiger Besorgnis stellt man fest, wie sehr die Besitzer von Vermögen inzwischen gegenüber jenen im Vorteil sind, die durch ihre Arbeitsleistung weiterkommen wollen. In vielen nichtwestlichen Ländern waren atemberaubende Einkommensunterschiede und das *rent seeking* der reichen Schichten allerdings schon immer an der Tagesordnung.

Heute bewegen wir uns auch in den USA und Europa auf neufeudale Formen von Rentengesellschaften zu, in denen unproduktives Verhalten, etwa das eigene Vermögen zu vermehren, die meisten Vorteile verspricht. Zudem wird Status vererbt. Das macht sich im Alltag bemerkbar. Familien, die von ihren Arbeitseinkommen leben, erhalten auf ihr mühsam

Erspartes so gut wie keine Zinsen. Vermögensbesitzer dagegen, die ihr Geld nicht für Notfälle zur Verfügung haben müssen, können mit Finanzprodukten oder Immobilien enorm hohe Renditen erzielen. Wenn besagte Familien das Grundkapital für eine Eigentumswohnung zusammenhaben, dann müssen sie in den Ballungszentren horrende Quadratmeterpreise bezahlen, weil reiche Personen die Wohnungen dort als Geldanlage betrachten und die Preise hochgetrieben haben. Und wenn es um eine konkrete Wohnung geht, dann müssen diese Familien mit allen möglichen Arten von Vermögensbesitzern konkurrieren: jugendlichen Erben etwa, die ohne viel Zaudern Papas und Mamas Geld auf den Tisch legen können.

Diese Art von neofeudaler Ungleichheit widerspricht den Annahmen des Neoliberalismus. Zudem lässt sie Produktivität und Erneuerungskräfte erlahmen, weil die Individuen immer weniger davon überzeugt sind, aus eigener Kraft erfolgreich werden zu können. Auch der grassierende Populismus steht der Entfaltung der Erneuerungskräfte entgegen. Dabei handelt es sich nicht um eine Bewegung der Unterprivilegierten, sondern um einen Protest von Personen, die ihre Positionen gefährdet sehen und die ihre Privilegien behalten wollen. Dabei bauen sie auf den Schutz des Nationalstaats. Populisten sehnen sich »zurück« zu einem Zustand, den es nie gab: eine Welt vor der Konkurrenz, in der Frauen, Schwule und Einwanderer noch nicht an die Fleischtöpfe wollten und das Monopol der herrschenden Sichtweise unhinterfragt galt. Sie wollen eine neofeudale Ordnung, in der Vorrechte festgeschrieben und Diskriminierungen rechtmäßig sind.

In der Parapolis leben wir nicht als Kollektiv, sondern eher als Kollektion zusammen. Diese wird nicht von Konkurrenz zusammengehalten, sondern von Kollaboration. Nachdem

Biologen den Egoismus lange Zeit für den Motor der Entwicklung gehalten haben, kommen Forscher wie der Biologe Martin Nowak heute zu dem Ergebnis, dass die Überlebensfähigkeit des Menschen gerade von seinem scheinbar irrationalen Willen zur Kooperation rührt, also von dem Vermögen, das eigene Selbst zu relativieren und anderen zu helfen, nicht nur instrumentell, um ein größeres Ziel zu erreichen, sondern auch aus Freundschaft oder gar Liebenswürdigkeit.[2] Er kommt damit zurück auf die Thesen von Peter Kropotkin, dem adeligen Anarchisten, der bereits im Jahre 1902 ein Buch mit dem Titel *Gegenseitige Hilfe in der Tier- und Menschenwelt* veröffentlichte.[3] Auch Kropotkin ging es nicht darum, eine Kuschelversion der Geschichte zu erzählen und die realen historischen Kämpfe herunterzuspielen. Die Kraft der »gegenseitigen Hilfe« wurde nach seiner Auffassung jedoch unterschätzt. Wenn Entwicklung in der Geschichte der Menschheit auch die fortwährende Zurückdrängung von Gewalt bedeutet, dann wird der Aspekt der Kollaboration immer wichtiger. Mit neuer Energie stellte Kropotkin daher die alte Frage des Anarchismus: Wie kann der Mensch frei sein und sich gleichzeitig in Freiheit mit anderen assoziieren, jenseits des Zwangs durch einen autoritären Staat?

Wie gesagt, im 19. Jahrhundert wurde in den Familien, Schulen, Fabriken oder Büros die Disziplin etabliert, als eine Maßnahme, die für ein geordnetes Verhalten der Einzelnen in vorgegebenen Bahnen sorgen sollte. Doch in der weniger berechenbaren Parapolis kommt man mit schlichter Disziplin nicht mehr weiter. Ob die Menschen im moralischen Sinne gut oder böse sind, spielt dabei keine Rolle: Sie sind widersprüchlich. Ihnen ständig zu misstrauen und sie dressieren zu wollen ist genauso unproduktiv, wie ihnen grenzenlos zu vertrauen und das Prinzip des Laisser-faire walten zu lassen. In einer Welt, die durch Überplanung und Ohnmacht, Unsicherheit und Suche, globale Gefahrenlagen und Vielheit geprägt ist, gibt es keine Alternative zur Kollaboration. Sie bietet Erneuerungskraft für Wirtschaft, für die Repräsentationslücke der Demokratie, für Bildung, Kunst und Therapie. Allerdings ist das Wie der Kollaboration entscheidend. Die Zusammenarbeit darf kein Lippenbekenntnis bleiben. Bei Kollaboration geht es nicht um abstrakte Vorstellungen von Gleichheit, die in endlosen Diskussionen versanden, sondern um die Entwicklung von transparenten Verfahren, die in den jeweiligen Kontext passen. Es muss stets geklärt sein, wie das kollaborative Verhältnis beschaffen ist und was die Entscheidungsspielräume der Beteiligten sind. Dabei sollte Autorität nicht ausgeklammert bleiben, denn besonders kontraproduktiv sind unreflektierte, implizite Machtpositionen. Die Verfahren müssen methodisch transparent sein, und manchmal müssen auch die Verfahren selbst kollaborativ festgelegt werden.

Dieses Buch hat am Ende kein Ergebnis zu verkünden. Zeiten, die den Charakter von Sammelsurien haben, verlangen auch eine Philosophie des Sammelsuriums. Doch so viel sollte deutlich geworden sein: Wenn die Parapolis unwiderruflich eine nichtintegrierbare Vielheit ist, in der wir alle nach einem Zuhause suchen, dann braucht es eine Form der Gemeinschaft, die Zugehörigkeit nicht als Zwang organisiert (durch Disziplin oder Kontrolle), sondern als Angebot formuliert: als Angebot zur Zusammenarbeit. Die Gemeinschaft muss die eigenverantwortlichen Individuen von ihrer Zugehörigkeit überzeugen. Während wir kollaborieren, erfinden wir uns selbst.

1 Julia Neumann, »Wir sind dann mal weg«, in: *die tageszeitung*, 28. August 2014.
2 Vgl. Martin A. Nowak, *Kooperative Intelligenz: Das Erfolgsgeheimnis der Evolution*, München: C. H. Beck 2013.
3 Fürst Peter Kropotkin, *Gegenseitige Hilfe in der Tier- und Menschenwelt*, Leipzig: Theod. Thomas 1920.

Dank

Dorit für die Einblicke in aktuelle Arbeitswelten und dafür, die Tätigkeiten der »Gripsis« hemdsärmelig zu relativieren. Rafael für all die neuen Kontexte und das gemeinsame Studium der historisch-kritischen Marvel-Ausgaben. Tom für seine unermüdliche Bereitschaft, in Rekordgeschwindigkeit Manuskripte zu lesen und mit Anmerkungen zu versehen. Und jenen, die mich immer wieder darin bestärkt haben, meinen »abgefahrenen Interessen« nachzugehen.

Ein Dank für die Fotos im Buch geht an meinen Freund Jochen Kühling (Veit Tresch), der den »Hombre Aluminio« ins Leben gerufen hat: ein großer Suchender.

Bildnachweis

Alle Fotos in diesem Band stammen von Veit Tresch (© Veit Tresch 2011-2014, Serie »Hombre Aluminio«).